必读经典书系

一生必读的经典

成语故事

陆文雄 ◎ 编著

中国华侨出版社
·北京·

图书在版编目（CIP）数据

　一生必读的经典成语故事／陆文雄编著．－北京：
中国华侨出版社，2020.7
　ISBN 978-7-5113-8210-8

　Ⅰ．①一… Ⅱ．①陆… Ⅲ．①汉语－成语－故事
Ⅳ．①H136.31

　中国版本图书馆 CIP 数据核字（2020）第 090908 号

● 一生必读的经典成语故事

编　　著／陆文雄
责任编辑／刘雪涛
责任校对／孙　丽
封面设计／环球设计
经　　销／新华书店
开　　本／670 毫米×960 毫米　1/16　印张 /18　字数 /295 千字
印　　刷／香河利华文化发展有限公司
版　　次／2020 年 9 月第 1 版　2020 年 9 月第 1 次印刷
书　　号／ISBN 978-7-5113-8210-8
定　　价／49.80 元

中国华侨出版社　北京市朝阳区西坝河东里 77 号楼底商 5 号　邮编：100028
法律顾问：陈鹰律师事务所　　　　编辑部：(010) 64443056　　64443979
发行部：(010) 64443051　　　　传　真：(010) 64439708
网　　址：www.oveaschin.com　　E-mail：oveaschin@sina.com

前言

汉语是当今世界使用人数最多，也是世界上历史最为悠久的语言之一。在漫长的时代变迁中，汉语也在不停地跟随时代而变化，在这期间，又诞生了一种结构独特、内涵丰富的词语——成语。

关于成语为什么叫成语，有一种说法是"众人皆说，成之于语，故成语"，由此可见成语流行范围之广、使用人数之众、所受欢迎之深。但除此之外，我们也可以试着从这个角度进行理解：成语之所以叫成语，是因为它有着一成不变的特点。所谓一成不变，即成语在构成上的固定性。

在日常交流中，我们都是通过依据本来要说的意思，从所有汉字中进行选择，然后整合成句，因此没有太多限制；成语却有着固定的构成成分和结构形式，不能任意更改。哪怕是一些含义相同或相近的字词，也不可以随意替换，例如"负荆请罪"，绝不可以改成"负荆请错""背荆请罪"；又如"姑息养奸"也不可以改为"纵容养奸""姑息养恶"；不仅文字不可以替换，甚至文字的排列顺序也不能更改。比如，"夏炉冬扇"，就不可以转换为"冬扇夏炉"，"乘风破浪"也不能改为"破浪乘风"。这虽然是我们在使用成语时的一些限制，但又恰恰是成语区别于寓言、谚语、歇后语的一大特征。除此之外，成语还具有意义整体性、语法功能多样性、语言风格典雅等特色，这就使它具有了更高的文学价值和思想价值。

成语是中国传统语言文化中的一大特色，与我们日常所用的其他文字有所不同。它不仅有着固定的结构形式和说法，本身也包含了一定的意义。在语句中，成语都是作为一个整体来应用的。从来源上看，成语几乎全部来自古代经典或著作、历史故事和人们的口头故事，有明确的出处和典故，并且使用程度相当高。我们完全可以这样说：成语，是我国的一大文学瑰宝。

从出处来看，成语大多与古代寓言故事或历史典故有关，虽然只有短短的四个字（个别成语字数会多一些，比如"欲速则不达""只许州官放火，不许百姓点灯"），但就是这些简单的文字组合，却能够将整个故事的内涵加以总结，使人看后一目了然。通过掌握这些成语，我们也能够在日常的生活和工作中，对一些事情有更加深刻的见解；或者在与人交谈的时候，通过运用成语来使自己的话语更加精彩，更加具有说服力。

为了让广大的读者能多了解一些我国古代成语的魅力，我们编著了这本《一生必读的经典成语故事》。为了让内容翔实丰富，本书尽可能地收集了古代典籍当中那些精彩有趣的成语故事，并对其出处、主题、寓意一一列举，还特别加入了结合时代、能够指导今人社会生活实践的心得体会，力求使读者能通过阅读，更好地把握这些成语丰富、深刻的内涵。相信在阅读本书后，读者一定会被书中古人先哲的精彩辩论、深刻见解、杰出表现所折服，同时也为他们的深邃智慧而感佩于心。

本书收录的成语，都是生活中使用频率相对较高且容易被忽略或忽视其意思或意义的，是每个国人都应熟知的成语。为了方便读者查阅和阅读，按照字母顺序排序，每个字母下面的成语不分先后。

目录

A

B

C

D

E

F

G

H

J

K

L

M

N

X

Y

Z

A

安如泰山

出自西汉枚乘的《上书谏吴王》，用来形容处境安稳、不可动摇的情形。

西汉时期，汉景帝任用大臣晁错，推行削减各诸侯国领地，加强中央集权的政策。吴王刘濞看到一些诸侯王纷纷被削减了领地，知道自己也在所难免，于是联络其他的几个诸侯准备叛乱。

吴王近臣枚乘得知后，便写了《上书谏吴王》对刘濞进行劝谏。在谏书中，他说："您如果一定要放纵野心，就比垒鸡蛋还要危险；如果尽快改变原来的主意，这比翻手掌还容易，也能使地位比泰山还稳固。"然而刘濞并没有听从。

公元前154年，刘濞以"清君侧、诛晁错"为名起兵叛乱，枚乘又写了《上书重谏吴王》劝他罢兵。刘濞还是不肯回头。不久，汉朝大将周亚夫率领军队打败了叛军，刘濞也被杀死。

成语心得：行差踏错之后应该及时改正，这样才能避免灾厄，使自己转危为安。

安步当车

出自西汉刘向的《战国策·齐策四》，指人能够安守贫贱生活。

战国时期，齐国有位隐士名叫颜斶。齐宣王听说他很有名，就召见了他。

颜斶进宫后，齐宣王命令他上前觐见，颜斶却说："如果我上前觐见，说明我羡慕权势；如果大王走过来，说明您礼贤下士。与其让我羡慕权势，还不如让大王礼贤下士。"

齐宣王问："国君还不如士人尊贵吗？"颜斶说："从前秦国进攻齐国时，秦王下令：谁敢在柳下惠坟墓50步以内的地方砍柴，格杀勿论；谁能砍下齐王的脑袋，就赏金万两。由此可见，大王的头还抵不上一个士人的坟墓。"

齐宣王于是请求做颜斶的学生，并说："您和我在一起，食有美味，出必乘车，妻子儿女可以穿上华美的服装。"颜斶却辞谢说："我每天晚点儿吃饭，也像吃肉那样香；慢慢地走路，就当是坐车一样；不犯过错，就是保持自己的尊贵。"说罢，他便告辞而去。

成语心得：内心的安宁远比身外财富重要。

暗度陈仓

出自西汉司马迁的《史记·淮阴侯列传》，比喻用假象迷惑对方以达到某种目的。

秦末农民起义后，项羽与刘邦为争夺天下，进行了为期四年的"楚汉战争"。刘邦首先攻入咸阳，自立为关中王。项羽军事力量强大，刘邦把咸阳和关中让给了项羽，自己到了汉中。与刘邦的守地汉中相邻的守将是章邯。

刘邦为了迷惑项羽，防止章邯入侵，把出入汉中的栈道烧毁了。后来，刘邦逐渐强大起来，命韩信为大将，出兵与项羽一决雌雄。为了迷惑敌人，韩信派了一万多人马去修复烧毁的栈道。栈道修复工程艰巨，进展缓慢，章邯料定栈道修复绝非易事，毫无戒备。殊不知韩信的主力已抄小路向陈仓进军，很快就攻下咸阳，再次占领了关中。

成语心得：在与敌人交战时，应当尽可能隐瞒己方的真实意图，出其不意取得成功。

按图索骥

出自东汉班固的《汉书·梅福传》，用来比喻办事机械、死板，也用来比喻按照线索寻找。

秦国有个人叫孙阳，他一眼就能辨出好马和坏马，人们都称他为"伯乐"。伯乐把自己相马的本领写成了一本书，叫作《相马经》，书中除了文字，还绘有各种骏马的图。

伯乐的儿子很笨，却一心希望自己也能像父亲那么厉害，他把《相马经》背得很熟，以为自己也有了相马的本领。一天，他在路边看见了一只癞蛤蟆，与书上提到的额头隆起、眼睛明亮、有四个大蹄子的特征相符合，便认为这是一匹千里马。想到这里他非常高兴，于是把癞蛤蟆抓回了家，对父亲说："快看快看，我找到了一匹好马！"伯乐哭笑不得，说："你抓的'马'太爱跳了，根本不能骑啊！"

成语心得：一味照搬书本、固守教条，却连目标都分不清楚，这样怎么能成功呢！

按兵不动

出自《荀子·王制》，比喻暂不开展工作。

春秋末期，卫国不堪忍受晋国的压迫，毅然投靠了齐国。晋国的执政卿赵鞅听后，集结大军准备伐卫；开战前，又派大夫史默在一个月内，暗中调查卫国内部的情况。

可是，两个月很快过去了，史默仍旧没有消息，赵鞅不知道出了什么情况，晋国内部也议论纷纷。有人认为卫国很弱小，不如干脆出兵；赵鞅却认为卫国一定有所准备，不可草率行动。就这样等了半年，史默终于回来了。

赵鞅问他为什么耽搁这么久，史默答道，经过六个月的观察发现，卫灵公很有才干，国内贤臣很多，人民拥戴，举国上下团结一心。这半年来，他始终找不到卫国的弱点。赵鞅听后，暂时打消了攻打卫国的念头，按兵不动，等待时机。

成语心得：在机会没有到来之前，不可轻易行动。

爱屋及乌

出自西汉伏胜的《尚书大传·大战》，比喻爱一个人而连带地关心与他有关的人或物。

商朝末年，纣王穷奢极欲，残暴无道。周武王在姜太公及弟弟周公、召公的辅佐下，成功地联合各路诸侯，最终将商朝攻灭，纣王也自焚而死。

纣王虽死，可商朝的旧臣还在，于是武王便召见姜太公等人，问他们该如何处置。姜太公说："如果喜爱那个人，就连同他屋上的乌鸦也喜爱；如果不喜欢那个人，就将与他有关的人一起处死。"召公则表示说："有罪

3

之人该死，无罪之人则可以赦免。"

周公上前表示反对，说："应该让各人都回到自己的家里，各自耕种自己的田地。君王不能偏爱自己的亲友，要用仁政来感化天下人。"

武王听了非常高兴，心中豁然开朗，于是采纳了周公的建议。此后，民心大多归附武王，天下果然很快安定下来。西周因此变得更加强大。

成语心得：为人处世要做到公正，不可因一己喜好而过分偏爱。

爱不释手

出自南朝·梁·萧统的《陶渊明集序》，用来形容对某物十分喜爱，甚至不舍得放下。

陶渊明是晋代著名的田园诗人，也是一位极有风骨的贤士。陶渊明早年也曾入仕为官，却始终无法适应官场的黑暗，最后一次担任彭泽县令，仅仅40多天后便辞官归隐，留下了"不愿为五斗米折腰"的著名故事。

回乡之后，陶渊明写下了大量的田园诗，为后人留下了一笔宝贵的文学财富。在《归园田居》其中一首中，他这样描述自己的乡间生活：

种豆南山下，草盛豆苗稀。晨兴理荒秽，带月荷锄归。

道狭草木长，夕露沾我衣。衣沾不足惜，但使愿无违。

陶渊明的诗作写得像儿歌一样通俗易懂，字里行间却满是情操和气节。因此梁朝的萧统在给陶渊明的诗作编集、作序时说："我爱读陶渊明的文章，不能释手。"

成语心得：每个人见到自己满心欢喜的东西，都会舍不得放下。

哀鸿遍野

出自《诗经·小雅·鸿雁》，用来形容百姓流离失所的悲惨景象。

西周时期，周厉王昏庸无道，任命奸佞小人荣夷公为卿士，残酷剥削百姓，横征暴敛、疯狂敛财，搞得民不聊生。不仅如此，为了防止百姓议论自己，他还派人每天监督百姓的言行，搞得人心惶惶。

久而久之，百姓再也无法忍受，终于愤怒地起来反抗，将周厉王赶出了国都。等到周宣王即位后，他为了安抚百姓，便带领卿士巡访城郊。经过一场内乱，西周逐渐衰落，宣王放眼望去，只见到处都是"鸿雁于飞，哀鸣嗷嗷"的惨状。

成语心得：统治者如果不能善待百姓，就等于将百姓置于水深火热当中。

半途而废

出自西汉戴圣的《礼记·中庸》，比喻事情没有做完就停止，以致有头无尾。

乐羊子到远方去寻师求学，可仅仅过了一年后便归来。妻子跪着问他为何回家，乐羊子说："出门时间长了想家。"妻子听罢，操起一把刀走到织布机前，严厉地说："这机上织的绢帛产自蚕茧，成于织机。一根丝一根丝地积累起来，才有一寸长；一寸寸地积累下去，才有一丈乃至一匹。今天如果我将它割断，就会前功尽弃，之前的时间也就白白浪费掉。"

妻子接着又说："读书也是这样，你积累学问，应该每天获得新的知识，从而使自己的品行日益完美。如果半途而归，和割断织丝有什么两样呢？"

乐羊子被妻子说的话深深感动，于是又去完成学业，一连七年都没有回过家。

成语心得：做事情如果做到一半就放弃，不但无法成功，就连之前的努力和汗水也都会白白浪费。

别无长物

出自南朝·宋·刘义庆的《世说新语·德行》，原形容人生活俭朴，现多指贫穷困顿。

晋时有个读书人，名叫王恭。他生活俭朴，不图享受，人们都说他将来定成为一个有用的人。

有一年，王恭随父亲从会稽来到都城建康，他的同族王忱去看望他，两人在一张竹席上促膝谈心。谈着谈着，王忱忽然觉得身下的席子非常光滑，感到很舒服。他心想王恭从盛产竹子的会稽来，一定带了不少这样的竹席，就大大地称赞了一番，并希望王恭能送他一张竹席。

王恭听了，毫不犹豫地将身下这张竹席赠送给王忱。王忱千恩万谢地走了。其实，王恭只有这一张竹席。送掉后，他就改用了草席。王忱知道这个情况后，十分惊讶，觉得过意不去，就去找王恭表示歉意。王恭笑笑说："您不太了解我啊，我王恭平生没有什么多余的物品。"

成语心得：人生在世贵在知足，不必过多贪恋身外之物。

伯乐一顾

出自《战国策·燕策》，用来比喻受人知遇，被赏识。

古时候，有一个人卖骏马，站在集市上，一连几天等候别人来买马。但是，经过的人都不相信他卖的是骏马。

于是，这个人就找来伯乐。伯乐绕着马走了一圈，仔细地看了看，走的时候又回头点了点头。一天之内，这个人的骏马就以比原价高10倍的价钱卖出去了。

成语心得：只有有一双善于发现的眼睛，才能发掘出真正的人才。

伯乐识马

出自西汉刘向的《战国策》，用来比喻善于发现、识别和任用人才。

春秋时期，秦国有一个名叫孙阳的人，非常善于识别马匹的优劣。人们为了表示对孙阳的尊敬，就称他为伯乐。

有一次，伯乐在路上看见一匹骨瘦如柴的老马，拉着一大车盐巴爬坡，走得十分吃力。这匹马的尾巴无力地下垂着，蹄子全磨破了，浑身汗水淋淋，嘴里流出的口水一滴一滴落在地面的尘土里。盐车拉到半山坡，这匹马再也走不动了，赶车的只得让车停下来。

伯乐看到这样一匹千里马竟然在这里拉盐车，感到非常惋惜，就连忙脱下自己身上穿的麻布衣袍盖在马的身上。这匹马遇到了知音，便低下头，依偎在伯乐的胸前喘着气。接着，又仰起头来放声嘶鸣，声音洪亮，直冲云天，像金石一般铿锵有力。

成语心得：只有善于发掘人才、任用人才，才能促进事业的进步。

班门弄斧

出自唐代柳宗元的《王氏伯仲唱和诗序》，用来讽刺外行在内行面前自夸自耀的行为。

有一次，明代诗人梅之焕来采石矶凭吊李白，据说李白晚年便是在那里探身捞水中之月，因此坠江而殁。由于李白在此留下过足迹，因此当地传说纷起，并留下了不少名胜，采石矶也因此成了旅游胜地。

这天，梅之焕来到采石矶的李白墓旁一看，心中大为不满。原来，不论是矶上还是墓上，凡墓前可以写字的地方，都有人留下诗句，其中许多根本就不通顺，一看就是那些附庸风雅的游人胡诌乱题。想到这些不知天高地厚的人，竟然如此在号称"诗仙"的李白面前丢人现眼，梅之焕心中越想越不是滋味。感慨之余，他也挥笔题了一首诗："采石江边一堆土，李白之名高千古；来来往往一首诗，鲁班门前弄大斧。"

成语心得：实力不足却在行家面前自夸，这难道不是自取其辱吗？

背水一战

出自西汉司马迁的《史记·淮阴侯列传》，用来形容置之死地而后生的情形。

楚汉相争之时，刘邦命手下大将韩信领兵攻打赵国。赵王带了二十万大军在太行山的井陉关迎击。

当时，韩信麾下只有一万余人马，敌我兵力悬殊。为了打败赵军，他将一万人驻扎在河边，背对着河岸摆开阵势，同时又令两千轻骑，潜伏在赵军军营周围。交战后，赵营二十万大军向河边的一万汉军杀来。汉军面临大敌，后无退路，只能拼死奋战。潜伏在赵军军营附近的两千士兵，乘虚发起攻击，赵军遭到前后夹击，很快被韩信打败。战后有人问韩信："背水列阵乃兵家大忌，将军为何明知故犯？"韩信笑着说："置之死地而后生，这也是兵书上有记载的呀！"

成语心得：有的时候，唯有狠狠地逼自己一把，才能激发出自己的潜力。

八仙过海

出自《八仙过海》，用来形容人们各自拿出真本事进行竞赛。

相传白云仙长有一回邀请八仙去蓬莱山，回程时吕洞宾突然提议：每个人都不准驾云，各自另想办法渡海。

铁拐李听后，便抛下自己的法器葫芦，汉钟离扔出了芭蕉扇，张果老放下了坐骑纸驴，何仙姑抛出了荷花，吕洞宾拔出了宝剑，韩湘子拿出了仙笛，曹国舅拿出了巧板，蓝采和则拿出了快板。然而他们的神通惊动了海底龙宫，东海龙王率领虾兵蟹将前往理论，由此引发了剧烈冲突。见到这一幕，正巧经过东海的观音菩萨赶紧出面调停，这才制止了双方的争斗。

成语心得：与对手竞赛时，不妨拿出自己的全部实力，好好地较量一场。

百步穿杨

出自西汉刘向的《战国策·西周策》，用来形容箭法或枪法十分高明。

楚国有一个名叫养由基的人擅长射箭，他站在距离杨柳树 100 步远的地方搭弓射箭，每次都能射中柳叶的中心。左右的人看到之后，都纷纷拍手叫好，只有一个过路的人不冷不热地说："不错不错，箭术到了'百步穿杨'的地步，总算可以教他怎样射箭了。"

养由基听了这话，心里很不舒服，就说："大家都说我射得好，你却说'可以教我怎样射箭'，难道你的箭术比我还高，比我射得更准？"

那个人说："我不能教你像伸左臂、屈右臂这样的具体射箭本领，不过你有没有想过：你射柳叶百发百中，但是不善于调养气息；力气用尽，只要一箭不中，你那百发百中的名声就会受到影响啊！"养由基听了这番话，觉得很有道理，再三向他道谢。

成语心得：做人不但要掌握高深的技艺，还要懂得如何巩固、提高。

抱头鼠窜

出自东汉班固的《汉书·蒯通传》，用来形容人狼狈逃跑的模样。

秦末时，有一个名叫张耳的人，他曾在魏国信陵君门下为宾客，后来又与一位名叫陈余的人结为挚友。陈胜、吴广起义之时，他们也都参加了起义军，并在赵王武臣失败之后，分别掌握了一支军队。

但在后来，张耳受到秦军围困而陷入危境，陈余得知后却不肯救援，两人因此关系破裂。后来项羽封张耳为常山王，却只封陈余为侯爵，陈余一怒之下，便调动大军讨伐张耳。张耳突然受到袭击，只得抱着头像老鼠一样仓皇出逃，最终投奔了汉王刘邦。

刘邦对张耳十分信任，后来又派他与韩信共同率军出征，终于斩杀了陈余。刘邦平定天下、登基为帝后，又封张耳为赵王。

成语心得：凡事只有早做准备，才能避免因突然失败带来的困窘。

笔走龙蛇

出自唐代李白的《草书歌行》，用来形容书法笔势矫健有气势。

唐朝时，贺知章在府上宴请宾客，著名的书法家怀素也应邀出席。席间，贺知章请诗仙李白作诗，李白同时又请怀素当众挥毫以助诗兴。

只见怀素放下酒杯，飘然起立，堂上顿时一片寂静。但见他援笔蘸墨，凝神注视纸绢片刻，突然运气挥毫，写下一张又一张，不多久，满地尽是灵气飞动的草书。等他写完坐回座位时，李白的《草书歌行》亦写就，他当众吟道："少年上人号怀素，草书天下称独步……恍恍如闻神鬼惊，时时只见龙蛇走……"

贺知章最后总结评论说："怀素书写，左盘右旋，确实笔走龙蛇啊！好字，好诗！"众人听后也纷纷喝彩。

成语心得：都说"字如其人"，若能写得一手好字，也是一件令人开心的事。

杯盘狼藉

出自西汉司马迁的《史记·滑稽列传》，用来形容宴饮已毕或将毕时的情景。

一天，齐威王在后宫摆酒设宴，并召请淳于髡饮酒。威王问："先生能饮多少酒？"淳于髡说："当着大王面饮酒，我非常害怕，喝不了一斗就醉了；如果有贵客到家，我喝不到两斗就醉了；如果老朋友久别重逢，喝上五六斗就醉了；若乡里间聚会，男女杂坐，我喝上八斗只醉二三分。饮到晚上，一部分客人散去，其余男女坐在一起，鞋子混杂一起，桌上的杯子、盘子横七竖八地摆放在那里，堂上一片混乱，这种时候我能喝一石酒。所以说：酒喝得太多就容易发生乱子，欢乐到极点就会感到悲哀。所有的事情都是这样。"齐威王明白淳于髡是在劝诫自己，于是停止了彻夜饮酒的做法。

成语心得：贪杯饮酒容易误事。

杯水车薪

出自《孟子·告子上》，用来比喻无济于事，徒劳无功，解决不了问题。

从前，有个樵夫砍柴回家。由于天气炎热，他便推着满满的一车柴草，来到一家茶馆门前，进去要了一壶茶水，美滋滋地饮了起来。

可还没等他喝完一壶茶，就听见外面有人张皇失措地高声呼喊："不好了，快救火啊！柴车着火了！"樵夫听后吓了一跳，赶紧起身就冲了出去。此时一车柴草已经烧起来了，他附近却没有水桶，无奈之下，他只得把茶杯里的水向燃烧的柴车泼去，然后再跑回去，盛了满满一杯水，想要灭火。可是火势实在太大，等他再跑出去时，满车柴草已全数化成灰烬。

成语心得：当力量过于弱小时，即便有心也无力解决问题。

杯弓蛇影

出自东汉应劭的《风俗通义·怪神》，用来形容人疑神疑鬼，自相惊扰。

有一年，县令应郴请主簿杜宣饮酒。就在二人举杯之时，杜宣突然发现杯中有一条小蛇在蠕动，顿时头皮发麻。最后，他只得硬着头皮喝了几口，就借故起身告辞。

回家后，杜宣一想到杯中的蛇，就觉得腹部疼痛异常，难以忍受。家里人为此遍访名医诊治却毫无效果，很快应郴也听说了此事。

应郴在家左思右想，突然发现墙上挂着一张弓，他拿出酒杯放在杜宣先前的桌子上，酒杯里果然映出了一条"小蛇"。他马上命人用马车把杜宣接来，让他坐在原位上，叫他仔细观看酒杯里的影子，然后指着那张弓说："你说的杯中的蛇，不过是墙上那张弓的倒影罢了，并不是什么怪东西。"杜宣弄清原委后疑虑顿消，病也很快痊愈了。

成语心得：遇到问题要勤于思考，不能被假象欺骗，以至自相惊扰。

彼一时，此一时

出自《孟子·公孙丑下》，用来表示时间不同，情况有了变化。

战国时，燕王哙把君位让给相国子之，因此引发内乱。齐宣王得知后，趁机派遣十万大军攻燕。燕国百姓对内政不满，不但不出力抵抗齐军，有些地方的百姓甚至给齐军送饭递水表示欢迎。

当时，亚圣孟子也在齐国，并且极力主张出兵。只不过他的主张是要燕王给齐王称臣，从而推行仁政。但遗憾的是，齐王在攻下燕国后，却只对燕国的土地与财富垂涎三尺，并不在意什么仁政。孟子的学生充虞对此十分不满，孟子也只得感慨地说："这就是彼一时，此一时啊！"

成语心得：随着时间流逝和情势的不同，人的心理、想法也会产生变化。

不求甚解

出自晋代陶渊明的《五柳先生传》，原指不过分拘泥文字，现用来讽刺读书粗心。

东晋著名的文学家和诗人陶渊明，小时候家里很穷，靠很少的农田维持生计。长大后，他曾几次做官，又因为不满官场的黑暗腐败，几次辞官回家。他不贪图荣华富贵，喜欢过清静悠闲的田园生活。

除了耕作之外，陶渊明还喜欢饮酒、读书，但在读书的时候，他从不执着于对字句的解释，只要能够懂得书中的道理，便高兴得忘了吃饭。他称自己这种阅读方法是"好读书，不求甚解"。亲戚朋友知道他家贫，摆了酒席必然叫他来一起喝酒；他去喝酒就喝个尽兴，喝醉了就离开，也不因留恋而不肯离开。就这样，他的生活虽然贫困，却过得十分舒心。

成语心得：读书学习应该深入思考，不能只理解表面意思。

不觉技痒

出自东汉应劭的《风俗通义·声音·筑》，用来形容具有某种技能的人，一遇机会，便情不自禁地想表现一下。

战国时期，燕国的击筑高手高渐离与荆轲是好朋友，两人常在一起击筑唱歌。荆轲前往秦国刺杀秦王时，他曾到易水边为荆轲送行。

后来，荆轲刺秦失败、秦王一统天下，高渐离也遭到追捕，不得不逃到偏远的地方隐姓埋名，给别人当用人。日子久了，他感觉很苦闷。

有一次，主人家请客，席间有人击筑，高渐离忍不住评论起来，哪里弹奏得好、哪里需要改进……主人听了他的谈论，就让他表演。听了他的击筑高歌之后，主人和其他客人纷纷赞叹。主人见他技艺不凡，觉得他不是普通人，就问他的身世，高渐离据实以告。此后这家主人便像对待贵客一样招待他。

成语心得：既然拥有不凡的才能，何妨在合适的场合下展现一番呢？

不耻下问

出自《论语·公冶长》，用来比喻谦虚好学，愿意向不如自己的人请教。

卫国大夫孔圉聪明好学，而且非常谦虚。他死后，卫国国君特别赐给他一个"文"的谥号。因此后人又尊称他为孔文子。

孔子的学生子贡不认为孔圉配得上那样高的评价，便问孔子说："孔圉的学问及才华虽然很高，但是比他更杰出的人还很多，凭什么赐给孔圉'文'的称号？"孔子听了微笑说："孔圉非常勤奋好学，脑筋聪明又灵活，而且如果有任何不懂的事情，就算问题很简单，他都会大方而谦虚地请教，一点都不因此感到羞耻，这就是他难得的地方，因此赐给他'文'的称号并不会不恰当。"经过孔子这样的解释，子贡终于服气了。

成语心得：不懂就要勇于请教懂的人，哪怕对方并不如自己。

不可多得

出自东汉孔融的《荐祢衡表》，形容非常稀少，很难得到。

三国时期，曹操为了招揽天下人才，特意下招贤令，并表示说，即便是那些名声不好、不仁不孝之人，只要有治国用兵的本事，他都一律接纳。

孔融向曹操先后推荐了祢衡和盛宪两个人才。孔融在祢衡的荐表中说："帝室皇居，必畜非常之宝。若衡等辈，不可多得。"在盛宪的荐表中说："珠玉无胫而自至者，以人好之也。况贤者之有足乎？"但这两人都没有被重用。而且，曹操因为看不惯祢衡，采用借刀杀人的方法害死了他。最后，就连孔融也为曹操所嫉恨，被后者随意找了个罪名处死了。

成语心得：当今世界，人才是最为可贵的资源。

不知所云

出自三国·蜀·诸葛亮的《出师表》，泛指言语混乱或空洞，让人难以理解。

三国时期，蜀国自刘备兵败后，就陷入内忧外患之中。幸亏丞相诸葛亮主动与东吴和好，对内发展生产、训练军队，蜀国这才恢复了元气。

当时，蜀国南部的彝族首领孟获反叛，为了安定后方，诸葛亮亲征孟获，终于使其心悦诚服地归顺蜀汉。解除了后顾之忧，诸葛亮又决定出师伐魏。他给刘禅写了道奏章，从刘备不幸早逝说起，再三劝告刘禅要"亲贤臣，远小人"。最后他说："今天我要出师远征，面对这张奏章泪流满面，不知该说些什么。"

刘禅看了很感动，便劝他先做休息，暂缓北伐之事。但诸葛亮说："先帝把国家大事托付给我，我从不敢懈怠。今天不北伐，只怕坐失良机。"于是毅然开始北伐。

成语心得：说话要是抓不住重点，别人也就难以理解了。

不遗余力

出自西汉刘向的《战国策·赵策三》，用来形容把全部力量都使出来，一点也不保留。

战国末期，秦国发兵攻打赵国，赵军连连溃败。赵王于是召来楼昌和虞卿商议对策。

楼昌说："再增派军队也没用。不如向秦国求和。"

虞卿反对说："主张求和的人，总是强调'不求和，必破'，其实未必如此。大王你说，秦国是不是一定要消灭我们呢？"

赵王说："是啊！秦国不遗余力，看来是要消灭我们才甘心啊！"

虞卿说："既然如此，又何必急着和谈呢？我们应该先派使者带着宝物去楚、魏，楚王和魏王要是得到了宝物，一定会隆重接待我们的使者。到那时，秦王必定怀疑我们要联合攻秦，和谈才好进行。"

可是赵王不以为然，终于没有采纳虞卿的意见。

成语心得：既然想要达到目的，就要使出自己所有的力气。

不可救药

出自《诗经·大雅·板》，用来比喻人或事物坏到无法挽救的地步。

西周时期，周厉王贪财好利，独占山林川泽，还派人监视百姓的言行，动辄处以极刑。人民忍无可忍，到处都有人起来反抗，周王朝开始陷入动荡。

眼看周王朝政权摇摇欲坠，忠心耿耿的老臣凡伯极力劝谏，可是周厉王不听。一些权臣也嘲笑凡伯，说他不识时务。凡伯为了表达自己焦急的心情，便写了一首长诗，其中有一句意思是："你们的气焰炽盛如火，真是病重到不能用药救活。"

公元前842年，周朝国都发生暴动，平民和奴隶们拿起武器冲进王宫，周厉王只得仓皇逃走。西周从此衰落下去，出现了分崩离析的局面。

成语心得：凡事若不早做打算，等到情况严重之时，就难以挽救了。

不识时务

出自南朝·宋·范晔的《后汉书·张霸传》，用来比喻不认识当前重要的势态和时代的潮流。

东汉末年，朝廷大权旁落，汉室已经面临危机。皇室宗亲刘备想找机会挽救汉朝，却不知道该如何去做。

有一天，刘备去拜访当时很有才学的隐士司马徽，司马徽被他的诚心感动了。问明了情况后，他对刘备说："你之所以处境落魄，是因为没有贤才帮助你。"刘备不明白地问说："帮助我的人都很有才华，糜竺和简雍两人能文，张飞和关羽能武。他们都是很优秀的人才呀！"司马徽笑着说："他们虽然有才，却不明天时变化，更不明白该如何来适应时代的潮流，而你要找的恰恰是通权达变的辅国贤才，这样才能完成统一大业。"于是，他向刘备推荐了卧龙诸葛亮、凤雏庞统两人。

成语心得：只有从宏观上了解了时代的走向，才能顺流而动。

不入虎穴，焉得虎子

出自晋代陈寿的《三国志·吕蒙传》，比喻不经历艰险，就不能取得成功。

东汉时，明帝派班超出使西域。鄯善王得知后，亲自出城迎候，把班超奉为上宾。班超向主人说明互通友好之意，鄯善王很高兴。

过了几天，匈奴也派使者来和鄯善王联络感情。鄯善王听信了匈奴使者的话，对班超等人的态度也变得冷淡起来，甚至派兵监视班超。班超立刻召集大家商量对策，说："只有除掉匈奴使者才能消除鄯善王的疑虑，两国和好。"有人担心匈奴使团人数众多，防守严密，只怕难以成功。

班超说："不入虎穴，焉得虎子！"这天深夜，他带了士兵潜到匈奴营地。他们一面放火烧帐篷，一面趁乱进攻。匈奴人大乱，被汉军全数歼灭。

鄯善王明白真相后，便和班超言归于好。

成语心得：成功总是伴随着风险，不担风险就不可能取得成功。

不因人热

出自《东观汉记·梁鸿传》，比喻为人孤僻高傲。也比喻不依赖别人。

东汉时，有个贫穷的读书人叫梁鸿。梁鸿虽然家穷，但刻苦读书，才学很高，远近都有点名气，后来被推举进太学深造。

当时，太学里一些有钱人家的子弟瞧不起他，梁鸿逐渐养成了孤傲的脾气。就是一日三餐也和他们分开，自己烧饭。

一天，一个同窗生火做饭，见梁鸿还没有生火，便友好地请梁鸿用他的热灶煮饭。可梁鸿不但不领情，还高傲地说："我从不用别人的灶煮饭。"说罢，他在自己的冷灶上生起火来。

梁鸿从太学毕业后，回到家乡娶了个名叫孟光的丑姑娘，在霸陵山隐居起来。由于写诗讽刺统治者，梁鸿遭到追捕，只得带着妻子逃到江南地区，以当佣工为生，最后困顿而死。

成语心得：有骨气固然是好事，但也不能一味排斥他人的善意。

不学无术

出自东汉班固的《汉书·霍光传》，用来比喻没有学问，没有本领。

西汉时，大将军霍光深得武帝信任。武帝临死前，把幼子刘弗陵（昭帝）托付给霍光辅佐。昭帝去世后，霍光又拥立宣帝，掌握大权40多年，立下诸多功勋。

然而，霍光的妻子霍显为了让女儿当上皇后，竟然买通女医下毒害死了许皇后。此事霍光事先一点也不知道，女医下狱，霍显才告诉他。霍光非常惊惧，但又不忍心妻子被治罪，最终还是把这件大逆不道的事情瞒下来了。

霍光死后，有人向朝廷告发此案，宣帝派人调查。霍显等人听说之后，决定召集族人谋反，不想走漏了风声。宣帝便派兵将霍家满门抄斩。

因此，东汉史学家班固在评论霍光的功过时，说他"不学无术"，不懂关乎大局的道理。

成语心得：人要是不懂得学习道理，即便能得意于一时，日后难免陷入危机。

不堪回首

出自唐代戴叔伦《哭朱放》，指对过去的事情想起来就会感到痛苦，因而不忍去回忆。

赵匡胤建立宋朝后，先后攻灭了南平、后蜀、南汉等政权，接着又把目标对准了南唐。

这时统治南唐的是李煜，世称李后主。李煜在文学艺术方面很有造诣，诗词、音乐、书画等无所不精，却偏偏不懂治国。当时宋朝的威胁越来越严重，李煜却依旧迷恋于歌舞升平的生活，最终导致南唐覆灭，自己也沦为俘虏。

李煜是个多愁善感的人，降宋后的痛苦生活，自然使他抑郁不堪。一天，李煜作了一首名为《虞美人》的词，其中有"小楼昨夜又东风，故国不堪回首月明中"等句。这首词传到宋太宗那里，太宗心中非常忌恨。后来，李煜又有一些怀恋故国的词作传到太宗那里，于是太宗便派人将他赐死。

成语心得：人生难免会有一些痛苦的记忆，应当着眼未来，而不是回想往事。

兵不厌诈

出自《韩非子·难一》，指用巧妙的手段骗人。

公元前633年，楚国攻打宋国，宋国向晋国求救，晋文公于是派兵援助。楚国被激怒了，干脆撤掉对宋国的包围来和晋国交战。两军在城濮对阵。

交战之前，晋文公首先下令退避三舍，楚国大将子玉率领楚军紧逼不舍。

当时，楚国兵力较强，晋国兵力较弱。晋文公的舅舅子犯说："我听到过这样的说法：对于注意礼仪的君子，应当多讲忠诚和信用，取得对方信任；在你死我活的战阵之间，不妨多用欺诈的手段迷惑对方。你可以采取欺骗敌军的办法。"

晋文公采纳了子犯的策略，首先击溃楚军右翼，然后主力假装撤退，引诱楚军左翼追赶，再以伏兵夹击。最终，楚军左翼大败，中军也被迫撤退。

成语心得：战场之上没有那么多是非，讲究的是计谋。

兵不血刃

出自《荀子·议兵》，用来形容未经战斗就轻易取得了胜利。

东晋的屯骑校尉郭默作战勇敢，但为人骄横跋扈，有一次因为泄私愤，竟然杀死了平南将军刘胤。事后，宰相王导怕朝廷无力惩处他，不但不向他问罪，反而加封他。

陶侃知道这件事后，便给王导写了封信，要求他采取果断措施。信中有两句话写得非常有力："郭默杀害州官，朝廷就任命他当州官；难道他杀害宰相，也就让他当宰相不成！"王导读后触动很大，便派陶侃率军去讨伐郭默。

郭默深知陶侃领兵作战十分厉害，打算率军南下，但还没等他离城，陶侃的大军就已经将江州团团围住。他手下的一名叛将见大势已去，将他逮捕后开城门投降。陶侃因此没有动用刀兵，就取得了全面胜利，彻底平定了这次叛乱。

成语心得：解决问题时，要尽量以最小的代价换取最大的胜利。

笨鸟先飞

出自元代关汉卿的《陈母教子》，用来比喻才力不如人的人，凡事比人赶先一步。

明代著名哲学家王阳明5岁还不会说话，当时大家都以为他是个哑巴，有的人还以为他根本就是白痴。他的父亲四处寻访名医，只要听说哪里有名医就赶到哪里去，到王阳明6岁的时候，才把病医治好。

王阳明病好之后，智力却显得一般。因为小时候不会说话，也没有读过书，因此，比起别的小孩子，他显得更笨拙一些，有人也经常嘲笑他。王阳明听到别人嘲笑自己，心里很难受，就哭着问父亲自己是不是真的很笨。父亲听了他的话说："孩子，你不笨。为父一定好好教你，你会有出息的。"

在父亲的鼓励和教育下，王阳明开始努力读书，最终成为明代著名的哲学家、教育家。

成语心得：智商固然重要，但不懈的付出更能决定一个人的最终成就。

别开生面

出自唐代杜甫的《丹青引》，用来比喻另外开辟一种新局面，或创造出一种新的风格式样。

唐代著名的画家曹霸，擅长画人物和马，因此唐玄宗便召他入京作画，并赐予他丰厚的财物和清贵的官职。

长安北面的太极宫中，有一座著名的凌烟阁。阁内四壁上绘有唐朝24位开国功臣的肖像。这些肖像，是70年前著名画家阎立本画的。由于年代已久，原先栩栩如生的功臣像，现大部分已经剥落，不仅失去了当年的风采，有的甚至难以辨认。为此，玄宗把曹霸召来，要他重新画过。曹霸阅读了大量史料，对照已经暗淡模糊的功臣肖像，仔细琢磨、精心构思，然后挥笔绘制。不久，24位功臣的肖像重放光彩，并且以崭新的风格展现在人们面前。到了曹霸晚年，著名诗人杜甫特地以"凌烟功臣少颜色，将军下笔开生面"两句来称赞他。

成语心得：当某件事陷入僵局时，我们要试着从新的角度进行突破。

包藏祸心

出自春秋时期鲁国左丘明的《左传·昭公元年》，用来比喻人心里揣着恶意。

春秋时期，郑国国君想把公子段的女儿嫁给楚国的公子围，以此巩固两国关系。楚国却打算趁机占领郑国。

迎亲那天，公子围率领大军队浩浩荡荡而来。子产识破了楚国的险恶用心，便派子羽出城，以都城太小、容不下人为由，请求在城外举行婚礼。公子围的代表自然不肯答应，并以事关楚国尊严为由，一再要求入城。

见此情况，子羽只得向对方挑明，指责对方"包藏祸心"，自己无论如何都不能答应。公子围见阴谋败露，只得放弃偷袭的打算，矢口否认侵略意图，并表示楚兵将一律不带武器，全部空手入城。子产和子羽这才答应。

公子围在城中举行婚礼后，不久便带着新娘子回到了楚国。

成语心得：对于那些面善心恶、别有用心的人，我们一定要多加警惕。

闭月羞花

出自元代王实甫的《西厢记》，用来形容女子容貌美丽。

东汉末年，司徒王允的养女貂蝉在后花园拜月时，忽然轻风吹来，一片浮云将那皎洁的明月遮住。这时王允刚好瞧见。王允为宣扬他的养女漂亮，逢人就说，我的女儿和月亮比美，月亮比不过，赶紧躲到云彩后面，因此，貂蝉也就被人们称为"闭月"了。

唐玄宗时，杨玉环到花园赏花散心，看见盛开的花朵，再想到自己被关在宫内，虚度青春，便声泪俱下地对着盛开的花哭诉："花呀，花呀！你年年岁岁还有盛开之时，我什么时候才有出头之日？"说着，她便摸了下园中的花，只见花瓣立即收缩，绿叶卷起低下。原来，她摸的是含羞草。宫娥看见后，到处宣称杨玉环和花比美，花儿都含羞低下了头，因此杨玉环得到了"羞花"的称号。

成语心得：美貌的女子令人陶醉。

碧血丹心

出自《庄子·外物》，形容十分忠诚坚定。

公元前497年八月，范氏跟中行氏合攻赵简子，拉开了三家分晋的序幕。苌弘为了周王室的前途，便以周朝的名义帮助范氏。

然而，赵简子调兵遣将，大败范氏、中行氏。接着又派遣大夫密会苌弘，造成关系诡秘的假象，然后率师逼周。兵临城下之际，周敬王得到一封伪造的书简，里面写着苌弘勾结赵简子的话。周敬王信以为真，万分震怒，杀心顿起。

公元前492年七月九日，苌弘在成周被剖腹掏肠，壮烈殉国，享年约90岁。一说他因范氏、中行氏之乱放逐归蜀，自恨回天无力，剖腹自尽。乡亲们感于苌弘殉难之惨烈，把他的血藏在匣中，三年以后化作青绿色的美玉，璀璨夺目，光照人间。

成语心得：为正义的事业献出宝贵生命，虽死犹生。

白云苍狗

出自唐代杜甫的《可叹》诗，用来比喻世事变幻无常。

唐代诗人王季友人穷志不穷，作风很正派，可是他妻子嫌弃他，终于和他离了婚。有些人不了解内情，纷纷议论，把王季友丑化了。他的好朋友杜甫听说后，便写了一首《可叹》诗，它不叹王季友好夫没好妻，也不叹他好人没好运，只是感叹自己的好友无辜受责难。诗曰：

天上浮云如白衣，斯须变幻如苍狗；

古往今来共一时，人生万事无不有！

意思是说：天上的浮云分明像件清白干净的衣服，一会儿却变成一只灰毛狗的样子了；从古到今都是这样，人生道路上形形色色的事儿哪样没有呢！由于杜甫的这首诗，后人就借"白云苍狗"来慨叹人事的变迁，出人意料。

成语心得：世间的事情变化莫测，总是令人难以预料。

抱瓮灌畦

出自《庄子·天地篇》，用于讽喻安于拙劣、不求改进的落后保守思想。

子贡访问南方的楚国，回来时又准备到晋国去，经过靠近汉水南岸的一个地方，见一老头儿正在灌溉田地。他的灌溉方法很落后：先开好一条通到井底的坡道，然后抱着一个水瓮，一步步走到井里去，取了水，再抱到田里去浇。这样一趟一趟地来回走，费力而功效极低。

子贡对他说："老人家，您为什么不用汲水工具来灌溉呢？例如有一种叫作'桔槔'的，利用它来灌溉，一天能浇一百畦，又快又省力，您难道不知道吗？"老头儿听了很不高兴，勉强笑道："谁说我不知道呢！但是，我不愿意用那种玩意儿。我这样干了快一辈子了，还不是过来了？再说，我也早就习惯了这种浇地方式。"

成语心得：时代不停改变，我们也要不断学习新事物，才不会被社会淘汰。

拔山举鼎

出自西汉司马迁的《史记·项羽本纪》，用来形容力量超人或气势雄伟。

项羽少年时不喜欢读书写字，改学击剑，也不肯好好学。叔父项梁很生气，项羽说："学写字，只要能记记姓名就够了；击剑是对付个把人的，也不值得学。我要学习抵敌万人的本领。"项梁于是教他兵法，他很高兴，但也只求略知大意，不肯认真钻研。据说，项羽长得身形魁梧、体力强壮，能把几百斤重的鼎举起来。

后来，项羽起兵反秦，接着又同刘邦争夺天下，从 24 岁开始，奋战了八年，最后被刘邦等包围在垓下，自刎于乌江。自刎前，在四面楚歌的那天晚上，项羽在营帐中对着爱妾虞姬和叫乌骓的名马，慷慨地唱道："力拔山兮气盖世，时不利兮骓不逝！骓不逝兮可奈何，虞兮虞兮奈若何！"

成语心得：一个人的力气再大，也无法与智慧相抗衡。

敝帚自珍

出自《东观汉记·光武帝纪》，用来比喻东西虽然不好，自己却很珍惜。

东汉初年，刘秀派大将吴汉前去讨伐公孙述。公孙述虽然进行了抵挡，却节节败退。

这年十一月，公孙述亲率数万人，出城与吴汉大战。两军连战数日，公孙述最终兵败被杀。公孙述的手下弃城投降，汉军副将刘禹率兵浩浩荡荡进入城内，将公孙述的家人全部杀死，同时还纵兵大肆抢掠，四处焚烧。

刘秀得知消息后震怒，下诏谴责刘禹说："这座城池已经投降了，城里还有数万人，纵兵放火乱杀，岂能不令人气愤？通常人对家里的破扫帚，也会十分珍惜，你却这样不爱护子民的生命财产！你怎么这样残暴，竟忍心做出如此行为？"随即，刘秀下诏撤了刘禹的职务，就连吴汉也受到严厉批评。

成语心得：对于自己存在的问题，应该及时改正，而不能引以为傲。

病入膏肓

出自春秋时期鲁国左丘明的《左传·成公十年》，用来比喻事情严重到不可挽回的地步。

春秋时期，晋景公得了重病，便请神医缓来医治。

缓还没到，晋景公就梦见他的病变成了两个童子，正悄悄地在他身旁说话。一个说："缓马上就要来了，我看我们这回难逃了，该躲到什么地方去呢？"另一个小孩说道："这没什么可怕的，我们躲到肓的上面、膏的下面无论他怎样用药，都奈何我们不得。"

缓来后，立刻对晋景公进行诊断，然后叹息着说："这病已没办法治了。疾病已入膏肓，连针灸和汤药的效力都达不到，实在是没法子治啦！"

晋景公听他说的话，正好和自己的梦相应验，便点了点头说："您的医术真高明啊！"不久后，晋景公果然不治身亡。

成语心得：如果不在灾祸的苗头刚刚出现时进行遏制，等到最后必然引发灾厄。

抱残守缺

出自东汉班固的《汉书·刘歆传》，用来形容思想保守，不求改进。

西汉时，有一个叫刘歆的人，是著名学者刘向的儿子，曾与父亲刘向共同掌管校勘和整理典籍，进行学术研究。在校勘工作中，他阅读了不少秘藏的古籍，发现了一本古书《春秋左氏传》，爱不释手。经过研究，刘歆认为，《左传》是一本珍贵的文献资料，便建议为《左传》等古籍建立学官。

汉哀帝知道此事后，就命刘歆与五经博士讲论《左传》等一批古书的义理。但诸博士既不同意为《左传》等建立学官，又不肯讨论研究此事。刘歆对此很气愤，于是写信批评他们不学无术，孤陋寡闻，害怕别人识破他们的私意，不肯服从真理，所以抱残守缺，因循守旧，不肯探求新的学问。

成语心得：做人要不断学习新事物，与时代同进步。

抱薪救火

出自西汉司马迁的《史记·魏世家》，比喻用错误的方法去消除灾祸，结果使灾祸反而扩大。

战国末年，强大的秦国自恃武力，不断吞并邻近的国家，扩大自己的版图。这一时期，秦国曾先后三次入侵魏国，占领魏国许多的土地，魏国军民也伤亡惨重。

有一次，秦国又派兵攻打魏国，魏国虽有韩、赵两国援助，可惜仍旧无法抗衡强秦。眼见战况不利，大将段干子提议把南阳割让给秦国求和，苏秦之弟苏代却不赞同。他说："秦国想并吞魏国，只割让土地无法满足秦国的野心，就像抱着柴火去救火，柴没烧完，火是不会灭的。"

可是魏王不听苏代的劝阻，还是把南阳割让给秦国求和。最后真的就像苏代说的一样，秦国根本不满足，仍然继续攻打魏国，掠夺了魏国更多城池。最后，魏国被秦国所灭。

成语心得：解决问题或消除灾祸，如果不用正确的方法，问题和灾祸只会更加严重。

白头如新

出自西汉司马迁的《史记·鲁仲连邹阳列传》，用来比喻朋友彼此不了解。

西汉时期，邹阳因受人诬陷被关进监牢。他在狱中给梁孝王写了一封信，信中列举事实说明："待人真诚就不会被人怀疑，纯粹是一句空话。"

他写道："荆轲冒死为燕太子丹去行刺秦王，可是太子丹还一度怀疑他胆小畏惧；卞和将宝玉献给楚王，楚王却砍掉他的脚；李斯尽力辅助秦始皇执政，结果被秦二世处死。双方互不了解，即使交往一辈子，头发都白了，也还是像刚认识时一样；真正相互了解，即使是初交，也会像老朋友一样。"

梁孝王读了邹阳的信后，很受感动，立即把他释放，并作为贵宾款待。

成语心得：两个人若不能互相了解，即便交往再久，也和刚认识没什么两样。

比肩接踵

出自《晏子春秋·杂下》，形容人很多或接连不断。

春秋时期，齐国有位国相叫晏子。晏子名婴，字平仲，虽然身材矮小但极有口才。

有一次，晏子奉命出使楚国。楚王仗着楚国国势强大，对齐国的使臣很不礼貌，一见晏子竟然傲慢地问道："你们齐国难道没有人了吗？为什么派你这么个矮子前来呢？"晏子严肃地答道："我们齐国首都临淄的人民比肩接踵，张开袖子就像天上的云，挥挥汗水就像下了场雨，怎能说没人呢？"楚王又问："那为什么打发你来呢？"晏子答道："我们齐国的规矩是：体面能干的使臣，出访上国，去拜见才高德重的君王。而像我这样没有能力的人，就只好派到这里来见您了！"

楚王本想讽刺嘲笑他，想不到反而被讥讽，自讨没趣。

成语心得：在不知对方底细之前，不要过于轻视对方。

避面尹邢

出自西汉司马迁的《史记·外戚世家》，比喻因忌妒而避不见面。

汉武帝有两个最宠爱的夫人，一姓尹，一姓邢，都长得很美。武帝怕她们互相忌妒，曾特地下令，不准她们相见，也不准任何人给她们相见的机会。

有一次，尹夫人主动提出想和邢夫人见一面。武帝拗她不过，只得叫另一位夫人假充邢夫人，打扮得十分华丽，由太监、宫女簇拥着前来会面。尹夫人只看了一眼就说："这不是邢夫人！"武帝问："你怎么知道不是？"尹夫人说："我看她的容貌风度，不像您最宠爱的人。"武帝无奈，便通知邢夫人亲自来见，但暗中又叫她穿旧衣服、不打扮、不要随从，独自前来。尹夫人远远望见，就说："这才是真的！我果然不如她……"说着低下头哭了起来。

成语心得：容貌美丑各有高下，忌妒并不能改变现实。

宠辱不惊

出自北宋宋祁等的《新唐书·卢承庆传》，用来形容人不因一时得失而动心。

有一次，卢承庆考核一个监督运粮的官员。这个人在运粮食的过程中，由于翻船不少粮食掉进了河里。因此，卢承庆只给他定了一个中下。可是，这个运粮官却一点也没生气着急，依旧谈笑自若。卢承庆觉得他认识到了自己的错误，于是又将评语改为中中。

改成中中后，这个运粮官也没因此而高兴。卢承庆心想这个人真是"宠辱不惊"，无论怎样，都能坦然面对。不久后他又调查到，那次事故不是人为造成，而是因为突然刮大风，把粮船给吹翻了。卢承庆觉得中中也不合适，于是便又改成了中上。可这个运粮官还是没有因此而高兴。从此卢承庆对他印象很好，以后在吏部考核的时候，就注意提拔了他。

成语心得：豁达之人不会因为一时荣辱而影响心情，内心始终都能保持安宁。

草木皆兵

出自唐代房玄龄等的《晋书·苻坚载记》，用来形容失败者的恐惧心理。

公元 383 年，基本上统一了北方的前秦皇帝苻坚，率领九十万兵马，南下攻伐东晋。东晋王朝任命谢石为大将，谢玄为先锋，率领八万精兵迎战。

交战之前，苻坚始终自信满满，认为晋兵不堪一击，只要他的后续大军一到，一定可大获全胜。然而谢石趁机偷袭苻坚前锋，取得大胜。苻坚得知后大惊失色，立马登上城头观察淝水对岸晋军的动静。

苻坚远远望去，只见对面桅杆林立，战船密布；晋兵持刀执戟，阵容甚为齐整。他不禁暗暗称赞晋兵布防有序、训练有素。接着他又向北望去，只见那边有八座连绵起伏的峰峦，地势非常险要，一阵西北风呼啸而过，山上晃动的草木，就像无数士兵在行进。苻坚顿时脸色大变，连连说晋兵是一支劲敌。

成语心得：越是局势不利，就越是要冷静理智，不能自己吓自己。

出尔反尔

出自《孟子·梁惠王章句下》，原指你怎样对待别人，别人就会怎样对待你；现用来指说话反悔，违背前言。

邹国与鲁国爆发战事，邹国吃了败仗，死了不少将士。邹穆公不满地对孟子说："在这次战争中，我手下的官吏被杀死了 33 个，然而老百姓没有一个上去拼命的。他们眼看长官被杀却不去营救，实在是可恨。要是杀了他们吧，他们人太多；要是不杀吧，却又便宜了他们。您说怎么办呢？"

孟子回答说："有一年闹灾荒，年老体弱的百姓饿死在山沟荒野中，壮年人外出逃荒的有千人之多，大王的粮仓却还是满满的。而您的官员不知体恤民生疾苦，没有向您上报灾情，这和残害他们有什么区别呢？曾子说：'要警惕呀！你怎样对待别人，别人也如何对待你。'既然官员见死不救，百姓自然也会用同样的手段来对待他们了。"

成语心得：想要赢得别人的善意和付出，自己首先要善待别人。

唇亡齿寒

出自春秋时期鲁国左丘明的《左传·僖公五年》，用来比喻双方关系密切，相互依存。

春秋时候，晋献公想要讨伐虢国，可两国之间却还隔着一个虞国。于是晋献公便以价值连城的美玉和宝马为礼物，向虞国借道。虞国国君见到这两件宝物，顿时心花怒放，立即就满口答应下来。

虞国大夫宫之奇听说后，赶快阻止道："虞国和虢国是唇齿相依的近邻，两者相互依存，万一虢国灭了，我们虞国也就难保了。俗话说'唇亡齿寒'，没有嘴唇，牙齿也保不住啊！千万不能借道给晋国。"然而虞君贪恋宝物，并未将这番话放在心上。宫之奇见状连声叹气，知道虞国离灭亡之日不远，于是就带着全家人离开了虞国。

晋国军队消灭了虢国后，又借道虞国班师，等到虞君出来迎接，便趁机抓住了他。虞国就此灭亡，那两件宝物也被带回了晋国。

成语心得：相互依存的两者应该同心一致，不能互相争斗。

车水马龙

出自南朝·宋·范晔的《后汉书·明德马皇后纪》，用来形容车马往来、熙熙攘攘的热闹情景。

汉明帝死后，汉章帝即位，明帝之妻马皇后也被尊为皇太后。不久，章帝打算对马太后的弟兄封爵，马太后却搬出光武帝时的规定，明确表示反对。

第二年夏天，一些大臣又上书请求分封马氏族人，马太后还是不同意，并专门发了诏书说："凡是提出要对外戚封爵的人，都是想献媚于我，从中取得好处。前几天我路过娘家门前，见到宾客的车子像流水那样不停地驶去，马匹往来不绝，好像一条游龙，招摇得很。看看我的车，比他们的差远了。我当时竭力控制自己，才忍住没有责备他们。他们只知道自己享乐，根本不为国家忧愁，我怎么能同意给他们加官晋爵呢？"

成语心得：身居高位者不能只顾自己享乐，而是要关心国事，以国家大业为重。

才高八斗

出自唐代李延寿的《南史·谢灵运传》，用来形容人才华出众，难以企及。

谢灵运出身于东晋大士族，是古代一位著名的山水诗作家。他聪明好学，读过许多书，从小受到祖父谢玄的厚爱。

谢灵运曾袭封康乐公的爵位，却并无实权，只是被派往永嘉担任太守。到任后，他常常丢下公务不管，去游山玩水；后来干脆辞官移居会稽，与友人饮酒作乐。当地太守派人劝他节制一些，他也不以为意。当时，他写的山水诗深受人们喜爱，每写出一首新诗，立刻就会被人争相抄录，很快流传开去。

宋文帝即位后，特意将他召回京城做官，还把他的诗作和书法赞为两宝。谢灵运这时才扬眉吐气，骄傲地说："天下的才华共有一石，其中八斗由曹操之子曹植独占；剩下的我得一斗，天下人共分一斗。"

成语心得：人人只怕才华不够，从来不会嫌才华多，因此我们每个人都应当勤学苦读，充实自己。

乘风破浪

出自南朝·梁·沈约的《宋书·宗悫传》，比喻排除困难，奋勇前进。

南北朝时，有位年轻人名叫宗悫。他自小就跟着父亲和叔叔舞刀弄枪，练得一身好武艺。当家人问他长大后想干什么时，他昂起头毫不犹豫地说："愿乘长风破万里浪，干一番伟大的事业。"

有一天，宗悫的哥哥结婚，家里宾客盈门，然而有十几个盗贼乘机混了进来大肆抢劫。当时客厅里的人都吓呆了，不知如何是好，只有宗悫镇定自若，拔出佩剑，面无惧色直刺盗贼。盗贼见势不妙，只得丢下财物仓皇逃走。

几年以后，林邑王范阳迈侵扰边境，宗悫自告奋勇地请求参战，被皇帝任命为振武将军。此后，宗悫果然打了不少胜仗，立下许多战功，被封为洮阳侯，实现了他少年时的志向。

成语心得：少年何妨胸怀壮志，到头来方知大业也有达成之时。

乘人之危

出自南朝·宋·范晔的《后汉书·盖勋传》，意指在别人遇到危难的时候去威胁损害。

东汉时，长史盖勋是凉州刺史梁鹄的下属，两人同时也是好友。当时，受梁鹄管辖的武威太守横行霸道，干尽了坏事，梁鹄的属官苏正和不畏强霸，依法追查武威太守的罪行。梁鹄生怕追查武威太守的罪行会涉及高层权贵，连罪自己，焦虑不安。他甚至想杀了苏正和灭口，但又吃不准这样做是否妥当，于是打算去找盖勋商量究竟该怎么办。

正巧，盖勋与苏正和也是素来有仇。有人向他透露刺史将要和他商量如何处置苏正和，并建议他乘此机会，劝刺史杀了苏正和，来个公报私仇。盖勋听了断然拒绝说："为个人的私事杀害良臣，是不忠；趁别人危难的时候去害人家，是不仁。"

成语心得：趁别人危难之时去要挟或打击，这种做法是很可耻的。

出类拔萃

出自《孟子·公孙丑上》，用来形容卓越出众，不同一般。

有一天，孟子的学生公孙丑问孟子："古代的伯夷、伊尹和孔子有相同之处吗？"孟子说："有。要是让他们做君王，他们都能够让大家信服，使天下统一；但是要让他们去做一件不合道理的事情，或者去杀一个无辜的人，那他们就是死也不会干的。"

公孙丑又问："那么可不可以说，伯夷、伊尹和孔子一样，都是最伟大的圣人呢？"孟子说："孔子的学生有若曾这样说过：'凡是同类的都可以相比较，如麒麟同其他走兽比、凤凰同其他飞鸟比、泰山同其他丘陵比、河海同水洼细流比，而前者都远远超过了后者。圣人和其他人同类，但已远远超出、高过其他人了。'自有人类以来，没有人比孔子更伟大了。"

成语心得：在学习和工作中，我们要不断提升自己的能力，争取比其他人做得更好。

从善如流

出自春秋时期鲁国左丘明的《左传·成公八年》，用来形容听取正确的意见，就像流水那样快而自然。

公元前585年，晋将栾书率军攻打蔡国，蔡国急忙向楚国求救。晋大将赵同和赵括准备率兵攻打楚军，然而栾书的部下知庄子、范文子、韩献子表示反对，建议收兵回国。栾书采纳了他们的建议。

军中有人认为，主张收兵的只有知庄子等三人，主战的人占多数，因此应按多数人的想法行事。栾书回答："正确的意见才能代表多数。知庄子他们是贤人，他们的正确意见便能代表多数人的想法。"于是，他下令退兵回国。过了两年，栾书想去攻打楚国，知庄子、范文子、韩献子等人分析了情势后，再次表示反对，栾书又一次采纳了他们的建议。时人因此称赞他说："栾书听从好的、正确的意见，就像流水向下那样，迅速而又自然。"

成语心得：对于正确的意见，要向水往低处流那样自然而然、顺理成章地接受。

初出茅庐

出自明代罗贯中的《三国演义》，用来比喻刚离开家庭或刚入职，缺乏经验。

东汉末年，刘备三顾茅庐，请出诸葛亮辅佐自己，而关羽、张飞却不以为然。没过多久，曹操派大将夏侯惇领十万大军攻打新野，诸葛亮于是借取刘备的印鉴，开始部署军队。

在诸葛亮的安排下，关羽带兵埋伏于豫山，张飞带兵埋伏在山谷，关平、刘封潜伏在博望坡后等待放火，赵云负责当先锋诈败，刘备负责后援。眼见诸葛亮独居营帐，却将众人都派遣出去，关羽、张飞十分不满，一个个冷笑着离去。

两军开战后，各将按诸葛亮吩咐行事，直杀得曹兵丢盔弃甲。初出茅庐的诸葛亮初次用兵，果然神机妙算，大获全胜。关羽、张飞等人这才佩服得五体投地。

成语心得：没有工作经验，并不等于没有能力。

豺狼当道

出自南朝·宋·范晔的《后汉书·张王种陈列传·张纲》，用来比喻暴虐奸邪的人掌握国政。

东汉时期，皇帝有个亲戚叫梁冀，他总是用自己的权力代皇帝管理国家。所有的大臣都很畏惧他，不得不选择屈服，国家政治因此变得腐败、黑暗，人们生活在水深火热之中。

为了了解民间疾苦，皇帝特意派出八名大臣去民间走访、调查，其中一位名叫张纲的大臣，素来以正直闻名。他早就知道梁冀的种种恶行，在各地检查时也发现官员们都只听梁冀的话，不禁又担心又生气。一天，张纲突然从马车上下来，让随从们把车子拆掉，生气地说："狼群拦在路中间，狐狸还有什么好办法。"然后，他连夜赶回京城，把梁冀的事情告诉了皇帝。皇帝对张纲的勇气十分赞赏，可他自己也害怕梁冀，最后还是没敢下令处置。

成语心得：一旦让奸恶之徒掌握了权力，整个国家都会因此受到摧残，百姓就更难以生存了。

沉鱼落雁

出自《庄子·齐物论》，用来形容女子的美貌。

春秋时期，越国有一个叫西施的浣纱女子，粉面桃花，相貌过人。她在河边浣纱时，清澈的河水映照她俊俏的身影，使她显得更加美丽。就连鱼儿看见她的倒影，都忘记了游水，渐渐地沉到河底。从此，西施这个"沉鱼"的称号，便在附近流传开来。

西汉时期，汉元帝为了安抚北匈奴，便让王昭君与单于结成姻缘，以保两国永远和好。在一个秋高气爽的日子里，昭君告别了故土，启程北去。一路上，马嘶雁鸣，撕裂她的心肝；悲切之感，使她心绪难平。她在坐骑之上，拨动琴弦，奏起悲壮的离别之曲。南飞的大雁听到这悦耳的琴声，看到骑在马上的这个美丽女子，竟然忘记摆动翅膀，跌落地下。从此，昭君就得来"落雁"的称号。

成语心得：对于女子的绝色美貌，即便是动物也会有所触动。

蟾宫折桂

出自唐代房玄龄等的《晋书·郤诜传》，用来比喻考试考中。

西晋时，有个名叫郤诜的人，博学多才，不拘小节，后来又被举为贤良。他的策略曾被朝廷判定为第一，自己也被授予议郎的官职。

郤诜的母亲去世后，郤诜曾经辞官回乡守丧，后来又被吏部尚书崔洪推荐为尚书左丞，官至雍州刺史。在任上，郤诜做出许多政绩，受到百姓的好评。

有一次，晋武帝问郤诜自己如何评价自己，郤诜便说："臣的策略曾经被朝廷评为第一，就好像月宫里的一段桂枝、昆山上的一块宝玉。"听到郤诜口气如此之大，晋武帝不仅没有不悦，反而哈哈大笑，并下令嘉奖了他。

成语心得：想要蟾宫折桂，就必须在平日里勤勉读书、学习。

巢毁卵破

出自南朝·宋·范晔的《后汉书·孔融传》，用来比喻大人遭难而牵连到子女。

汉献帝时，曹操发动五十万大军南征刘备和孙权，孔融苦劝未果，便在私下发了几句牢骚。有人得知后当即向曹操报告，并添油加醋恶意挑拨。曹操大怒，当即下令把孔融全家大小一并逮捕，全部处死。

当孔融被捕时，全家惊恐，不知所措。孔融的两个儿子，小的才七八岁，大的也只9岁，正对坐下棋，动也不动。家人以为孩子不懂事，大祸临头还不知不觉，便赶紧叫他们逃走。孔融也恳求前来抓他的延尉，可否只杀本人而放过孩子。不料，这两个孩子竟不慌不忙地说："鸟窝翻了，哪有不摔破的蛋？"他俩毫无畏惧，也不哀求，从容地跟着父亲一同被抓走，最后都被杀害了。

成语心得：一家人应该团结一心，共同面对危难。

差强人意

出自南朝·宋·范晔的《后汉书·吴汉传》，用来形容大体上使人满意。

吴汉是刘秀的部下，平常不太喜欢说话，喜欢直来直去。刚开始，刘秀没有太在意他，后来听到一些将军常常称赞他，才开始有所关注，还拜他做大将军。从此以后，吴汉帮刘秀打了许多次胜仗，立下不少功劳。

吴汉不但勇敢，对刘秀也十分忠心。每次出外作战，总是紧紧跟着刘秀，而且只要刘秀没睡，他也就恭敬地站在一旁，不肯先睡。偶尔输了，每个人都提不起劲来，吴汉总是鼓励大家不要悲观，准备继续作战。

有一次，刘秀打仗输了，心情不是很好，其他将军也失去斗志。可是吴汉却和士兵们一起整理武器，审阅兵马。刘秀知道这些事后，很感叹地说："只有吴将军差强人意，有他就算有一国了。"

成语心得：对于自己的工作任务要尽心尽力，尽量做到使人满意。

惩前毖后

出自《诗经·周颂·小毖》，用来比喻批判以前所犯的错误，吸取教训，避免再犯错误。

周武王登基不久就去世了，其儿子成王继位，由于年岁太小由武王的弟弟周公辅政。

对此，武王的另外两个弟弟管叔鲜、蔡叔度很是不满。他们到处造谣，诬蔑周公心怀不轨。周公为了避嫌，只得离开了京城。

周公走后，管叔鲜和蔡叔度暗中勾结纣王的儿子武庚发动叛乱，成王没有办法，只得将周公请回来平叛。经过三年的艰苦征战，叛乱终于被平息，接着周公又继续辅政。成王成年后，周公便彻底还政。

正式接管朝政这一天，成王前往宗庙典祭祖先。在祭祀仪式上，成王回顾了以往的历史教训，感叹地说："我一定要从以前的惩戒中吸取教训，小心谨慎地办事，以免再遭祸害。"

成语心得：从以往的错误当中，可以吸取经验教训，指导自己以后的行动。

厝火积薪

出自东汉班固的《汉书·贾谊传》，用来比喻潜伏着很大危险。

西汉贾谊博学广识，敢于言事，很有参政才能，因此汉文帝对他颇为赏识，破格提升他为太中大夫。

当时正是西汉初年，北方匈奴不断侵扰，国内情形也不安定。汉高祖分封的同姓诸侯王都割据一方，不听中央号令，有些还流露出觊觎帝位的野心。

贾谊洞察到这些潜在危险，向汉文帝上了一道《治安策》。他列举了济北王刘兴居叛乱、淮南王刘长谋反、吴王刘濞图谋不轨的事实，恳切地提醒汉文帝说："将火种放在堆积的木柴下而安睡在上面，眼下火尚未燃烧起来，就认为很平安。当前的天下形势，跟这没有什么两样！"

汉文帝看了贾谊的上书，被深深地打动了。于是他下令削减诸侯王的势力，以加强中央集权。

成语心得：不要因为当下看似安稳，就忽略了潜在的危机。

城下之盟

出自春秋时期鲁国左丘明的《左传·桓公十二年》，指在敌人的武力威胁下，被迫签订的屈辱性盟约。

春秋时，有一个小国叫绞国。有一次，楚国入侵绞国，集中兵力攻打绞国国都的南门。绞国人坚决保卫，严守不出，楚军一时攻不下。

楚国贵族屈瑕说："绞国人缺乏计谋，我们可以让伙夫去打柴，故意不派士兵保护，他们见了一定会出来抓的。"带兵的将领依计而行。绞国人果然出来，一下就抓去了 30 个楚国人。第二天，绞国人更加大胆，争着从北门纷纷出城，追到山里去抓打柴的楚国人。

楚军预先在山里设下埋伏，一面堵住北门，一面伏兵齐起，把绞国打得大败。于是强迫绞国订立了盟约。

成语心得：弱者即便面对不公，也很难扭转局势。

草菅人命

出自东汉班固的《汉书·贾谊传》，用来形容反动统治者滥施淫威，任意残害百姓。

贾谊是汉文帝时的著名文人，自小聪慧好学，极有才华。被文帝召为博士，后又担任太中大夫的官职。

梁王是汉文帝最宠爱的儿子，文帝指望他将来能继承皇位，所以要他多读些书，希望贾谊好好教导他。贾谊就此发了一通议论，说："辅导皇子，教他读书固然重要，但更重要的，是教他怎样做一个正直的人。秦朝末年赵高教导秦二世胡亥，传授给胡亥的是严刑酷狱，所以胡亥一当上皇帝就乱杀人，对待杀人就好像割草一样，完全不当回事。难道胡亥的本性生来就坏吗？他所以这样，是教导他的人没有引导他走上正道，这才是根本原因所在。"

成语心得：在一些恶人贪官眼里，百姓的生命，就如同野草一样卑微。

重蹈覆辙

出自南朝·宋·范晔的《后汉书·窦武传》，比喻不吸取教训，重犯以前的错误。

东汉时，桓帝宠幸宦官，导致宦官互相勾结，垄断朝政，陷害忠良。李膺和杜密等忠良大臣竭力铲除宦官。公元166年，宦官们在桓帝面前诬告李膺等人造反，桓帝听信谗言，下令把李膺等忠良大臣关进大牢，这就是历史上有名的"党锢之祸"。

当时，窦皇后的父亲窦武受封为侯爵，他为人正直，从不仗势欺人。看到宦官的胡作非为，窦武十分愤慨，上书对桓帝说："如果再让宦官这样胡作非为下去，陛下将会像秦二世一样，纵容宦官造反作乱，最终失去江山。陛下应该吸取教训，千万不能重蹈覆辙！"桓帝经过窦武提醒，意识到自己的错误，于是就放了李膺等人，结束了"党锢之祸"。

成语心得：犯错之后就该吸取教训，不能再犯同样的错。

出奇制胜

出自《孙子兵法》，比喻用对方意料不到的方法取得胜利。

战国时期，燕国攻打齐国，连克齐国 70 多座城池。齐国百姓纷纷逃往莒城和即墨，誓死抵抗燕军。

守即墨城的大将田单先叫人拿着金银珠宝，偷偷送到燕军将领手中，要使者假装投降，并且假装说：即墨城的守军快要投降了，请他们入城后千万手下留情。燕军一听，便放松了警戒。

田单从城里收集来 1000 多头牛，并且将这些牛都披上五彩龙纹衣，双角上绑着尖刀，尾巴上绑着草。在一个月黑风高的夜晚，他一声令下，部下用火把点燃牛尾巴上的草，牛就拼命往前跑。燕军从睡梦中惊醒，看到这一大群五彩怪兽，吓得惊慌失措，四处乱逃。田单又乘胜追击，一鼓作气收复了被燕军占领的 70 多个城池。

成语心得：要善于打破常规，采取全新的方法来有效解决问题。

楚囚对泣

出自春秋时期鲁国左丘明的《左传·成公九年》，比喻在情况困难、无法可想时相对发愁。

春秋时期，楚人钟仪随军出征，结果战败沦为战俘。在被囚期间，钟仪怀念故国，不忘家乡，他想到楚国的战败，不禁潸然泪下。

两年后，晋景公偶然见到钟仪，就问别人："那个头戴南方式帽子的人是谁？"随从回答说："是郑国送来的楚囚。"景公对他戴本国帽子的做法十分感佩，于是释放并款待了他，两人谈了许多事情。

晋国大夫知道后对景公说："这个楚国俘虏真是了不起的君子呀！他不忘本也不忘旧，无私又尊君。"于是晋景公以对使臣之礼待他，还叫他回楚国谈判和平。钟仪从此便被称为四德公。回到楚国后，他如实转达了晋国的意愿，并建议两国罢战休兵。楚王采纳了钟仪的意见，与晋国重归于好。

成语心得：面对绝望处境，哭泣没有任何作用。

赤膊上阵

出自晋代陈寿的《三国志》，形容作战英勇，全力以赴地进行战斗。

东汉末年，朝政腐败，军阀割据，互相攻伐。割据凉州的军阀马腾被曹操杀死后，马腾的儿子马超为报父仇，与西凉太守韩遂联合起来，出动数十万大军进攻曹操。双方在渭口一带对阵。

有一天，两军出营布成阵势，马超挺枪纵马，与曹操麾下的猛将许褚大战。两人战了100多回合，不分胜负。因为战马疲惫不堪，于是各回军中，换了匹马，又出阵战了100多回合，胜负仍然不分。许褚杀得兴起，竟然拍马回阵，卸下盔甲，露出自己的一身筋肉，袒露胳膊提刀上马，来与马超决战。双方官兵大为震惊。两人又斗了30余回合，许褚与马超仍是不分胜负，令阵前的两军敬佩不已。

成语心得：无论做何事，必要的准备工作还是要有的。

D

打草惊蛇

出自北宋郑文宝的《南唐近事》，用来揭露那些做了坏事后心虚的人。

唐朝有个县官，名叫王鲁。他在当涂县做县令的时候，贪赃枉法，强取豪夺，搜刮了不少钱财。衙门里上上下下的官吏，也都效仿他暗地受贿、敲诈勒索、无恶不作。老百姓因此怨声载道。

一天，王鲁批阅案卷，发现有人联名控告他的下属，揭发其平日里营私舞弊、违法乱纪的种种恶行，每一件都证据充分，揭发得清清楚楚。这些事情，其实也正是王鲁常干的，而且如果认真追究起来，大部分和王鲁有关。因此，他看着案卷，不免发慌。最后，他不由自主地用颤抖的手拿笔，在案卷上写下了"汝虽打草，吾已惊蛇"八个字，然后手一松就瘫坐在椅子上，笔也掉到地上去了。

成语心得：做坏事的人即使表面上平静，心里总归还是虚的。

大材小用

出自西晋石崇的《许巢论》，用来说明充分发挥人才优势的重要性。

东汉末年时，有一位名叫边让的文士，他的才华远近闻名。大将军何进想征召边让做官，但又怕他不肯来，就以征兵的名义把边让召到洛阳，任命他做令史。

何进本以为自己的安排很合适，没想到却引起了名士蔡邕的不满。于是蔡邕找到何进说："边让从小生活孤苦却聪明好学，精通诸子百家学说，能见本知义，举一反三；同时又心通性达，恪守礼仪，是个不可多得的人才。把用来煮牛的大鼎，用来烹调小鸡就不合适，汤多了，淡而无味；汤少了，就煮不熟。让边让当令史，就是所谓的'大器之于小用'。"何进听后，便下令改任边让为九江太守。

成语心得：任用人才应该充分考虑他的能力，以免浪费了才华。

道听途说

出自《论语·阳货》，用来代指没有根据的小道消息。

从前，有个喜欢讲空话的人，名叫毛空。一天，毛空告诉艾子说："有一只鸭子一次生了一百个蛋。"艾子不相信，毛空又改口说："那就是两只鸭子生的。"艾子还是不相信，毛空又说是三只鸭子生的，艾子还不相信……这样，最后一直增加到十只鸭子，艾子始终没有信他。

过了一会儿，毛空又神秘兮兮地告诉艾子："上个月天上掉下一块三十丈长、二十丈宽的肉。"艾子也不信，毛空又说："那么就是二十丈长、十丈宽。"艾子依然不信。艾子问毛空："你之前说的鸭子是谁家的？肉掉到了什么地方？"毛空支支吾吾地说："我是在路上听别人讲的。"于是，艾子对他的学生们讲道："你们可不要像他那样'道听途说'啊！"

成语心得：耳听为虚，眼见为实，随便听来的话，怎能当真呢？

东山再起

出自南朝·宋·刘义庆的《世说新语》，用来形容遭遇挫折后再次取得胜利的情况。

谢安是东晋时的名士，才学过人。可由于朝中小人的诬陷，谢安不得不辞去官职，跑到会稽东山隐居起来，整日以游山玩水、吟诗作画为乐。

公元383年8月，前秦苻坚率百万大军南下伐晋，朝廷直到此时才想起谢安，于是派人到东山请他任大都督。谢安见国家处于危难当中，便义不容辞地担起了力挽狂澜的重任。当时谢安麾下只有八万兵马，然而他丝毫不惧，稳当当地坐镇东山，指挥前线战事。最终，东晋在淝水之战中以少胜多，将前秦打得溃不成军，谢安因此立下大功。由于自己当时居住在东山，人们便用"东山再起"四字来称赞他。

成语心得：一时的失败不算什么，只要抓住机会沉稳行事，一定会再次成功。

对牛弹琴

出自东汉牟融的《牟子理惑论》，用来比喻做事说话要看准对象。

从前，有一个叫公明仪的人，琴艺十分高超。有一天，他来到郊外，看到一头黄牛正在草地上低头吃草。他一时来了兴致，便打算给这头牛弹一支曲子。

只见公明仪摆好古琴，拨动琴弦，双手弹拨中，一曲《清角之操》便从指尖流泻而出。然而听到这么高雅的音乐后，老黄牛始终无动于衷，只顾一个劲儿地低头吃草。公明仪想，可能是这支曲子太高雅了，于是他便换了另外一支曲子。可是那头老黄牛仍然毫无反应，继续悠闲地吃草。

公明仪见老黄牛始终无动于衷，很是失望，于是变换曲调，弹奏出一群蚊虻的嗡嗡声，还有一头孤独小牛的哞哞叫声。听到这里，牛马上摇动尾巴，竖起耳朵，因为不安而小步来回走动。

成语心得：根据对象的不同，我们说话做事的方式，也要跟着转变。

对症下药

出自西晋陈寿的《三国志·魏志·华佗传》，用来形容针对事物的问题所在，应采取有效措施。

三国时期，有一位名叫华佗的神医。有一次，州官倪寻和李延同时生病，都有头疼发热的症状，然而华佗在给他们诊断后，开了完全不同的药。倪寻和李延因此非常奇怪，便询问华佗原因。

华佗问他们："生病前你们都做了什么？"

倪寻回忆说："我昨天赴宴回来，就感到有点不舒服，今天就头疼发烧了。"

"我好像昨晚没盖好被子受凉了。"李延答道。

"那就对了。"华佗解释，"倪寻是因为内部伤食引起头疼身热，应该通肠胃；而李延是因为外感风寒受凉引起感冒发烧，应该发汗。病因不同，治疗的办法自然也就不同啊！"

倪李二人觉得华佗说得非常有道理，回去吃下不同的药，两人的病第二天就好了。

成语心得：解决不同的问题要先抓住症结所在，然后根据实际情况做出应对。

大义灭亲

出自春秋时期鲁国左丘明的《左传·隐公四年》，用来形容为了维护正义，即便是对亲属也不徇私情。

春秋时期，卫国的州吁杀死哥哥卫桓公，自立为国君。他担心自己的王位不稳定，就与心腹大臣石厚商量办法。

石厚也不知道如何是好，于是就去问他的父亲石碏。石碏十分恼恨儿子参与谋逆，便假意说："只要得到周天子的许可就可以。"石厚说："州吁是杀死哥哥谋位的，要是周天子不许可，怎么办？"石碏说："陈桓公很受周天子的信任，陈卫又是友好邻邦。"石厚听懂了父亲的话，于是匆匆进宫去了。

他跟随州吁准备厚礼、抵达陈国后，陈桓公当场就将两人扣押。原来，石碏早就做了安排，只等二人送上门来。等到州吁被处死后，卫国的大臣认为石厚是石碏的儿子，应该从宽；然而石碏亲自派人将石厚处死了。

成语心得：在正义面前，即便是亲情也要让位。

大器晚成

出自《老子》，用来喻指越是有才能的人通常越晚成功。

东汉末年，有个名叫崔琰的人，剑法很好，特别喜欢交游。可有些人认为他不学无术，对他十分不屑。

一次，崔琰去拜访一个很有学问的人，对方的管家却说："主人正在潜心读书，无暇闲谈。"崔琰知道对方是嫌他没知识，感到无比羞愧，从此就虚心拜师求学，最终成为一位名士。当时独霸北方的袁绍把他招为谋士，袁绍死后，曹操又劝崔琰归顺了自己。在跟随曹操期间，崔琰出了不少主意，很受曹操器重。

崔琰有个堂弟叫崔林，年轻时一事无成，亲友们都看不起他，唯独崔琰看法不同。他常对人说："才能大的人需要长时间才能成器，崔林就是这样的人。"后来，崔林果然当上了大官。

成语心得：一时失意并不值得挂怀，只要自己勤学苦干，必定有成功之时。

大公无私

出自东汉马融的《忠经·天地神明》，用来形容人处事公平，绝没有一点儿私心。

有一次，晋平公问祁黄羊说："南阳县缺个县令，你认为谁去比较合适呢？"

祁黄羊回答说："解狐。"

平公惊奇地说："解狐不是你的仇人吗？"

祁黄羊说："您只问我谁最合适，并没有问谁是我的仇人呀！"

过了一些日子，平公又问祁黄羊说："现在朝中缺少一个法官，你认为谁能胜任呢？"

祁黄羊举荐了祁午。

平公又问他说："祁午不是你的儿子吗？"

祁黄羊又回答："您只问我谁可以胜任，并没有问谁是我的儿子呀！"

解狐和祁午到任后，果然都十分尽职。

孔子说："祁黄羊真是贤德啊！他推荐人完全是拿才能做标准，不因为对方是仇人而心存偏见，也不因对方是儿子而故意避嫌。这才是真正的'大公无私'啊！"

成语心得：考虑问题要从集体利益出发，而不是个人私利。

得过且过

出自元代无名氏的《小孙屠》，用来讽刺那些没有长远打算，每天蒙混度日的人。

五台山上有一种鸟，叫寒号鸟，它生有肉翅但不能飞翔。每当夏季来临时，寒号鸟浑身就会长满色彩斑斓的羽毛，它便得意地唱道："凤凰不如我！凤凰不如我！"可是，它每天都在唱，却不知道给自己搭窝筑巢。

等到冬天来临的时候，寒号鸟虽然很冷，但还是不搭窝；等到自己的漂亮羽毛全部脱落，它就再也得意不起来了。每当寒风袭来的时候，这光秃秃的肉鸟只得躲在石壁的缝隙里，一边瑟瑟发抖，一边无可奈何地哀鸣："得过且过！得过且过！"

成语心得：每个人都应当对未来有长远的打算，不能胸无大志，得过且过。

呆若木鸡

出自《庄子·达生》，形容精神内敛、沉稳不动的气态。后用来形容呆笨或因恐惧、惊讶而发呆的样子。

纪渻子为王驯养斗鸡，过了十天齐宣王问："鸡训练好了吗?"纪渻子回答说："不行，还有些虚浮骄矜，自恃意气。"

十天后齐宣王又问，纪渻子回答说："不行，它还是听见响声就叫，看见影子就跳。"

十天后齐宣王又问，纪渻子回答说："不行，它的目光还是过于犀利，气势没有完全收敛。"

又过了十天，齐宣王再问，纪渻子回答说："差不多了。别的鸡即使打鸣，它也不会有什么反应，看着就像木鸡一样。它的精神全部凝聚在内，看见它，别的鸡没有敢应战的，掉头就逃跑了。"

齐宣王将它拿出来一试，其余的斗鸡见到它，果然吓得不敢应战。

成语心得：歇斯底里不是真的强大，深沉的气度更能使人敬服。

大逆不道

出自西汉司马迁的《史记·高祖本纪》，用来代指不合观念和道德标准的行为。

秦朝灭亡以后，刘邦和项羽展开了长达五年的楚汉战争。

有一天，项羽在阵前向刘邦喊话，要与他决一雌雄，刘邦却说："我开始与你都受命于楚怀王，约定先入关中者为王。可是后来你负约，让我到巴蜀去当汉王。这是你的第一条罪状；你在去救援赵军途中，杀死上将军宋义，自称上将军，这是你的第二条罪状；你违抗怀王的命令，擅自劫持各诸侯的兵马人员，这是你的第三条罪状。"接着，刘邦又列举项羽烧毁秦宫、杀死投降的秦王子婴和义帝等罪状，怒斥他说："你作为臣子而杀死君王，又杀害已经投降的人，为政不仁，不讲信义，为天下所不容，属于重大的叛逆。你犯下如此重大的罪孽，我以仁义之兵来讨伐你这个逆贼，你还有什么面目向我挑战！"

项羽听后，气得浑身发抖，说不出话来。

成语心得：做人应当恪守道义，不能为非作歹，否则必然受到人们的唾弃。

大笔如椽

出自唐代房玄龄等的《晋书·王珣传》，用来夸赞别人文笔雄健有力或文章气势宏大。

东晋王珣从小才思敏捷，散文和诗赋都写得很好，20岁时便被大司马桓温聘为主簿。有一次，桓温为了试他的才学，就趁幕僚们议事时，派人偷偷取走了他的发言文稿。结果王珣依旧口若悬河，滔滔不绝。桓温拿出文稿对照，发现他说的内容与文稿相同，文字却没有一句相同，不由十分钦佩。

一天晚上，王珣梦见有人将一支像椽子那样的大笔送给他。醒来后，他对家里人说："我梦见有人送我大笔，看来是有大手笔的事要我做了。"他的预言马上成为事实。就在这天上午，晋孝武帝突然死去，由于王珣文笔出众，朝廷把要发出的哀策、讣告等全交给他起草。这种殊荣是历史上少见的。

成语心得：大手笔方有大收获，大学问方有大机会。

大相径庭

出自《庄子·逍遥游》，比喻相差很远，大不相同。

春秋时期，楚国有一位著名的狂士，他的名字叫接舆。由于对当时国政的不满，接舆便故意剪掉头发，佯装疯子，说疯言疯语，以此躲避诸侯们的邀请。

有一天，接舆对邻居肩吾说："北海有一座姑射仙山，山上的神仙个个神通广大，只要轻微动动手指，就可以让整个天下五谷丰登，百姓安居乐业。"肩吾认为接舆的话过于空泛、不切实际，就对连叔说："接舆实在是太喜欢吹牛了！他说的话根本就是脱离实际，就像房子与门外的路那样，完全不沾边啊！"

然而连叔沉思了一会儿，对肩吾摇了摇头，说："接舆的话总是蕴含深意，只是我们没有理解其中的道理罢了。"

成语心得：与人交流时应当结合实际，不可泛泛而谈、故作玄虚。

胆小如鼠

出自北朝·齐·魏收的《魏书·汝阴王天赐传》，用来形容人胆小。

南北朝时，有一个十分胆小的人名叫元庆和，他在北魏担任刺史一职。有一年，南梁大举入侵北魏，元庆和接到消息后，当即吓得面无人色，下令全军将士放下兵器投降。就这样，他所掌管的区域全部划入了梁朝的版图。

梁武帝知道后，还以为他识时务，于是封他为魏王。几年后，北魏分裂成了东魏和西魏，元庆和再次奉命统帅士兵，前去攻打东魏。然而当他得知东魏的军队有三万人时，再一次吓得魂不附体，当即下令撤军。梁武帝得知后万分震怒，怒斥他胆子小得简直像老鼠一样，随后剥夺了他的官职、爵位，将他贬为普通百姓。

成语心得：面对挑战应该鼓起勇气，哪能像老鼠那样动不动就吓得到处乱跑呢？

单枪匹马

出自唐代汪遵的《乌江》，用来比喻孤身一人，单独行动。

楚汉争霸期间，项羽的实力原本最为强大，但由于自己刚愎自用，楚军渐渐走了下坡路。

公元前202年，项羽在垓下被汉军包围。夜里，从汉营里传来阵阵楚歌声，楚军无心作战，纷纷逃走，项羽只得在半夜时突围。等他逃到重围时，只剩下28个士兵，追兵却有好几千。项羽说："我起兵八年，打过70多场仗，从来没有输过。今天这是老天要亡我！"

逃到乌江，乌江的亭长有只船，可渡一人一马，项羽却说："当初八千子弟随我渡江，今天我若是独自回去，又有什么脸面见江东父老！"于是自刎而死。

唐代诗人汪遵在诗中感叹地说："在一败涂地后，项羽单枪匹马杀出重围，江东已经可以看见了，却不能回去。英雄虽然不在了，可是他羞愧的面容犹在。"

成语心得：即便只剩下自己一个人到最后，也要不惧挑战，迎难而上。

东食西宿

出自东汉应劭的《艺文类聚》，用来比喻唯利是图，贪得无厌。

战国时，齐国有个姑娘到了该出嫁的年龄，有两家人同时送来聘礼给这姑娘家，向她父母求婚。

其中，东面人家的儿子长得又矮又丑，可是家中富有；西面人家的儿子倒是一表人才，只是家境贫苦。姑娘的父母左右盘算，还是决定不下来，便把女儿唤到堂上，叫她自己拿主意。

父亲见女儿低头红脸，一副羞羞答答的样子，便说："你要是不好意思说出口，就袒露手臂表示一下吧，喜欢东家儿子，就袒露右边；爱上西家儿子，就袒露左边。"

姑娘怔了半天，才解开衣襟，把两边的手臂都袒露出来。

"这是什么意思?"父母惊诧地问。

"我……"姑娘忸忸怩怩地说，"我想在东家吃饭，在西家住宿。"

姑娘的父母听后，顿时目瞪口呆。

成语心得：世间没有那么多两全其美的事情，做人不可过于贪婪、不顾廉耻。

倒屣相迎

出自晋代陈寿的《三国志·魏志·王粲传》，用来比喻热情迎接宾客。

东汉献帝时，左中郎将蔡邕是一位博学多闻的文学家、书法家，很受朝廷器重，在当时很有名气，家里经常高朋满座。

有一天，蔡邕正在家里陪几位客人习诵《诗经》，一个仆人来通报王粲来访。蔡邕迫不及待地出迎，竟然把鞋子穿反了。蔡邕以很高的礼节，非常客气地把王粲迎请进来。当时众宾客皆讶异是什么人物会让蔡邕如此匆忙，不料竟是个年幼瘦弱的孩子，满屋子的人都十分惊异。蔡邕说："这位是王府公子，天赋异禀，我自叹不如，我家收藏的书籍文章，当全部由他来传承。"王粲的确是智力超群，问无不对。他过目成诵，并且倒背如流，可以把搞乱的棋局一点不错地重新摆好，而且他的文章诗赋写得特别好，后成为东汉末著名的文学家。

成语心得：身为主人，对上门的贵客应当多加礼遇。

单者易折

出自北朝·齐·魏收的《魏书》，用来说明团结一致的重要性。

古时，吐谷浑首领阿豺有 20 个儿子，但他们彼此之间并不齐心。在自己患病临近死亡时，阿豺对身后事十分担忧，于是叫来自己的弟弟及所有的儿子，对他们说："你们各拿一支箭给我，叠放在地上。"

等到他们照办之后，阿豺就吩咐弟弟慕利延说："你拿出一支箭来并且折断。"慕利延拿起一支箭折断了它。阿豺又吩咐说："你把剩下的19支箭都拿起来，再折断它们。"慕利延不能折断它们。阿豺于是对他们说："你们知道了吗？一支箭十分容易折断，可很多的箭在一起难以折断。所以说，只要你们齐心协力，国家就可以稳固了。"

成语心得：所有人的力量聚合在一起时，就会非常强大。

独占鳌头

出自元代无名氏的《陈州粜米》，用来比喻占首位或第一名。

明清时，皇帝经常在太和殿召见新科进士，并由传胪官按榜依次唱名，宣布考取进士者的姓名、名次、籍贯。每唱一名，由多个侍卫接力高声重复着从殿内传向殿外，其中一甲三名的状元、榜眼、探花，均要连唱三遍，以示与众不同。新科进士听到传唱后，便会走到中间的御道上站定，向皇帝叩拜谢恩，以示成为天子门生。

传唱完毕，传胪官引导一甲三名的状元、榜眼、探花，走到天子座前的阶下迎接殿试榜。其中，状元位置居中，且稍前于榜眼、探花，如三角形的顶角位置，正好站在第一块御道石正中镌刻的巨鳌头部，独个踏占在鳌头之上，这就是"独占鳌头"的由来。

成语心得：想要居于人前，就必须力争上游，夺取第一。

堤溃蚁穴

出自《韩非子·喻老》，用来比喻不注意小事，则会造成严重的后果。

从前，有一个黄河畔的村庄，每逢河水泛滥的时节，都饱受其害。为了防止水患，村民们便齐心协力，筑起了一道巍峨长堤，自此以后，水患总算无法影响到他们了。

一天，有个老农偶然发现堤坝上的蚂蚁窝猛增了许多。老农心想：这些蚂蚁窝究竟会不会影响长堤的安全呢？想到这里，他就打算回村子里报告，路上却遇见了他的儿子。老农的儿子听后，不以为然地说："这么坚固的长堤，还害怕几只小小的蚂蚁不成？"便拉着老农一起下田了。

当天晚上风雨交加，黄河之水猛涨，很快，咆哮的河水就从蚂蚁窝渗透出来，继而喷射，最终堤决人被淹。

成语心得：许多巨大的灾祸都是因小事引发。

得其所哉

出自《孟子·万章上》，用来形容因某事而称心快意的情绪。

子产是春秋时期郑国的一位政治家，他从政20多年，把郑国治理得很有成绩。

有一次，有人送了一条活鱼给子产，子产便叫主管池塘的人把它畜养在池塘里。那人表面答应后，却把鱼煮来自己吃了，还回禀子产说："按照您的吩咐，我把鱼放到了池塘。刚放进池塘里时，它还要死不活的；一会儿便摇摆着尾巴活动起来了；突然间，一下子就游得不知去向了。"子产高兴地说："它去了它应该去的地方啦！"

那人从子产那里出来后，窃笑着说："谁说子产聪明呢？我明明已经把鱼煮来吃了，可他还说'它去了它应该去的地方啦！它去了它应该去的地方啦'！难道我的肚子才是鱼该去的地方吗？哈哈！"

成语心得：每个人都要对自己有明确的定位，这样才不会对人生感到迷惘。

东张西望

出自明代冯梦龙的《喻世明言》，用来形容心神不安地到处看。

从前，有个叫蒋兴哥的人娶了本县王公的女儿三巧儿，两人感情极好，婚后生活十分恩爱。两年后，兴哥到广东去收账，临行前与妻子约定，一年后一定返家。

没想到兴哥由于旅途劳顿，病在外地，无法如期回来。三巧儿在家苦盼不至，便每天站在门口东张西望，一心企盼丈夫早日归来。没想到因此引起了一位青年陈商的注意，在他的不断蛊惑下，三巧儿最终改嫁陈商。一个原本幸福的家庭，就这样被拆散了。

成语心得：日常生活中，我们的一言一行都要谨慎，不可轻浮。

东窗事发

出自明代田汝成的《西湖游览志余》，用来比喻阴谋已败露。

南宋初年，金兀术向中原大举进攻，岳飞率领岳家军顽强抵抗，而秦桧却主张议和。当时岳飞和许多大臣、将领都不同意，秦桧因此想要除掉岳飞。

一天，秦桧坐在家里东窗下苦苦思索。夫人王氏为他出主意，建议他唆使岳飞的下属王贵指控岳飞。王贵不肯，秦桧就对他施以酷刑，并以其全家性命相威胁，王贵只得无奈屈服。最终，岳飞在风波亭被害。

后来，秦桧在游西湖时得病死去，他死后七日，王氏为他举行了法事。道士痛恨秦桧杀死了国家忠良，就装模作样做了一阵法事，然后告诉王氏，秦桧正在地狱里受拷打之苦，阎王小鬼们正在审问他。道士还说："秦大人说了：'麻烦你转告我夫人，东窗事发了。'"

成语心得：再隐蔽的恶行也会有公之于众的一天。

得鱼忘筌

出自《庄子·外物》，用来比喻事情成功以后就忘了本来依靠的东西。

从前，有一个渔夫为了打到更多的鱼，特意花费好长时间，用竹子编制了一件名为"筌"的捕鱼用具。编好之后，他便兴冲冲地带着筌到河边去了。

来到河边，渔夫选好地点，将筌彻底抛入水中，然后仔细地观察着筌上的一个小小浮漂。突然，他看到浮漂猛地往下一沉，知道有鱼落网，于是赶紧将筌拉出水面，发现里边竟然是一条十分肥美的红鲢鱼。渔夫大喜，也顾不得再去捕捞，当即拎着这条大鱼，兴冲冲地跑回家向妻子邀功去了。

回到家后，他对妻子大肆吹嘘，妻子却说这都是筌的功劳，还问他筌到哪里去了。她不问还好，这一问渔夫才想起，自己只顾着回家，竟然将筌忘在河边了！

成语心得：成功之后不能得意忘形，而是要继续提升自己的能力。

得陇望蜀

出自唐代房玄龄等的《晋书·高祖宣帝懿》，用来比喻得寸进尺，贪心不知满足。

三国时期，刘备假意带兵帮助刘璋镇守益州，之后却率领大军攻破成都，彻底占领了益州之地。紧接着，他又开始对江陵用兵。

当时司马懿正跟随曹操去讨伐张鲁，对曹操进言道："刘备以欺诈和武力俘虏了刘璋，蜀人尚未归附就出兵远方去争夺江陵，这个机会不能错过。现在我们如果出兵到汉中显威，益州就会惊慌，趁机进兵、兵临城下，他们势必土崩瓦解。由此就很容易建立功业了。圣人不能违逆天时，但也不能丧失时机。"曹操对此有些顾虑，便说："人就是苦于没有满足，已经得到了陇西，还想得到蜀。"最终没有听从司马懿的意见。刘备因此在蜀地顺利开创了自己的霸业，建立起蜀汉政权。

成语心得：人的贪欲是永远也满足不了的，因此要学会知足。

箪食壶浆

出自《孟子·梁惠王上》，用来形容军队受到群众的拥护、爱戴和欢迎的情形。

战国时期，燕国发生内乱大乱，齐国军队趁机取得了燕国百姓的支持，一举攻占了燕国的大部分领土。齐宣王想借这个机会完全占领燕国，便对孟子说："有人劝我占领燕国，而有人反对。你认为怎么样呢？"

孟子听完齐宣王的一番话，说："占领不占领燕国，要看燕国老百姓是否欢迎我们。如果他们欢迎我们，就可以占领，比如武王；如果燕国老百姓不欢迎我们，就不能占领，比如文王。现在，燕国老百姓用箪盛着吃的，用壶装着喝的来欢迎齐军，无非是想结束原先那种水深火热的生活。如果您占领了燕国，反而使水更深、火更热，那么统治时间也不会长久。"

成语心得：对于那些不仁义的军队，百姓们是绝不会畏惧的。

大腹便便

出自南朝·宋·范晔的《后汉书·边韶传》，用来形容肥胖的样子。

东汉桓帝时，有个读书人名叫边韶。他很有些文才，做官前还教过几百名学生。

边韶很有口才，说起话、讲起课来头头是道，从没有回答不出问题的时候。不过他有个毛病，就是爱打瞌睡。因为他人胖、肚子大，打起瞌睡来的模样学生觉得很好笑。

有一天，他又和衣打瞌睡，他的学生就私下编了顺口溜嘲笑他。边韶很快知道了这件事，于是也编了几句顺口溜："边为姓，孝为字。腹便便，五经笥，但欲眠，思经事。寐与周公通梦，静与孔子同志。师而可嘲，出何典籍？"意思是："边是我的姓，孝是我的字，大肚皮装着五经，睡觉是在思考五经的事。睡梦中可以会见周公旦，安静时可以与孔子有相同的心意。嘲笑老师的规矩是哪来的？"

成语心得：一个人的才华，并不是通过体貌来表现的。

洞见症结

出自西汉司马迁的《史记·扁鹊仓公列传》，用来形容观察锐利，看到了问题的关键。

春秋时期，有位神医扁鹊，本名叫作秦越人。他的医术是长桑君传授的，长桑君是一位非常杰出的医师。

扁鹊年轻的时候，曾在一家旅馆里打杂，长桑君在周游各国时，常到这家旅馆住宿。扁鹊见他举止不凡，料他是位能人，便特别恭谨地侍候，逐渐和他结识。长桑君经过长期观察，认为扁鹊为人踏实，于是收他为徒。就这样，扁鹊跟着长桑君学习了十多年，积累了许多秘方与偏方。长桑君在临终前，又把所藏的秘方和医书全交给扁鹊，还送给他一服药。扁鹊连服了30天后，果然长出一双慧眼，可以轻易地洞见病患的五脏症结，对症下药无往不利，从而成为一代名医。

成语心得：看到问题的根本，才能从根本上解决问题。

E

尔虞我诈

出自春秋时期鲁国左丘明的《左传·宣公十五年》，用来形容互相欺骗。

春秋时，楚庄王率领军队攻打宋国，因久攻不下，决定撤军。这时，替庄王驾车的申叔时建议说：我们如果在宋国的土地上建房种田，长久地驻扎下去，宋国就会屈服的。

一天深夜，宋将华元奉命潜入楚军主帅子反的营帐，对他说："我们国君说了，虽然我们已经到了吃孩子充饥、拿人骨烧火的地步，但绝不会妥协。如果你们能退兵 30 里，那么您怎么吩咐，我就怎么办！"子反听后，当场和华元私下约定，然后再禀告庄王。庄王答应了。

第二天，庄王下令楚军退兵 30 里。于是，宋国同楚国恢复了和平。华元到楚营中去订立了盟约，并作为人质到楚国去。盟约上写着："我不欺骗你，你也不必防备我！"

成语心得：彼此坦承交心，比互相欺诈更能促进沟通。

F

墦间乞余

出自《孟子·离娄章句下》，用来讽刺那些装腔作势、假扮富贵的人。

齐国有一个人，家里有一妻一妾。他每次出门，都会酒足饭饱地回家，并说自己是和有钱有势的人一起吃喝。久而久之，他的妻子不禁有些怀疑，便对小妾说自己打算偷偷尾随丈夫看个究竟。

第二天早上起来，她便尾随在丈夫的后面，走遍全城，没有看到一个人站下来和她丈夫说话。最后她看到丈夫走到了东郊的墓地，向祭扫坟墓的人乞讨剩余的祭品吃；不够，又东张西望地到处去乞讨——这就是他酒醉肉饱的办法。妻子赶紧回家对妾讲明了真相，哭着说："丈夫是一家的依靠，而他如今却是这个样子。"二人在庭院中咒骂着、哭泣着，而那位丈夫还不知道，得意扬扬地从外面回来，在她俩面前耍威风。

成语心得：有的人明明生活困顿，却还装出副富贵的样子，徒然惹人耻笑。

飞鸟惊蛇

出自《法书苑》，形容草书自然流畅。

唐朝年间，有一位名叫释亚楼的僧人。与其他僧人一样，释亚楼久居寺庙，每日里都要烧香念经做功课；但与别的和尚空闲时就偷偷下棋、睡觉不同，释亚楼买了砚墨笔纸，日复一日地练习书法。有时深更半夜，他还在苦苦练习。

一年年过去了，释亚楼写字的功夫越来越深，许多烧香拜佛的香客也来请他写字。对此，释亚楼都欣然从命，一一答应。他的草书写得尤其飘逸奔放，有人就问他："草书怎样算好？"释亚楼于是写了八个字："飞鸟出林，惊蛇入草！"

从此，人们就用"飞鸟惊蛇"形容字体飘逸像小鸟飞翔，笔势遒劲连蛇也受惊吓。

成语心得：评论书法高低有许多标准，其中之一就是运笔是否流畅。

负荆请罪

出自西汉司马迁的《史记·廉颇蔺相如列传》，用来描述犯了错后主动承认，严厉惩罚自己的情形。

战国时期，赵国大臣蔺相如因功被封为上卿，位在将军廉颇之上。廉颇得知后十分不满，便扬言一旦遇到蔺相如，一定会给他好看。蔺相如听到后，便主动避开廉颇，甚至有一次在路上远远看到他后，掉转车头就走。

蔺相如的门客以为他畏惧廉颇，感到十分不满，便一齐向他抱怨并辞行。蔺相如解释说："秦国不敢侵略我们赵国，是因为有我和廉将军。我对廉将军容忍退让，并不是因为我怕他，而是要把国家的危难放在前面，把个人的私仇放在后面啊！"

廉颇听说了蔺相如的话后，感到十分惭愧，于是他脱卜铠甲，背上荆条，主动到蔺相如府上请罪。蔺相如见廉颇亲自前来致歉，连忙热情地出来迎接。从此以后，他俩成了好朋友，同心协力保卫赵国。

成语：犯了错误诚恳地悔改的人依然值得称赞。

防微杜渐

出自南朝·梁·沈约的《宋书·吴喜传》，意指在灾祸刚显露出苗头时，就及时加以阻止。

东汉和帝即位时仅14岁，朝中由窦太后代为问政。窦太后的哥哥窦宪官居大将军，手中握有大权，不仅为所欲为，甚至密谋篡位。朝中许多大臣心里都很着急，为汉室江山捏了把汗。

大臣司徒丁鸿精通典籍，很有学问，对于窦氏兄弟的做法也十分不满，一心想为国除掉祸根。几年后，天上发生日食，丁鸿就借这个当时认为不祥的征兆，上书和帝，建议他尽早遏制窦氏兄弟的大权，以防后患。他在奏章里说："'杜渐防萌'则凶妖可灭。"和帝早已有此打算，于是采纳了他的意见，并任命他为太尉、卫尉，进驻南北二宫，同时罢免窦宪等人的官。

窦氏兄弟知罪责难逃，先后自杀而死，一场可能发生的宫廷政变也被扼杀在萌芽中。

成语心得：俗话说"千里之堤，毁于蚁穴"，危机一旦显露苗头，就应该及时加以制止。

焚膏继晷

出自唐代韩愈的《进学解》，用来形容夜以继日，十分勤奋地学习。

韩愈是唐代著名文人，精通六经百家之学，为唐宋八大家之一。长期以来，韩愈一直希望能受朝廷重用，施展抱负；但因个性不适官场，他一辈子都在仕途中浮沉不定，颇有失志之感，于是写了一篇名为《进学解》的文章。

文中，一位国子先生训诲他的学生说："你们要勤奋学习，学问和品德都好，未来也不怕被埋没。"可他话还没说完，就有一位学生质疑说："老师，您不要骗我们了！这么久以来，您每天都手不释卷，连夜晚都点灯接着白天来读书。结果呢？只因思想不符合当政者，便遭到排挤，以致生活困苦不堪。您自己都这样了，居然还要我们专心做学问！"

韩愈以此来表达自己的满心失落。

成语心得：高深的学问，需要长期不断学习，才能逐步获得。

放虎归山

出自西晋司马彪的《零陵先贤传》，用来比喻把坏人放回老巢，留下祸根。

秦穆公时，秦国大将孟明视等三人率领大军伐晋失败，反而沦为俘虏。晋襄公的后母文嬴是穆公之女，听说娘家的大将被俘，便对晋襄公极力劝说，最后把这三人放走了。

先轸听到这个消息，气得把刚吃到嘴里的饭都吐了出来，他怒不可遏地找到晋襄公，愤怒地说："将士们费尽心思才把孟明视几人捉住，您却听信妇人之言，轻而易举就把他们放了。这叫放虎归山，到时候你后悔都来不及。"晋襄公这时才醒悟过来，忙叫人去追赶，却已来不及了。孟明视等人回国后，并没有受到责罚，仍然掌握着兵权。三年过后，孟明视等人带兵击败晋国，一雪前耻，秦国终于成了新的霸主。

成语心得：对于任何隐患都要极力革除，不能有丝毫放任。

封豕长蛇

出自春秋时期鲁国左丘明的《左传·定公四年》，用来形容人贪婪残暴，包藏祸心。

春秋时期，从楚国出逃的伍子胥在吴国得到重用，最终统帅吴国的军队攻入楚都郢，楚昭王被迫出逃。

楚臣申包胥到秦国去搬救兵，对秦哀公说："吴国贪婪如大野猪，残暴如大蟒蛇，多次侵食别的国家，最先受到伤害的是楚国。吴国的贪欲是无法满足的，要是吴国占领了楚国，成为您的邻国，它就会对秦国的边界造成危害。趁吴国还没有把楚国平定，您还是去夺取一部分楚国的土地吧。如果楚国就此灭亡了，那一部分就是您的土地了。如果凭借您的威灵使楚国得以保存，楚国将世代侍奉您。"

秦哀公不肯出兵，申包胥就站在宫廷上痛哭七天七夜。秦哀公说："楚王虽然无道，但有这样的大臣，还不至于灭亡。"于是下令发兵救楚。

成语心得：恶人总是得寸进尺，没有满足之时。

凤毛麟角

出自南朝·宋·刘义庆的《世说新语·容止》，用来比喻珍贵而稀少的人或物。

南朝著名诗人谢灵运，才思敏捷，文章精美，其孙谢超宗也极有文才，颇有名声。

谢超宗曾担任新安王刘子鸾的常侍，王府中的文告函件都出自他的手笔。新安王的母亲殷淑仪去世后，谢超宗撰写悼念死者的悼词，写得非常精彩，孝武帝读过以后大加赞扬，对左右说："谢超宗真是有凤毛呀，天下又出了一个谢灵运！"

当时右卫将军刘道隆也在座，他是行伍出身，不懂得凤毛是什么意思，误以为谢超宗真有凤凰的羽毛，就跑到谢家，央求说："听说你有稀奇物件凤毛，快让我看看！"谢超宗哭笑不得，只得无奈地说："凤毛麟角如此珍贵的宝物，我哪里有啊！"

成语心得：珍贵的东西总是很稀有，很难在现实生活中遇到。

风声鹤唳

出自唐代房玄龄等的《晋书·谢玄传》，用来形容惊慌失措、自相惊扰的样子。

383 年，前秦皇帝符坚组织九十万大军，南下攻打东晋。东晋王朝派谢石为大将，谢玄为先锋，带领八万精兵迎战。

为了以少胜多，谢玄施计谋，派使者到秦营，请求他们允许自己渡过淝水再战。符坚求胜心切，认为只要等晋军一半过河，一半还在渡河时，派精锐的骑兵冲杀上去，秦军肯定能大获全胜，于是答应了。

然而符坚没有料到，秦军本是临时拼凑起来的，指挥不统一；一接到后退的命令，都以为前方打了败仗，慌忙向后溃逃。谢玄见秦军溃退，指挥部下快速渡河杀敌。秦军因此一败涂地。那些侥幸逃脱追击的士兵，一路上听到呼呼的风声和鹤的鸣叫声，都以为晋军又追来了，于是不顾白天黑夜，拼命地奔逃。

成语心得：失败之后应该冷静反思，而不是惊慌失措，彻底失去应对的想法。

飞蛾扑火

出自隋朝姚察的《梁书·到溉传》，用来比喻人们为了追求理想不顾牺牲。

南北朝时期，梁朝人到溉潜心苦学，官至国子祭酒。到溉有个孙子名叫荩，自小聪明过人，受到到溉的悉心教导，成年后，在诗文方面的成就已超过了到溉，颇得梁武帝的赏识。

有一次，武帝对到溉开玩笑说："你孙子的文笔甚好，你的文章都是他代写的吧？"于是，梁武帝写了一首名为《连珠》的诗赐给到溉。诗的大意是：用砚台磨出墨汁来写文章，挥起笔来非常自如。这时就像飞蛾扑火一样，完全忘记了自身随时会毁灭。不过你已是年迈之人了，何不让你的孙子荩来代替你写文章呢？

不久到荩即被梁武帝任命为丹阳尹丞。

成语心得：世间总有些东西值得自己一生去追求，哪怕付出生命的代价。

方寸之地

出自《列子·仲尼》，原指人心，后多用来形容人心狭隘。

东汉末年，荆州刘表听信后妻的谗言，疏远长子刘琦。刘琦想向诸葛亮讨教自保之道，诸葛亮每每搪塞敷衍他。有一次，刘琦请诸葛亮到后花园去观赏，一同登上高楼，然后就叫人拿开梯子，说："今天我俩上到不了天，下到不了地；话从你嘴里出来，进入我的耳朵。您可以说了吧？"诸葛亮于是劝他效仿公子重耳。

不久刘表过世，曹操北来征伐，刘备在樊城听到这件事情，就率领军队南逃。诸葛亮和徐庶一起跟随刘备，被曹军打败追赶，徐庶的母亲也被俘。徐庶指着自己的心和刘备告辞说："我辅佐将军您，所凭恃的就是这颗心，现在我的老母身陷敌营，我的方寸也都乱掉了，无法再帮助您。我恳求从此和您告别。"

成语心得：要想做好自己的工作，就一定要保持内心平静，不可失了方寸。

腹背受敌

出自北朝·齐·魏收的《魏书·崔浩传》，形容前后受到敌人的夹攻。

泰常元年，东晋刘裕征伐姚泓，向北魏请求借道，明元帝召集群臣商议。大臣们都认为，刘裕的真实意图难以预料，应该加以阻截。

崔浩表示反对，说："如果阻断刘裕的道路，刘裕必定上岸向北侵略，这样反而给我国招来敌人。倒不如先借道，然后出兵堵住他东师之路。如果刘裕得胜，一定会感激我们；如果姚泓得胜，我们也不会失去救援邻邦的美名。"

但是大臣们还是认为，刘裕如果真的西入函谷关，就会腹背受敌，这应当不是他的目的；刘裕其实是想北进来偷袭北魏。最后明元帝还是采纳大家的意见，派兵阻拦刘裕，结果被打败，这时才悔恨没有用崔浩的策略。

成语心得：在生活中不能四处树敌，以免使自己陷入腹背受敌的窘境。

逢人说项

出自唐代杨静之的《赠项斯》，比喻到处为某人某事吹嘘，说好话。

杨敬之是著名诗人杨凌的儿子，其《华山赋》深得大文学家韩愈赞赏。另外，宰相李德裕也颇为欣赏杨敬之的文才，经常对人夸奖他。

杨敬之不仅受到名士赏识，自己也热心于提拔后进。当时有个叫项斯的人，30来年都未曾出名，但他依然在山泽间啸咏不辍。开成年间，项斯的声名已不小了，也很受著名诗人张籍的称赏。

一天，杨敬之见到项斯的诗文作品，当即大为赞赏，同时还写了一首诗赠给项斯——处处见诗诗总好，及观标格过于诗。平生不解藏人善，到处相逢说项斯！

如此一来，项斯的名气就更大了。不久，他便考取了进士，而且排名在许多人之前。

成语心得：对于那些优秀的后来人，前辈应该适当为其开路。

分道扬镳

出自北朝·齐·魏收的《魏书·河间公齐传》，用来比喻因志趣、目标不同而各走各的路。

南北朝时，北魏洛阳令元志自恃才高，相当骄傲，对于某些学问不高的达官贵胄往往很轻视。

有一天，他坐着车子正在街上行驶，恰巧遇见御史中尉李彪的车子迎面过来。那时，官职低的官，得让官职高的官先走；如官职相仿，客气些的也就让道。元志论官职应该让李彪，可是他瞧不起对方，偏不相让。两人就此争吵起来，最后还跑到孝文帝面前去评理。

李彪说，他是御史中尉，元志身为地方官怎敢不让道。元志则说，他是国都所在地的长官，怎可像普通的地方官一样，向一个御史中尉让道。孝文帝不愿意评判他们谁是谁非，便笑道："洛阳是寡人的京城，应该分路扬镳。从今以后，你们可以分开走，各走各的不就得了吗？"

成语心得：既然志趣不同，便不必一味纠缠，各自走各自的就是了。

负重致远

出自晋代陈寿的《三国志·蜀书·庞统传》，比喻能肩挑重任。

三国时期，庞统到了吴地，吴人都和他交朋友。他见到陆绩、顾劭、全琮三人，就给他们三人下评语说："陆君可以说是能够用来代步的驽马；顾君可以说是能够驽车载重物走远路的驾牛；全君有很好的名声，像汝南郡樊子昭。"

有人问道："真像你的评语那样，是陆君胜过顾君吗？"庞士元说："驽马就算跑得很快，也只能载一个人罢了；驽牛一天走一百里，可是所运载的难道只一个人吗？"吴人没话反驳他。

成语心得：真正的勇者都是一肩担起人生重担，一步一个脚印努力前行的。

奉公守法

出自西汉司马迁的《史记·廉颇蔺相如列传》，用来形容办事守规矩。

赵奢是赵国负责收税的官员。他到平原君家收取租税，但平原君家不肯缴税。赵奢根据律法问罪，连杀平原君的九个家臣。平原君震怒之下，便要杀了赵奢。

赵奢劝说道："您是赵国的贵公子，如果纵容家臣不奉行公事，法律就会削弱。法律削弱，国家就衰弱；国家衰弱，诸侯就会侵犯；诸侯侵犯，赵国就有灭亡之患，到时您要如何保证自己的富贵呢？如果您带头做榜样，奉行公事，遵守法律，全国上下就太平。全国上下太平，国家就强大；国家强大，赵国就稳固，您作为赵国的重臣贵戚，怎么能被天下人轻视呢？"平原君听后十分惭愧，于是举荐他管理国家赋税。

成语心得：作为官员，更应当遵守国家法令，这样才能上行下效，使社会稳定。

风马牛不相及

出自春秋时期鲁国左丘明的《左传·僖公四年》，比喻事物彼此毫不相干。

春秋时期，齐桓公率领鲁、宋、陈、卫、郑、许、曹"八国联军"入侵蔡国。蔡军溃败，齐桓公接着又进攻楚国。

楚成王派遣使者来到军中，说："君王住在北方，我住在南方，哪怕是两国走失的牛马，也不会到达对方的境内。如今诸位不远千里来到我国，这是为何？"管仲回答说："以前召康公命令先君说：'五侯九伯，你都可以征伐他们，以便辅助王室。'先君征伐的范围，东到大海，西到黄河，南到穆陵，北到无棣。你不向王室进贡包茅，使天子的祭祀缺乏应有的物资，不能漉酒请神，我为此前来问罪。"

使者回答说:"贡品没有送来,这确是我君的罪过,今后岂敢不供给?"联军这才暂时停止前进。

成语心得:距离太过遥远,就很难产生实际接触。

非驴非马

出自东汉班固的《汉书·西域传下》,用来比喻不伦不类,什么也不像。

汉朝时,西域有一个龟兹国,当时在位的国王名叫绛宾。汉宣帝年间,绛宾不惜以一国之主的身份,多次跟随汉朝使节访问汉朝,因此见识到了中国的强盛。在多次的往返中,他逐渐对中原文化产生了浓厚兴趣,回国后便在国中大力推广。

由于文化背景的差异等原因,绛宾尽管模仿汉制修建宫室、铺设道路、制定礼乐,却还是和汉朝本土的文化有很大差异,说得实在一点就是不伦不类,完全不像样子。其余一些西域国家的人看到后,也都讥讽他说:"人们所谓的'既不是驴子,也不是马',说的就是龟兹王啊!"

成语心得:一味模仿别人,就很容易东施效颦了。

分庭抗礼

出自《庄子·渔父》,比喻平起平坐,彼此对等的关系。

有一天,孔子与学生在河边碰见一位渔翁。孔子虔诚地向他求教,说:"我从读书起至今已经 69 岁了,还没有听到高深的教诲,今天碰到您,怎敢不虚心求教呢?"

渔翁于是讲了许多道理,却拒绝收他为徒。渔翁走后,孔子呆呆地望着渐渐远去的船,一动不动。子路忍不住说道:"先生今天真是太过分了!连那些拥有万乘战车的天子、千乘战车的诸侯,您都和他们平起平坐,却对一个渔翁这样毕恭毕敬。"孔子听了很不高兴,一手扶着车子的横木,一手指着他说:"仲由,你实在是难以教化啊!遇到长者不敬是失礼,遇到贤者不尊是不仁,失礼不仁是祸患之源。这样一位贤士高人,我怎么能与他分庭抗礼呢?"

成语心得:面对实力相当甚至超过自己的人,多一些恭敬也是应该的。

分崩离析

出自《论语·季氏》，用来形容国家或集团分裂瓦解。

春秋时，鲁国的大夫季康子权势极大，甚至超过了鲁哀公。为了进一步扩大和巩固自己的权力，季康子又想攻伐颛臾。

孔子感到不满，他的弟子、季康子的家臣冉有说："如今颛臾的国力越来越强大。现在不攻取，以后可能成为祸患。"

孔子说："这话不对！治理一个国家，不该担忧土地大小、人口多寡，而应该想着让百姓安居乐业。百姓安定，国家就会富强。这时再施行仁义礼乐来广招远方百姓，让他们能安居乐业。你辅佐季康，使远方百姓离心，国民有异心而不和，国家分裂而不能集中。在自己的国家处于分崩离析的情况下，还想对外使用武力，我恐怕季康的麻烦不在颛臾，而在萧墙之内。"

成语心得：如果不注重团结内部，再坚固的堡垒也会被攻破。

赴汤蹈火

出自晋代陈寿的《三国志·魏书·刘表传》，意指为某事拿出全部的勇气，不留余力。

嵇康是"竹林七贤"之一，司马氏专权后，他因不满司马氏的统治而隐居山阳。与他同为"七贤"之一的山巨源后来在司马氏朝廷中做了官，嵇康从此看不起他。

山巨源由吏部侍郎升散骑常侍时，想请嵇康出来接任他做吏部侍郎，遭到了嵇康的坚决拒绝。不久，山巨源收到了门人递上的一封信。拆开一看，赫然是一封嵇康给自己的《与山巨源绝交书》。

在信中，嵇康列举老子、庄子、孔子等先圣，说自己"志气可托，不可夺也"。接着又写到自己不涉经学，淡泊名利，也不愿屈从所谓礼教。他以禽鹿作比，指出鹿一旦受到羁绊、束缚，就会狂躁不安，即使赴汤蹈火，也不在乎。而自己对司马氏的统治，也是同样的态度。

成语心得：要坚信自己的理念，坚持自己的原则，不可轻易因外界而改变。

釜中游鱼

出自南朝·宋·范晔的《后汉书·张纲传》，比喻即将灭亡的事物。

汉顺帝时，大将军梁冀贪赃枉法、残害忠良，没有人敢得罪他。一次，朝廷任命张纲等人外出巡查，张纲说："豺狼当道，为什么要去查问狐狸呢？"他直言上书皇上，揭露梁冀的15条罪状，满朝百官为之震惊，梁冀对他恨之入骨。

不久，广陵张婴率众造反，转战于扬州、徐州一带，朝廷无可奈何。梁冀借刀杀人，派张纲去广陵当太守。张纲也不害怕，只带着十几名随从就上任了。上任后，张纲改用抚慰的手段，亲自去劝说张婴，张婴被张纲的诚意说服了，哭泣着说："我们只是因为生活所迫才聚众起事的，就好像在锅里游的鱼儿，很快就会死亡，我们愿意归顺朝廷。"朝廷接受了他们的投降，从此广陵太平无事。

成语心得：一旦将百姓逼入绝境，他们就会奋起反抗。

G

槁苏暍醒

出自金代王若虚的《宁晋县令吴君遗爱碑》，用来称赞那些一心为民、政绩突出的好官。

金朝时期，宁晋县有一位姓吴的县令，为官正直廉明、两袖清风，在任官期间做出了许多政绩。此前，宁晋县一地赋税沉重、盗贼四起，许多当地百姓生活在困苦之中。但自从吴县令来了后，这些弊政很快就被一一革除，百姓得以安居乐业。

由于政绩突出，吴县令后来被调走；按照惯例，当地需要为他竖一座碑，称颂他的功德，也就是所谓的"遗爱碑"。当时有一位著名的文学家叫王若虚，在得知了吴县令的政绩后，便亲自为其撰写碑文。在碑文中，他称赞吴县令是"赋役以平，刑罚以清……槁苏暍醒，民饱而嬉，相忘乎无事"，所谓"槁苏暍醒"，就是指使枯槁者复苏，使中暑者苏醒。王若虚以此来形容吴县令的仁德，可见其政绩之突出。

成语心得：为官就该像吴县令那样造福一方，才算得上好官。

各自为政

出自春秋时期鲁国左丘明的《左传·宣公二年》，用来描述做事情时不考虑全局、不互相配合，各持己见、各搞一套的做法。

公元前 607 年，郑国出兵攻打宋国。宋国派华元为主帅，统率宋军前往迎战。两军交战之前，华元为了鼓舞士气，便下令杀羊煮肉，犒劳三军将士。

但在一片忙乱中，华元独独忘了给他的马夫羊斟分一份，羊斟因此怀恨在心。等到次日两军交战，华元登上战车刚准备发号施令，羊斟就对华元说："昨天分发羊肉的事，是你说了算；今天驾驭战车的事，就得我说了算了。"说完，他就扬起鞭子，在众目睽睽之下，把战车赶到郑军阵地里去了。堂堂的宋军主帅华元，就这样轻易地被郑军活捉。失掉华元这个主将后，宋军顿时陷入一片混乱，最终不战而溃，被郑军打得大败。

成语心得：如果因一己喜恶就不顾大局，结果必然导致失败。

狗尾续貂

出自唐代房玄龄等的《晋书·赵王伦传》，本指封官泛滥，后用来比喻以次续好，导致整体不相称的做法。

西晋时期，晋惠帝治国无力，大权落到贾后手里。赵王司马伦以此为借口，带兵入宫杀死贾后，又自封为相国。

为了笼络朝臣，扩大自己的势力，司马伦便大封文武百官，甚至连听差的奴役也给以爵位。像皇帝左右的侍中、散骑、常侍这类一等官职，在当时的宫廷中一般只有四人，可司马伦当政时竟近百人。等到一切就绪后，他又废掉晋惠帝，自称皇帝。

当时规定，凡宫内高级官员的官服，都是统一式样，如帽子上都插着貂尾做装饰。可由于司马伦大肆封官晋爵，一时貂尾都不够用，所以只好用狗尾来代替，人们就据此编了两句民谣"貂不足，狗尾续"，用来讽刺朝廷。

成语心得：用次品来延续美好的东西，怎么能相称呢？

姑息养奸

出自《礼记·檀弓上》，用来比喻纵容邪恶、致使邪恶势力不断壮大的情形。

从前，永州有一位好讲忌讳的人。因为他属鼠，他就把老鼠看得像神仙一样，自己从不养猫，也不让别人捕鼠。

于是附近的老鼠纷纷来到他的家中，他家中的各种器具全部都被咬坏；就连家中的一日三餐，也是老鼠吃剩下的。白天，一群群老鼠在屋中东窜西跑，见了人也不害怕；到了晚上，老鼠们更是相互斗殴，吱吱乱叫，使人无法睡觉。然而，这位属鼠的主人丝毫不放在心上。

后来，这位属鼠的人搬走了，另搬来一户人家。新的主人看到这种情况，震惊地说："想不到屋主姑息养奸，把这些丑类纵容到如此猖獗的地步。"于是，他借来几只猫，让家人堵洞灌水，消灭老鼠。几天之中，打死的老鼠堆得像小山丘一样。

成语心得：对于奸邪之徒不能放纵，必须严厉打击。

刮目相看

出自西晋陈寿的《三国志·吴志·吕蒙传》，意指别人已有进步，不能再用老眼光去看他。

三国时，东吴大将吕蒙勇敢善战，20多岁就已成为名将，但他早年不喜欢读书。在吴主孙权的启发下，吕蒙这才开始抽出时间挑灯苦读，积累了很多学问。随着知识领域的不断扩大，吕蒙的见解也日益深刻。

一次，大都督鲁肃领兵经过吕蒙驻地，吕蒙设宴招待。席上，吕蒙问："您这次肩负重任，和蜀国大将关羽为邻，不知有何打算？"鲁肃随口答道："兵来将挡，水来土掩，到时再说吧！"吕蒙听了便反驳说："现在吴蜀虽然结盟，但关羽一直虎视眈眈，又岂能大意呢？"接着他便列举了自己所想的五项策略。鲁肃听了，非常折服，并拍着吕蒙的背亲切地说："我总以为老弟只会打仗，没想到学识与谋略也日渐精进，真是士别三日，当'刮目相看'啊！"

成语心得：凡事都在不断发展变化，不能用一成不变的老眼光看待事物。

瓜田李下

出自三国·魏国·曹植的《君子行》，用来形容主动远离纷争、避开无辜猜疑。

袁聿修是南北朝时期的北齐临漳人，也是一位清廉之官。据说他在当尚书的十多年里，从未曾接受过任何人家的一升酒喝。因此当时许多文人都联名为他立碑表彰，并送他一个雅号叫"清郎"。

有一次，袁聿修在外出考核官吏时，遇到老朋友邢邵，邢邵便拿出一匹白绸相赠。袁聿修十分为难，最终还是谢绝了，他说："我这次出来肩负要务，不同平时啊！古人说：'走在瓜地里不要弯腰提鞋子，走在李树下不要伸手整帽子。'只有这样，才能躲避嫌疑。你的好意我心领了，但我不能收下馈赠。"邢邵很理解老朋友的心思，就没有再勉强他。

成语心得：要想避免被人误会，就应当及时避开纷争，不做使人猜疑的事情。

功亏一篑

出自《尚书·旅獒》，比喻做事情只差最后一点没能完成，白费了所有工夫。

古时，有一个人要筑一座九仞（八尺为一仞）高的山。他堆了一年又一年，不论严寒酷暑，废寝忘食地从远处挖土、挑土，然后再堆到山包上。随着时间一天天过去，山包也越堆越高，眼看一座山就要堆成了。

这一天，这人也如往常一样，鸡刚叫就起床开工，把土堆了一筐又一筐。眼看着山就要堆成，只差一筐土的工夫，可他的肚子"咕咕"地叫了起来。此时天又下起雪来，这人觉得又冷又饿，认为反正也只差一筐土的事儿，于是就收拾东西回家去了。此后，他总认为反正就差一筐土，于是一再偷懒，结果至死也没能堆上。最终，这座只差一筐土的九仞高山还是没有堆成。

成语心得：行百里者半九十，有时候距离成功只差最后那关键一步。

过门不入

出自《孟子·离娄下》，用来形容人恪尽职守，公而忘私。

上古时代，曾出现过一次大洪水，长达20多年，受灾面积很大。当时正是舜当政期间，他就派鲧的儿子禹去治水。

当时禹已经30多岁，刚刚在涂山遇到一个名叫女娇的姑娘并与之成婚；可婚后才四天，他就被派出去治水了。最终，禹吸取了其父治水失败的教训，采用疏通的方法，依地形规划水道，引洪水入河、入海，终于平定了洪水。

治水13年中，禹曾三次经过自己的家门，一次孩子还在襁褓中哭；一次孩子刚学会喊爸爸；还有一次是孩子已长大，要留下父亲。而禹念及自己的重任，一次也没进入自己的家门。这就是"三过家门而不入"的故事。

成语心得：那些为了集体利益而牺牲自身利益的人，都是令人敬仰的榜样。

高枕无忧

出自西汉司马迁的《史记·张仪列传》，用来比喻平安无事，不用担忧。

春秋时期，齐国的孟尝君养了三千门客，其中一位名叫冯谖。最初，孟尝君并不重视冯谖，只把他看作下等的客人。

有一次，孟尝君派冯谖到封地去讨债。然而冯谖到了那里后，反而以孟尝君的名义下令，焚掉了所有借据。孟尝君初时十分不满，但等到他被剥夺相位、回到封地，受到百姓热烈欢迎后，这才明白了冯谖的用心。

过了不久，冯谖又对孟尝君说："您现在的情势不是很好，应该多做准备。"于是，他便游说梁惠王请孟尝君到梁国做相国。齐国国君得知之后很慌张，赶快恢复了孟尝君的相国之位。同时，冯谖又叫孟尝君在封地建立宗庙。等到宗庙建好后，冯谖就对孟尝君说："从今天起，您就可以把枕头垫高，安心地睡觉了！"

成语心得：想要解除忧患，就要提前做好万全的准备。

狗急跳墙

出自《敦煌变文集·燕子赋》，用来比喻人走投无路，只得不顾一切，采取极端行动。

从前有一个很凶的猎人，养了一只非常善于捕捉野兽的猎狗，每次出去打猎时，都一定会带上它。然而不论打猎收获如何丰厚，吝啬的猎人每次都只给猎狗少量的食物，有时甚至根本无法将它喂饱。

有一次，猎狗在林中长途奔袭，好不容易才咬住了一只鹿，然而事后猎人仅仅给了它一小块肉。猎狗实在太饿，便偷吃了一点猎物，不料被猎人发现。猎人十分气愤，关闭大门拿起叉子，打算将其杀死。

眼见主人如此无情，猎狗既害怕、又悲愤，在强大的求生欲的驱使下，它竟然一跃翻过高墙，成功地逃了出去。猎人没想到狗急了竟然还会跳墙，十分懊丧。

成语心得：生活当中，我们切不可过于逼迫他人，否则对方很有可能做出极端举动。

狗仗人势

出自明代李开元的《宝剑记》，用来比喻坏人依靠某种势力欺侮人或物。

春秋时期，卫灵公身边有一位特别得宠的男子，名叫弥子瑕。但到了晚年，卫灵公逐渐对弥子瑕产生厌恶，有一次一怒之下，还用鞭子抽打他，并把他赶了出去。弥子瑕害怕，三天没敢上朝。

卫灵公对子鱼说："弥子瑕会怨恨我吗？"子鱼回答说："他不敢怨恨。"灵公说："为什么不敢呢？"子鱼说："您没有见过那狗吗？狗，是倚仗着主人喂养的，主人发怒并鞭打了它，它就嗥叫着逃去不见踪影；等到它想吃东西了，就会胆怯地跑回来，忘了先前被打的事。如今弥子瑕就像是您养的狗一样，靠您喂养才能生存，一旦从您这里得不到食物，他就得饿一天肚子，哪还敢怨恨呢？"卫灵公说："是这样啊！"

成语心得：有些人看似不可一世，其实不过是狐假虎威罢了。

刚愎自用

出自春秋时期鲁国左丘明的《左传·宣公十二年》，用来形容人过分自信，不肯听从别人意见。

公元前597年，楚王向郑国发动大规模的进攻，直至郑国投降后，晋国才发来救兵。

面对这种情况，正准备返国的楚庄王想要退兵，大臣伍参却极力主战。他对楚庄王说："晋军元帅荀林父刚刚上任，还不能彻底令下属服气；荀林父的辅佐官先縠刚愎自用、不仁不义，不肯听从荀林父的命令。晋军主帅专断行事，想听从命令也没有上级的命令。三军主帅尚且如此，晋军将士又该听谁的呢？这一次，晋军一定会吃败仗。再说了，您是国君，晋军主帅是臣，一个国君见了敌军的臣子就吓跑了，这样颜面何存呢？"

庄王无言以对，马上命令掉转车头准备战斗。最终，晋楚两军在邲大战一场，晋国指挥混乱，果然大败而归。

成语心得：如果总是听不进别人的意见，就等于将正确的选择排斥在外。

割席分座

出自南朝·宋·刘义庆的《世说新语》，用来比喻朋友绝交。

有两个读书人，一个叫管宁，一个叫华歆；他们的感情很好，不仅在同一个地方读书，而且形影不离。

有一次，管宁和华歆一起到院子里锄草，忽然发现了一块金子。当时，管宁视若无睹，仍旧挥动锄头，而华歆却立刻就拾起了金子，并把它放在一边。

又有一次，管宁和华歆正一同坐在席上读书，忽然有坐着轿子的官员从门前经过，管宁照常读书，华歆却忍不住放下了书本，跑出去看。管宁见华歆这样不专心，又羡慕做官的人，再联想到他见了金子动心的事，就坚决地割断了并坐的席子，把座位分开，面色严肃地对华歆说："从现在开始，你不再是我的朋友了。"

成语心得：对于那些志不同道不合的"朋友"，我们应当保持一定距离。

管中窥豹

出自南朝·宋·刘义庆的《世说新语·方正》，用来比喻只见到事物的一小部分，指所见不全面或略有所得。

东晋著名书法家王羲之的儿子王献之，小的时候就很聪明，在当时有很大的名声。

王献之虽然聪明，却对樗蒲（古代的一种游戏）并不精通。一次，他看到家中的几个门生正聚在一起玩樗蒲，就在一旁指手画脚地说："你要输了。"那个人看了他一眼，讥笑着说："这个小孩像从竹管里看豹子，居然也能看出一斑一点来。"王献之看到他们这样说自己，不禁大怒，说道："你们不要小看人！远的，我惭愧不如荀奉倩（荀粲，三国时魏人，为人清高，很有才学）；近的，我惭愧不如刘真长（刘惔，王羲之的朋友）。"于是甩甩袖子走了。

长大后，王献之果然也成为了一位著名的书法家，与父亲并称"二王"。

成语心得：要从整体的角度看问题，否则就很容易受到表象的蒙蔽。

割发代首

出自明代罗贯中的《三国演义》，用来讽刺那些犯错之后为自己开脱的人。

三国时期，曹操有一次带领士兵经过一片麦田，特地下令所有人都不准伤害庄稼，否则一律斩首。因此，所有士兵在经过麦田时，都下马用手扶着麦秆，没一个敢践踏麦子的。

就在这时，曹操的马却因受惊而窜入田地，踏坏了一片麦苗。曹操立即叫来随行的官员，要求给自己治罪。

官员很为难地说："怎么能给丞相治罪呢？"曹操说："我亲口说的话都不遵守，还会有谁心甘情愿地遵守呢？一个不守信用的人，怎么能统领成千上万的士兵呢？"随即抽出腰间的佩剑要自刎，众人连忙拦住。

于是，曹操用剑割断自己的头发，又派人传令三军：丞相践踏麦田，本该斩首示众，因为肩负重任，所以割掉头发替罪。

成语心得：任何人触犯法令，都应该受到公正的惩罚。

改过自新

出自西汉司马迁的《史记·孝文本纪》，用来比喻改正错误，重新做人。

汉朝初期，有位名叫淳于意的医生。他为人治病，常常是药到病除，因此很快就成为名医。但他喜欢到处游历，经常拒绝权贵的招揽，因此得罪了权贵并被告发。

公元前 167 年，淳于意被判肉刑。他年纪最小的女儿缇萦为了解救父亲，便跟随父亲一起进京，向朝廷上书说："我父亲犯了法要受刑罚，我心里非常悲痛。人被处死了不能再生，受刑后也不能再复原。即使想改正错误、重新做人，也无路可行。我情愿投入官府做奴婢，来赎父亲的罪，使父亲能有改正错误、重新做人的机会。"

汉文帝看了她的上书后深受感动，终于下诏免除淳于意的罪，并在这一年废除了肉刑。

成语心得：比起犯错误，知错不改更加可怕。

甘棠遗爱

出自《诗经·周南》，古时用来颂扬离去的地方官。

周武王死后，年幼的周成王继承了王位，并由周公和召公来辅佐他。

召公在封地召地办公期间，经常不在屋里待着，每天在一棵甘棠树下办公，处理民间事务。他办事非常认真公正，给老百姓带来了很多实惠。老百姓十分感激他，说："这样的好官太少了。不仅到我们百姓中来，而且就在一棵甘棠树下办公。办完了公，既不吃我们的饭，也不喝我们的水。如果天下的官员都像他这样的话，不就太好了吗？"

召公死后，老百姓很怀念他，对甘棠树都不忍伤害，他们唱道："茂盛的甘棠啊，不要剪不要伐，召伯搭过草棚；茂盛的甘棠啊，不要剪不要败，召伯休息过；茂盛的甘棠啊，不要剪不要拜，召伯说过的。"

成语心得：老百姓永远都不会忘记那些真正为他们服务的人。

肝肠寸断

出自南朝·宋·刘义庆的《世说新语·黜免第二十八》，用来比喻伤心到了极点。

东晋时期，野心勃勃的大将桓温统帅军队从水陆西进，进入巴蜀腹地。当时大军全速前行，但在大军一侧，却有一个"不速之客"始终尾随。这个"不速之客"乃是一只母猿。

母猿为何要一直跟随桓温的战船呢？因为它生的一只小猿猴被船上的一名士兵捉走了，所以它才会发疯一般地追个不停。它一路追，一路悲伤地哀号，竟然足足追了一百多里的路。最后，母猿跳上战船，当时就因劳累、悲伤而死。有士卒拿刀剖开母猿的肚腹，惊讶地发现，母猿的肠子竟然已经一寸寸断裂！原来，它是伤心自己的孩子，因此才会这样惨死。桓温听说这件事后，十分愤怒，严惩了捉小猿猴的士兵。

成语心得：悲痛一旦过度，也会带来严重后果。

隔墙有耳

出自《管子·君臣下》，比喻即使秘密商量，别人也可能知道。

从前，有两个以小偷小摸为业的浪荡子，有一次在一家屋后屋檐下分

71

赃。当时，县衙里的捕头恰好在这家屋后的厕所里解手，把他俩的所有对话听了个清清楚楚。

分赃后，这两个浪荡子各自刚进家门，就有捕快分两路随后跟来，把他俩抓到县衙里。俩惯偷一见面，目瞪口呆，都不知道是怎么回事。突然，捕头出现在他俩面前说，"你们俩，快把各自分得的赃款交出来，否则，我就要对你俩用刑了！"俩惯偷听后，疑惑不解地说："你怎么会知道……"捕头哈哈大笑道："隔墙有耳啊！"两人这才恍然大悟，乖乖地各自交出了赃款。

成语心得：说话的时候要小心，免得泄露了秘密。

高深莫测

出自东汉班固的《汉书·严延年传》，用来形容使人难以理解。

西汉时期，刚正不阿的涿郡太守严延年到任不久，听说地方高氏家族无恶不作，就派属官赵绣前去查办。赵绣想暗中包庇，严延年得知后便将其斩首。严延年断案与其他官员不同，专门治那些地方豪强。

后来，严延年升任河南太守，当地豪强收敛，民间无盗贼，他的威望震慑邻近郡县。贫弱之人即使犯法，严延年也要更改讼词来使他无罪出去；对那些侵犯贫弱的豪强，严延年总要饰文逮捕并将其定罪。众人所说的应当杀死的人，严延年马上放他出来；众人所说的不应当杀死的人，严延年反而要杀死他。吏民没有谁能够猜测到他的意图，都非常害怕而不敢触犯禁令。

成语心得：做人要懂得有所遮掩，但不要故弄玄虚、故作高深。

肝脑涂地

出自西汉司马迁的《史记·刘敬叔孙通列传》，原指惨死，后指做事不惜一切代价，乃至牺牲生命。

汉高祖刘邦统一天下后，就和群臣商议建都一事。群臣都说："东周建都洛阳，政权传了数百年；秦朝建都咸阳，传位不过二代就亡了，所以应建都洛阳。"

有个叫娄敬的人，请求晋见刘邦，他说："陛下想建都洛阳，难道是想和周朝较量兴隆吗？"皇上说："不错。"娄敬说："陛下获取天下和周朝不同。周武王的祖先积德行善几十年，人们愿意追随，没有大兴杀戮便取得了天下。陛下起事以来，经历无数战斗，让天下无辜百姓肝脑涂地，尸满遍野，哭泣之声不绝于耳。如今百姓还没有恢复，您就想和西周较量，我私下以为不妥啊！"

刘邦于是打消了建都洛阳的念头，定都长安，并赐娄敬为刘姓，故史称之为刘敬。

成语心得：自古以来，通过战争得益的只是一小部分人，普通百姓却饱受摧残。

固若金汤

出自东汉班固的《汉书·蒯通传》，形容城池和阵地非常坚固。

秦末，陈胜派武臣进攻赵地。武臣打到范阳城时，范阳令徐公到处修建防御工事，准备抵抗到底。

辩士蒯通得知后，先是劝说徐公放弃抵抗，接着又求见武臣，对他说："范阳令之所以到现在还不肯归降，是因为他觉得投降是死，守城也是死，而且范阳城固若金汤，您一时也难强攻下来。您最好的办法就是赦免范阳令，给他一个侯印，他喜得富贵，自然愿意开城投降，而范阳城的人民也不敢随便杀他，这范阳城您不就唾手可得了？甚至附近城县的官员也一定会很快向您投降。"

武臣听完蒯通的计策后，觉得很有道理，就按照他的计策行事。果然在范阳令投降后不久，附近几百里的守城官吏也纷纷投降了。

成语心得：城池即便修建得再坚固，也会有被人攻破的一天。

过江之鲫

出自南宋刘克庄的《竹溪生日二首》，用来比喻某种时兴的事物多得很。

西晋时期，中原大地先后经历了"八王之乱"等战乱，民生凋敝，放眼望去哀鸿一片。在这种情况下，西晋宗室司马睿在士族领袖王导的建议和陪同下，毅然南渡到江东，在那里开始经营自己的势力。

318 年四月，晋愍帝死于汉国的讣告传到江东，司马睿于三天后正式即位，建立东晋王朝，司马睿即晋元帝。东晋王朝建立后，长期滞留北方的士族也纷纷南渡，前来投靠司马睿，并与南方本地的士族逐渐联合。由于当时南渡的北方士族数量庞大，有人便戏称说"过江名士多于鲫"。

成语心得：对于社会上的一些潮流要有自己的看法，不能盲目跟风。

高山流水

出自《列子·汤问》，用来比喻知音难遇或乐曲高妙。

伯牙弹琴，钟子期聆听。刚开始，伯牙心里想着巍巍的高山，钟子期于是说："弹得真好啊！我仿佛见到了高耸入云的泰山。"过了一会儿，伯牙心里又想到了滔滔江水，钟子期又说："弹得真好啊！我好像感受到了宽广浩荡、波涛滚滚的江河。"

钟子期死后，伯牙万分悲痛，他来到钟子期的坟前，凄楚地弹起了古曲《高山流水》。弹罢，他挑断了琴弦，长叹了一声，把心爱的瑶琴在青石上摔碎了。他悲伤地说："我唯一的知音已不在人世了，这琴还弹给谁听呢？"

成语心得：人的一生中，富贵名利都可以求到，知己却最是难得。

管窥蠡测

出自东汉班固的《汉书·东方朔传》，比喻眼光狭窄，见识短浅。

东方朔虽然很有才能，却没有得到汉武帝的重用，为此，他写了一篇《答客难》来抒发心情。在文章中，他先假借客人的口气提问：苏秦、张仪都能当上大官，而东方朔的才能要比他们还高，又忠诚肯干，为什么仅仅做了一个侍从郎官呢？

然后他又回答说，苏秦、张仪生在春秋时期，因此他们的才能可以施展，计策能被采纳，得了高官厚禄。现在天下统一，政权稳固，有才能的人无处施展，假如苏秦、张仪处在这个时代，也很难得到发展。东方朔又说，尽管这样，有才能的人还是要注重修身，培养高尚的品性。他最后说，用竹管观察天，用蠡测量海，用竹枝撞钟，怎么能够了解整个天空、考察大海的波纹、激发起大钟的鸣响呢？

成语心得：开阔眼界，才能见到更加广阔的世界。

瓜代有期

出自春秋时期鲁国左丘明的《左传·庄公八年》，用来比喻换人接替的日子快要到来。

春秋时期，齐襄公讨伐卫国、郑国连连取胜，但诸侯多有不服，并且得罪了周天子。有人担心周天子讨伐，便劝齐襄公派重兵戍守边关。

齐襄公派连称、管至父两个人去戍守，他们虽不想去，又不能不去，就问襄公："何时能回来？"襄公正在吃瓜，随口说："瓜熟的时候吧！"瓜一年一熟，也就是一年后可以回来。

一年之后，襄公却忘了约定，连称、管至父只好送回一瓜，说："瓜已成熟，您是否该派人接替我们了？"襄公不想为此费心，就食言说："再守一年吧！"两人暴怒，结下心结，后来就趁机带兵回来，把襄公杀了。

成语心得：既然与人明确约定了时间，就应该说到做到。

诟如不闻

出自南宋陈长方的《步里客谈》，形容宽宏大量，有涵养。

北宋名臣富弼少年时勤奋好学，气量很大，有人辱骂他，都当作没有听见一样。旁人告诉他："有人在骂你哩！"他毫不在意，说："恐怕不是骂我吧？"旁人又告诉他："那人指名道姓地骂你哩！"他还是毫不在意，说："不会吧？天下同名同姓的多着呢！"

古时候有些人认为，面对侮辱面不改色，是一种宽宏大量的态度。但那种一概不加区别，装作没有听见的做法，也不正确。就拿富弼来说，宋仁宗时，东北的契丹兴兵南侵，要求割给领土，富弼奉命去和契丹谈判。就是这位早年以"宽宏大量"闻名的富弼，坚决拒绝了契丹的无理要求，并且把利害关系分析得头头是道。契丹无奈，只得把兵撤了回去。

成语心得：对于无关紧要的侮辱，我们不必过于放在心上。

火伞高张

出自唐代韩愈的《游青龙寺赠崔大补阙》，用来描述初秋季节天气炎热的情况。

韩愈是唐代著名的诗人，也是一位正气凛然的朝廷官员。由于直言进谏，韩愈数次遭到贬谪，仕途并不顺利。

有一次，韩愈的朋友崔群邀请他一同游览长安城的青龙寺，彼时韩愈刚刚结束贬谪生涯。当时正值初秋时期，天气仍然十分炎热，韩愈一时兴起，便写下了"光华闪壁见神鬼，赫赫炎官张火伞"的诗句，这就是成语火伞高张的由来。可是尽管风景美妙，韩愈还是深为自己的仕途波折而忧心，因此虽然身处炎热之季，却又想到了即将到来的严冬，为此唏嘘不已。

成语心得：虽然已经进入初秋季节，天气却依旧炎热，一时难以清凉。

囫囵吞枣

出自南宋朱熹的《答许顺之书》，用来比喻遇事不懂思考，一味笼统接受。

古时候有个老先生，身边教了很多学生。一天课余时间，学生们拿出新鲜的梨子和大枣吃了起来，就在这时，先生家里来了一位客人。

这位客人是个医生，他看到学生们都在不停地吃着梨子和大枣，就劝他们说："虽然梨子有益于嗓子，但吃多了会伤脾；大枣是有益于脾，可是吃多了就会损坏嗓子。"听了这位客人的话，一个愚钝的学生想了很久才说："那我吃梨的时候光嚼不咽下去，这样就不能伤我的脾了；吃枣就整个儿吞下去而不嚼，也就伤不了我的嗓子了。"客人听后哭笑不得地说："你这不是囫囵吞枣吗？"

成语心得：对于任何知识都应当全面剖析、深入思考，不能别人说什么，自己就信什么。

画饼充饥

出自西晋陈寿的《三国志·魏书·卢毓传》，比喻用不切实际的空想来自欺欺人。

三国时期，魏国有一个名叫卢毓的人。卢毓为人忠厚，学识渊博，魏文帝把他提拔为侍中。等到魏明帝即位，卢毓又被提拔为吏部尚书。有一次，明帝要卢毓推荐一个与他能力相当之人，卢毓推荐了郑冲。魏明帝说，郑冲这个人你不推荐我也知道，你重新推举一个我不知道的人吧。卢毓推举了阮武和孙邕二人。后来，明帝选择孙邕担任了侍中。

有一次，魏明帝对卢毓说："国家能不能得到有才能的人，关键就在你了。选拔人才，不要只看那些有名声的，名气不过像在地上画的饼一样，是不能吃的。"卢毓于是建议通过考核来选拔人才。魏明帝采纳了他的意见，下令制定考试法，用推荐和考试相结合的办法录用人才，受到了人们的称赞。

成语心得：虚假的许诺无益，虚伪的名声也无法使人信服。

邯郸学步

出自《庄子·秋水》，用来比喻一味跟风模仿，反而连自己本来的风格也丢失了。

战国时候，燕国有个年轻人，他听说赵国的邯郸人走路的姿势潇洒优雅，非常好看，于是决定去赵国学习走路姿势。

到了邯郸的大街上，他发现当地人的走路姿势确实优雅美妙，于是便跟在行人后面模仿。人家迈左脚，他也跟着迈左脚；人家迈右脚，他又赶紧迈右脚。但他的两只脚没有协调好，反而差一点把自己绊倒。眼看别人走得随意优雅，而他却学得磕磕绊绊，引得街上的路人都把他当作怪人，甚至还有人捂着嘴笑他。

就这样一连过了好几个月，燕国青年的盘缠眼看就快花光了，他只好准备回家。此时的他不但没有学会邯郸人的步姿，还把自己原来走路的步

77

法也忘了。无奈，他只好四肢着地，一路爬着回去了。

成语心得：盲目崇拜别人，到头来很有可能会丢失了自己。

画龙点睛

出自唐代张彦远的《历代名画记·张僧繇》，用来比喻写文章或讲话时，抓住关键点明实质，使内容更加生动有力。

南北朝时，梁朝有一位名叫张僧繇的画家。有一次，他奉皇帝之命在寺庙的墙壁上画了四条栩栩如生的金龙，却没有为它们画上眼睛。有人问他为什么不画眼睛，张僧繇解释说："给龙点上了眼珠，它们就会破壁飞走的。"

大家听后谁都不相信，认为他这样解释很荒唐，张僧繇被逼得没有办法，只好答应给其中两条龙点睛。只见他当着众人的面，提起画笔蘸上墨水，轻轻地给两条龙点上眼睛。不久后，天空乌云密布，狂风四起，雷鸣电闪。在雷电之中，人们看见被"点睛"的两条龙震破墙壁凌空而起，很快就消失在天际。再看看墙上，只剩下了没有被点上眼睛的两条龙。

成语心得：做事情时要尽力抓住关键部分，这样才能使结果更加完美。

鹤立鸡群

出自东晋戴逵的《竹林七贤论》，用来比喻仪表或才能在人群里很突出。

西晋时，著名文士嵇康有个儿子名叫嵇绍，他不仅很有才学，而且仪表堂堂。父亲被害后，穷困潦倒的嵇绍受到父亲生前好友山涛的举荐，得以来到洛阳，并担任了西晋的秘书丞这一官职。

嵇绍刚来到洛阳时，走在大街上，凡是看到他的人无不赞许称美，许多人还情不自禁地跟着他走。有个人经过多方打听，得知他是嵇康的儿子，就专程去拜访嵇康的好友王戎，想了解更多的情况。他说："我今天在集市上看见嵇康的儿子嵇绍了。他高俊挺拔，站在众人中间，就像一只鹤站立在鸡群当中一样。"王戎听罢笑了笑，回答说："您还没见过他的父亲呢！"由此可见，嵇康的风度比儿子更胜一筹。

成语心得：做人不仅要勤于学习，同时也应当注重仪表，展示自己的精神风貌。

华而不实

出自春秋时期鲁国左丘明的《左传·文公五年》，用来喻指那些看似很有学问，其实腹中空空之人。

春秋时，晋国有个大臣叫阳处父，喜欢高谈阔论。有一天，宁嬴看见阳处父相貌堂堂，举止不凡，便悄悄对妻子说："我早想投奔一位品德高尚的人，可是多少年来都没找到一个合意的。今天我看阳处父这个人不错，我决定跟他去了。"

宁嬴得到阳处父的同意，离别妻子，跟着他走了。可仅仅过了几天，宁嬴就突然改变主意，和阳处父分别了。

妻子见丈夫突然折返，心中纳闷，问道："你好不容易遇到这么个人，怎么不跟他去呢？你不是决心很大吗？家里的事你尽管放心好了。"

"这个人'华而不实'，长得一表人才，言论却非常使人讨厌。我怕跟他一去，没有得到教育，反倒遭受祸害。"宁嬴说。果然，一年后，阳处父就被杀了。

成语心得：比起外表，内涵更加重要。

汗牛充栋

出自唐代柳宗元的《文通先生陆给事墓表》，用来形容藏书很多。

春秋时期，孔子为了教育的需要，曾整理和修改过《春秋》等书，希望通过《春秋》来让人们明白"义"。

有一次，子贡向孔子请教"天道"的问题。孔子说："我不想说这个。"子贡说："夫子如果不说的话，我们如何能照着去做呢？"孔子说："天道怎么能说得清楚呢？四季因它而运行，万物因它而生长。"这也许就是孔子"述而不著"的原因。

自从孔子修改过《春秋》以后，给它作传的人就多起来了，当时就有《左传》《公羊传》《谷梁传》等。后来历朝历代，都有学者为它作注，写出了很多见解不一的著作。这些书堆起来能塞满屋子，运出去要使牛马都累得出汗。

成语心得：古人曾说"开卷有益"，一个人家中的藏书当然也是越多越好。

虎口余生

出自《庄子·盗跖》，用来形容经历大难而侥幸不死。

春秋时期，有一位著名的君子叫柳下惠，可他的弟弟盗跖是一个无恶不作的大盗。孔子与柳下惠交情很好，于是便自告奋勇，想去规劝盗跖。柳下惠得知后吓了一跳，苦苦劝阻孔子，可孔子执意前去。

孔子好不容易才见到盗跖，结果却被盗跖旁征博引，驳斥得体无完肤。孔子丧气而归，手里的马缰绳掉了三次，两眼呆滞无神，面如死灰。

孔子回来时正好遇到柳下惠，提及盗跖一事，不由苦笑着说："我真是没病找病啊！急急忙忙跑到盗跖那里，去摸老虎的头、捋老虎的须，差点儿就葬身虎口啊！"

成语心得：在生活当中，我们要尽量避开风险，以免遭遇灾厄。

怙恶不悛

出自春秋时期鲁国左丘明的《左传·隐公六年》，用来形容人屡做坏事，不肯悔改。

春秋时期，郑伯请求与陈桓公和好，陈桓公不答应。大夫五父劝谏陈桓公说："亲近民众、善待邻国的行为，是国家的珍宝，您应该答应郑国和好的请求。"陈桓公说："宋国和卫国才是真正的祸患，郑国能有什么作为呢？"于是置之不理。第二年，郑伯就率领大军进攻陈国，并取得了全面的胜利。

有人评论说："善不可丢失，恶不可滋长，这说的就是陈桓公吧！滋长了恶而不悔改，马上就会自取祸害，想要挽救也来不及了！《尚书·盘庚上》上说：'行恶容易，就像火在原野上烧，靠近不了，又怎么可能扑灭？'周任曾说过：'治理国家的人，看到恶行要像农夫必须除草一样，割掉高的密的，要断了它的主根，让它不能繁殖，那么善行就会发扬光大。'"

成语心得：犯下恶行之后不知悔改，灾祸很快就会出现。

汗马功劳

出自《韩非子·五蠹》，用来形容功劳很大。

萧何是汉高祖刘邦的同乡，在刘邦起兵反秦、攻打项羽的过程中，始终帮着他筹谋划策，是刘邦最可靠的得力助手。

刘邦登基后，认为萧何功劳最大，其余功臣不服，说："我们拼死拼命，多的经过百余战，少的也打过几十仗，而萧何未有汗马之劳，甚至都没上过战场，凭什么比我们功劳大？"刘邦解释说："打猎的时候，追杀野兽的是狗，而分辨方向、指挥猎狗的，却是人。你们只会追杀，不过是'功狗'而已，至于萧何，他才是'功人'。而且你们大多是单身跟随我，有同族两三人一起入伍的就算难得了，萧何却叫全家族的几十个男子都参加了我们的军队。他的大功劳是怎么也不能忘记的！"大家听了，谁也不吭声了。

成语心得：有时候，并不是冲在最前面才有功劳；坐镇后方指挥全局，同样是大功劳。

害群之马

出自《庄子·杂篇·徐无鬼》，用来比喻危害社会或集体的人。

黄帝到具茨山去拜见大隗，来到襄城的旷野，却意外迷失了方向。正巧他遇上一位牧马的少年，便问他说："你知道具茨山吗？"少年回答："知道。"黄帝又问："你知道大隗居住在什么地方吗？"少年回答："知道。"黄帝感到十分惊奇，便试着问他怎样治理天下。

少年说："治理天下，就像牧马一样罢了，我又何须多事呢！"

黄帝说："治理天下，固然不是你操心的事。虽然如此，我还是要向你请教怎样治理天下。"少年听后仍是不肯回答。

黄帝仍是不肯罢休，一再坚持要问。少年于是说："治理天下就跟牧马一样，无非是去除其中危害马群的劣马罢了。"黄帝听了叩头至地行了大礼，口称"天师"而去。

成语心得：想要实现团队的高效运作，就要大力去除其中的不安定因素。

侯门如海

出自唐代崔郊的《赠女婢》，用来形容显贵之家门卫森严，外人不能随便出入。

从前，有个叫崔郊的人爱慕姑母家中的女仆，然而姑母把女仆卖给了连帅。分别那天，两人远远深情对望，后来在寒食节那天重逢的时候，又都泪流满面，立下海誓山盟。崔郊为此特意写了一首诗："公子王孙逐后尘，绿珠垂泪滴罗巾。侯门一入深如海，从此萧郎是路人。"

有一个人因仇视崔郊，便把这首诗交给了连帅。连帅看到诗以后，让人把崔郊找来，周围的人都为他捏了一把汗。不料见到崔郊后，连帅却握住他的手说："'侯门一入深如海，从此萧郎是路人'是您的大作吗？"得到肯定答复后，连帅便让女仆跟崔郊一起回去，不但准许她带走来时的衣饰箱包，还赠给她许多财物。

成语心得：富贵之家人人向往，但在高墙之内，也往往没有真情、自由。

画虎类狗

出自南朝·宋·范晔的《后汉书·马援传》，用来比喻模仿不到家，反而不伦不类。

东汉初，伏波将军马援的两个侄子喜欢议论时事、结交侠客，马援得知后当即写信训诫。

在信中，马援告诫侄子们说："听到人家的过失，要像听父母之名一样，耳可以听到，口却不可说。我最厌恶那些背后论人长短、讥讽时政的行为，宁死也不愿意自己的族人子孙有这种行为。龙伯高为人敦厚，谨言慎行，我很敬重他，你们应该向他学习；杜季良为人豪侠，好讲义气，与好人坏人都合得来，我也很敬重他，但不愿你们向他学习。学习龙伯高不到家，还是一个谨慎勤勉的人，所谓雕刻鸿鹄不成可以像一只鹜；可要是学习杜季良不到家，就堕落成为天下的轻薄儿，所谓画虎不成反像犬了。"

成语心得：做人应当向正确的榜样学习、效仿，否则会越学越坏。

后顾之忧

出自北朝·齐·魏收的《魏书·李冲传》，用来形容在前进过程中，担心后方发生问题。

南北朝时，北魏有一位名臣叫李冲。李冲起初很受冯太后的青睐，年纪轻轻即被选拔为官。入朝后，他积极建议并协助冯太后和孝文帝进行"太和改制"，使北魏国力大增。孝文帝亲政后，对李冲也非常器重。

公元496年，孝文帝率军征伐南齐，肩负重任的李冲随同前往，辛苦倍至；途中又受到自己错荐的李彪的恶行刺激，恼怒悔恨之下，突发重病。

由于医治无效，仅过了十多天，这位名臣便溘然长逝。

噩耗传来，孝文帝悲痛万分，哭着对大大臣们说："因为有李冲主持朝政，我外出征战时身后从来没有担忧的事情。如今他不在了，我以后该依靠何人哪！"

成语心得：做事不能只考虑前面，还要多想想来自后方的隐忧。

含沙射影

出自晋代干宝的《搜神记》，用来比喻暗中攻击或陷害人。

传说古时候，江淮间出产一种很特别的甲虫，名叫蜮，又有人称作射工、射影、短狐、水狐，常常伤害人。

这种虫的形状很是奇怪，背上长着硬壳，头上有角，身上长有翅膀，可以飞到上空，在人的头上施行袭击。它没有眼睛，但耳朵听觉特别灵敏，口中有一横物，形状像弩，只要听到人声便知道人的所在方向和距离，然后用口中所含的沙当作箭，向人射击。被蜮射中的人，会染上一种毒而生疮；就算人的身体能够躲避，可影子一旦被射中，也会生病。

成语心得：对于那些喜欢暗中诋毁的人，我们应该尽量远离。

洪水猛兽

出自《孟子·滕文公下》，用来比喻极大的祸害。

上古时候，黄河一度泛滥成灾，尧于是派遣鲧去治水。然而鲧花了九年时间，仍然没能彻底治理好洪水灾害。舜继位之后便将他处死，改让鲧的儿子禹继承父业，继续与洪水抗争。

禹到任后，采取"堵不如疏"的方法，经过几年的努力，终于将水患彻底消除。后来，舜便将天下禅让给了禹，禹的儿子启即是夏朝的开国之君。

商朝取代夏朝后，政权一直延续了600多年，到了末代君主纣王统治时期，终于彻底衰落。周武王在弟弟周公等人的辅佐下，成功灭掉商朝，建立西周，死后又将王位传给了儿子成王。当时天下虽然归周，却仍然有虎豹豺狼等猛兽作恶，周公又组织军队驱逐野兽，制定礼乐安抚人心，终于使周王朝再次安定。

成语心得：在生活中，每个人都要有危机意识，小心预防一切祸患。

狐疑不决

出自南朝·宋·范晔的《后汉书·刘表传》，用来形容心里疑惑，一时决定不下来。

黄河每年冬天都会结冰，但在深秋之时，河面刚刚结冰，冰层厚度难以估计。由于缺乏相关的测量工具和交通工具，古人们不敢贸然从冰上通过。于是便想出了一个办法。

他们首先抓来一些狐狸，然后把狐狸放到冰面上观察，如果狐狸能通过，则人马皆可大胆放行。这是利用了狐狸多疑善听的习性。当狐狸行走在冰面上时，由于十分小心谨慎，它总会边走边听，听着冰层下面是否有水流声，表现得犹豫不决。如果它听得不清楚时，就会疑心冰层太薄，不敢前行；当它听得真切了，就会继续前行。利用狐狸这一特性，古人们就可以成功地判断冰层是否牢靠，是否可以供人马通行了。

成语心得：面对未知的危险，多一些小心谨慎也是应该的。

好逸恶劳

出自南朝·宋·范晔的《后汉书·郭玉传》，用来形容人习性非常懒惰。

东汉和帝时，有一位太医，名叫郭玉。郭玉医德高尚，治好了很多病人，但当他给那些王孙贵族们治病的时候，效果常常不理想。

有一次，后宫的一位妃子得了病，汉和帝就让她换上普通人的衣服，并且改换了地方，让郭玉去看病。郭玉不明实情，按部就班地进行治疗，一针就治好了她的病。

汉和帝非常奇怪，就问郭玉这是什么原因。

郭玉回答说，用针灸治病，位置差一点儿也不行。当他给王公贵族们治病的时候，他总是在四个方面很为难：一是不能随意进行诊治；二是怕他们自己不注意；三是怕他们的体质承受不了足够剂量的药；四是怕他们好逸恶劳。因此，给他们治疗的时候，总是很难治好。

汉和帝这才恍然大悟。

成语心得：偷懒不肯劳动，也会引发健康问题，更会受到人们的唾弃。

皓首穷经

出自唐代韩偓的《赠易卜崔江处士》，用来形容人一直到年老头白之时，还在深入钻研经书和古籍。

元朝人张特立通晓《易经》，坚持修身养性。虽然年过七十，仍然研究经书和古籍，并教授学生。世祖忽必烈很赞赏张特立，曾三次传下圣旨称赞他。

其中，第一次圣旨说："张特立几十年如一日修身养性，现今已年近七十，仍专心研究经书，应当赐予美名，以使美德发扬光大，特赐号为'中庸先生'。"

第二次圣旨则说："（张特立）白首穷经，诲人不倦，是学者们学习的榜样；之前已经赐过名号，现在再次表达同样的意思。"

世祖第三次传下圣旨，是在张特立逝世之后。诏书说："中庸先生学有渊源，行为高洁，虽然历经丧乱，不曾改变做人的原则；先生的逝世令人悲哀。再次赐予之前的名号，以示尊敬。"

成语心得：学海无涯，我们每一个人都要活到老，学到老。

红颜薄命

出自东汉班固的《汉书·孝成许皇后传》，指女子容貌美丽但遭遇不幸。

西汉宣帝与皇后许平君伉俪情深，然而许平君后来意外被毒杀。汉元帝即位后，为了追念生母，便将母亲的甥女、自己的表妹许氏嫁给儿子刘骜，刘骜即是汉成帝。

许氏出身名门，自小色艺俱佳，犹擅文章，在长达十数年的时间里，都深得成帝宠爱；但随着自己年老色衰，成帝也开始宠爱别的妃子，渐渐冷落了她。恰好当时连续三年发生月食现象，古人以此为不详，一些奸佞之徒趁机将矛头指向了许氏。

面对人们的攻击和成帝的质疑，许氏专门写了一篇《上疏言椒房用度》替自己申冤，并在其中感叹自己命薄，竟然受到这样的诋毁。可惜的是，成帝最终没有体谅她，后来还将她打入冷宫并赐死。

成语心得：比起男性，美丽的女子在乱世中，往往更难生存。

火树银花

出自唐代苏味道的《正月十五夜》，用来形容张灯结彩或大放焰火的灿烂夜景。

唐睿宗是唐代君主中最会享乐的一位皇帝，虽然他只当了三年的皇帝，但不管什么佳节，他总要用很多的物力人力去铺张一番，供他游玩作乐。他每年逢正月元宵的夜晚，一定扎起几十丈高的灯树，点起几万多盏灯，号为火树。

后来诗人苏味道就拿这个做题目，写了一首诗，描绘它的情形，诗曰："火树银花合，星桥铁锁开。暗尘随马去，明月逐人来。游伎皆秾李，行歌尽落梅。金吾不禁夜，玉漏莫相催。"从此，"火树银花"就成为了一个成语。

成语心得：灯火盛的地方，望上去好像都是火树银花的样子。

后起之秀

出自南朝·宋·刘义庆的《世说新语·赏誉》，用来比喻后来出现的或新成长起来的优秀人物。

东晋王忱在少年时代就显露出才气，很受亲友的推崇。他的舅父范宁是当时名士，对王忱也很器重，经常让王忱代替自己接待客人。

有一次，王忱去看望舅舅，遇到了比他早出名的张玄。舅舅要他俩交谈交谈。张玄自恃年长，想让王忱先给自己打招呼，就端正地坐着等候。不料，王忱对他的表现看不上眼，默默坐着一言不发。张玄见他这样，自己又放不下架子，只得怏怏不乐地离去。

事后，范宁责备王忱说："你为什么不好好与张玄谈谈？"王忱说："他要是真心想和我来往，完全可以来找我谈嘛！"范宁听了这话，反而称赞起外甥来了："你这样风流俊逸，真是后来的优秀人才。"

成语心得：长辈不该自恃辈分轻慢晚辈，因为晚辈终将胜出前辈。

后来居上

出自西汉司马迁的《史记·汲郑列传》，比喻后来的反而超过先前的。

汉武帝时，有一位名臣叫汲黯。汲黯比公孙弘和张汤两人更早入朝，后来两人却得到武帝重用，一个官拜相国，一个升任御史大夫，都在汲黯之上。

汲黯眼看他俩官居高位，心里很不服气，有一天下朝后，便对汉武帝说："陛下您见过农人堆积柴草吗？他们总是把先搬来的柴草铺在底层，后搬来的反而放在上面，您不觉得那先搬来的柴草太委屈了吗？"

汉武帝不解地看着汲黯说："你这是什么意思呢？"

汲黯说："公孙弘、张汤的资历都在我之下，可现在他们一个个后来居上，职位都比我高多了。皇上您提拔官吏，不是正和那堆放柴草的农人一样吗？"

成语心得：老一辈人虽然阅历深厚，但未来终究属于年轻人。

汗流浃背

出自西汉司马迁的《史记·陈丞相世家》，用来形容流汗很多，衣服都湿透了。

西汉时，汉文帝想了解一下国家与百姓的情况，就把右丞相周勃找来，问他："全国一年之中要审理、判决的大大小小案件一共有多少件？"周勃一听愣了一下，低着头，回答汉文帝说不知道。文帝又问："那么全国上下每年收入和支出又是多少？"周勃还是不知道，急得出了一身冷汗，汗水多得把脊背的衣服都弄湿了。

这时，左丞相陈平说："这些事情丞相没必要知道。您要问审理案子的事，有廷尉；问财务的事，有内史，只要把他们都找来，一问就知道了。"汉文帝听了点点头，对陈平的回答十分满意。事后周勃感到非常羞愧，觉得自己反应、机智都不如陈平，于是借口生病想回家乡养老，辞去右丞相的官职。

成语心得：人要有灵机应变的能力，这样才不会因突来的问题而手忙脚乱。

寒木春华

出自北朝·齐·颜之推的《颜氏家训·文章》，用来比喻各具特色，各有千秋。

南北朝时，北齐有一位著名的诗人叫刘逖。刘逖不仅写下了许多诗赋，还特别重视文学创作，甚至因为辛德源"文章绮艳，体调清华"就举荐他入朝为官。

当时有个叫席毗的人，是位清廉能干之士，官居行台尚书。他一向瞧不起文学，就嘲笑刘逖说："你们这类人卖弄词藻就像花丛一样，只能供人赏玩片刻，不是栋梁之材，怎么能比得上我这种常遇风霜而不凋零的千丈松树呢？"刘逖回答说："如果既是栋梁之材，又能表现出如春花般的才情，怎么样？"席毗无法反驳，只得说："那就可以了！"

成语心得：每个人都有各自的长处，不能厚此薄彼。

回天之力

出自北宋宋祁等的《新唐书·张玄素传》，原比喻言论正确，极有力量，影响深远。现多比喻能挽回严重局势的力量。

贞观四年，唐太宗李世民打算重修洛阳宫乾阳殿。由于他主意已定，大臣们都不知如何劝阻。

侍御史张玄素得知后，便上疏说："我曾经见过隋朝修宫殿，在豫章伐木材，两千人拉一根大木，铁做的车毂走不了几里就坏了，需要几百人抬着备用的车毂跟着，一天走不上三十里地。从前章华宫修成了，楚国也衰败了；乾阳殿完工了，隋朝也解体了。现在我们国力不及隋朝，百姓刚刚遭受战乱，我恐怕陛下的过错，比隋炀帝还大。"

太宗看到奏疏后，便召来张玄素，问："你是说我还不如隋炀帝吗？"于是就下令停修了。魏征知道此事后，称赞他说："张公论事，真是有回天之力啊！"

成语心得：话要说到点子上，才能起到巨大的作用。

画蛇添足

出自西汉刘向的《战国策·齐策二》，比喻做了多余的事，非但无益，反而不合适。

古时候，楚国有个人准备将一壶酒赏给下人喝。可是下人实在太多，这一壶酒到底怎么分呢？

这时有人建议：每个人在地上画一条蛇，谁画得快又画得好，这壶酒就归谁。大家都同意了。

有个人最先画好，他就端起酒壶要喝。但是他回头看看别人，还都没有画好呢。他想显示自己的本领，就扬扬得意地说："我再给蛇画几只脚吧!"于是,他便左手提着酒壶,右手拿了一根树枝,给蛇画起脚来。

正在这时,另外一个人已经画好了,马上把酒壶从他手里夺过去,说:"蛇是没有脚的,你为什么要给它添上脚呢?所以第一个画好蛇的人不是你,而是我了!"

说罢,他就仰起头来,咕咚咕咚把酒喝下去了。

成语心得:做事情不要多此一举,否则反而导致偏差。

画地为牢

出自西汉司马迁的《报任少卿书》,用来比喻只许在指定的范围内活动。

商朝末年,西岐有一位以卖柴为生的孝子,叫武吉。一天,他到城里卖柴,由于市井道窄,他在翻转扁担时,竟然无意打在把守门的军士王相耳朵上,当即将王相打死了。事后,他被扭送到周文王面前。

文王说:"武吉既打死人,理当抵命。"命人在地上画个圈做牢房,竖了根木头做狱吏,将武吉关了起来。三天后,大夫散宜生见武吉正在痛哭,便问:"杀人偿命,理所当然。你为什么要哭呢?"武吉说:"小人的母亲70岁了,只有我一个孩子,小人也无妻室,怕母亲会饿死!"散宜生于是入殿面见文王,说:"不如先放武吉回家,等他办完赡养母亲的后事再来受罚。"文王准了。

成语心得:做人应该积极开拓,不能自设局限。

J

焦熬投石

出自《荀子·议兵》，用来说明不可以弱击强的道理。

荀子是战国末期赵国人，也是当时的儒家代表人物。由于荀子学识渊博，赵孝成王特地请他入宫，请教用兵的道理。

入宫之后，荀子便对赵孝成王进行了细致的讲解，说："齐国的用兵方法是'技击'，魏国的是'武卒'，秦国的则是'锐士'。但无论哪一种方法，都比不上齐桓公、晋文公。因为后者的军队，才是真正具有纪律性的军队；而齐桓公和晋文公的军队又打不过商汤、周武王的军队，因为后者更高一筹，是所谓的仁义之师。即使前者强行挑战后者，也会像用烤脆的东西砸石头一样，必然无法成功（若以焦熬投石焉）。"

赵孝成王听后，频频点头称是。

成语心得：发起挑战之前，应该先估算自身实力与对方实力，不能盲目冒进。

岌岌可危

出自《孟子·万章下》，形容非常危险，快要倾覆或灭亡。

一天，孟子的学生咸丘蒙向老师请教说："我听说品德高尚的人，帝王就不能把他看作臣下，父亲也不能把他看作儿子。舜受禅登基后，尧带领诸侯朝拜他，舜的父亲瞽叟也跟着一起朝拜。舜看见父亲朝拜自己，脸上却表露出十分不安的神情。对于这件事，孔子评论说：'在这种时候，天下就像山要倒下来那么危险啊！'孔子真的说过这种话吗？"

孟子立刻摇着头回答道："不是，孔子怎么会说出这样的话呢？那不过是齐东地区的老百姓说的。孔子说过：'天上没有两个太阳，人间没有两个天子。'如果舜在尧死之前就已经成为天子，他又统帅天下诸侯去为尧守孝三年，那天下不就有两个天子了吗？"

成语心得：要想避免难以挽回的危机，平日里就要做好预防工作。

江郎才尽

出自南朝·齐·钟嵘的《诗品》，用来指年轻时很有才气，到晚年才思渐渐枯竭。

南朝的江淹在年纪很轻时，就已经是一位鼎鼎有名的文学家，他的诗和文章在当时获得极高的评价。可是，当他年纪大了以后，他的文章不但没有以前写得好，反而退步不少。他写出来的诗总是平淡无奇，而且常常提笔吟握好久，依旧写不出一个字来。偶尔灵感来了，诗写出来了，却文句枯涩，内容平淡得一无可取。

据说，有一次江淹乘船停在禅灵寺的河边，梦见一个自称叫张景阳的人向他讨还一匹绸缎，他就从怀中掏出几尺绸缎还他；还有一次，他在冶亭中睡午觉，梦见一个自称郭璞的人向他索要一支五色笔。从此以后，江淹就文思枯竭，再也写不出什么好的文章了。

成语心得：如果不能终生勤勉于学，江郎才尽的一天迟早会到来。

鸡口牛后

出自西汉刘向的《战国策·韩策》，用来说明屈服于人不如自己做主的道理。

战国时期，韩君主很害怕秦国攻打韩国，就想把一块土地送给秦国，向秦国称臣。楚王知道后，当即派苏秦前去劝阻。

苏秦到了韩国，对韩王说："韩国资源丰富，武器也精良，勇士众多，您为什么要向秦国屈服呢？"韩王犹豫地说："秦国强大难以抵抗，所以才割让土地换取和平。"苏秦摇着头说："您现在送一块地给秦国，秦国的贪欲只会越来越大，不断向您索取。等您送不出来的时候，秦国一样会来打你们的。就像鸡的嘴巴虽然很小，但是可以吃东西；牛的屁股虽然很大，却只能用来排泄。您现在连抵抗都不做，就把国家的土地送给秦国，让自己去向秦国称臣，这不是和牛屁股一样吗？"

韩王听了苏秦的话后，觉得很有道理，于是便打消了向秦屈服的念头。

成语心得：与其依附别人而生，不如追求独立自主的人生。

鸡鸣狗盗

出自西汉司马迁的《史记·孟尝君列传》，用来形容微不足道的小本领。

有一次，齐国的孟尝君率领门下宾客出使秦国，不料被秦昭王扣留；无奈之下，他只好向昭王的爱妃求救。妃子答应了，但要求孟尝君拿白狐皮衣作为报酬。但这件皮衣早在一开始时，就已经被他献给了昭王。

孟尝君门下有个善于钻狗洞偷东西的客人，他得知情况后，便偷偷潜入宝库，盗出了这件皮衣。妃子得到皮衣后很高兴，便想方设法说服秦昭王，赦免了孟尝君。

得到赦免后，孟尝君立即率领门客离开秦国，可到了函谷关时已是半夜，城门早已关闭。按秦国法规，函谷关每天鸡叫才开门，于是孟尝君门下另一位善于模仿动物叫声的门客，便学起了鸡叫，引得群鸡纷纷鸣叫。守关士兵虽然觉得奇怪，但也只得起来打开城门。就这样，孟尝君成功地逃离了秦国。

成语心得：有些时候，看似卑下的技艺也能发挥大作用，不可小瞧。

竭泽而渔

出自《吕氏春秋·义赏》，用来比喻做事不留余地，只顾眼前利益，没有长远打算。

春秋时期，晋国同楚国在城濮之地大战。当时，晋国的兵力不如楚国，晋文公便向大臣狐偃请教用兵的策略。狐偃说："我们可以采取欺骗战术，诱使楚军上钩。"

晋文公把狐偃的计策转告给雍季，雍季觉得不妥，说："先把湖泊里的水排干，当然捉得到鱼，但是以后这里就无鱼可捉。欺诈战术偶然用一次可以帮助取胜，但以后不能再用，毕竟这不是长远之计。"

晋文公最终采纳了狐偃的计策，果然取得了胜利；但在论功行赏时，他却将雍季排在狐偃之上。有人以为文公赏错了，文公解释说："雍季所说的，关系到百年大计；狐偃的策略，只是为了一时之利，我们怎么能认为一时之利要比百年大计重要呢？"

成语心得：做任何事不能只考虑当下得失，更要考虑到日后的发展。

竭尽全力

出自三国·魏·鱼豢的《魏略》，形容做出最大努力。

东汉末年，新郑长杨沛曾帮助过曹操，因此深得曹操喜爱。曹操辅政以后，杨沛升为长社令。他不畏豪强，不管谁犯了法，都依法惩办，得到曹操的称许。

当时，曹操出征在外，听说国都邺城治安太乱，便发诏选一个邺城令。选来选去，没有合适的，于是只得由杨沛亲自出马。杨沛上任之前，曹操问他如何治邺，杨沛回答："我一定竭尽心力，大力宣传法纪，使人人遵纪守法。"曹操听后十分高兴，对左右的人说："你们听见了没有，这才是使人敬服的人。"杨沛还没正式上任，一些豪强地主和皇亲国戚就纷纷告诫自己的子弟检点一些。

成语心得：用尽自己的全部力气与智慧，才有资格讨论成败。

井底之蛙

出自《庄子·秋水》，用来形容那些见识浅薄的人。

一口废井里住着一只青蛙。有一天，青蛙在井边碰上了一只从海里来的大龟，便对它夸口说："你看，我住在这里多快乐！高兴了，就在井栏边跳跃一阵；疲倦了，就回到井里睡一会儿。或者只露出头和嘴巴，安安静静地把全身泡在水里；或者在软绵绵的泥浆里散一回步，也很舒适。我在这井里自由自在，快乐极了，你为什么不进来做客呢？"

那海龟听了青蛙的话，就想进去看看，但它的左脚还没有伸进去，右脚就已经卡住了。它只得站在井外对青蛙说："你看过无边无际的大海吗？古时候，十年有九年大水，海里的水却并没有涨多少；后来，八年里有七年大旱，海里的水却也不见得少了多少。住在那样的大海里，才是真的快乐呢！"井里的青蛙听了这番话，顿时目瞪口呆。

成语心得：做人应当善于学习，多了解外界事物，否则就会孤陋寡闻。

惊弓之鸟

出自西汉刘向的《战国策·楚策四》，用来形容人受到惊吓后，一点动静都会提心吊胆的情形。

战国时，魏国有一个叫更羸的射箭能手。

有一天，更羸跟魏王到郊外打猎。一只大雁从远处慢慢地飞来。更羸仔细看了看，指着大雁对魏王说："大王，我不用箭，只要拉一下弓，这只大雁就能掉下来。"

"是吗？"魏王有点不相信，问道，"你有这样的本事？"

更羸说："请让我试一下。"他并没有取箭，只是左手拿弓，右手拉弦猛然一放。只听嘣的一声响，那只大雁听到声音后直往上飞，可它拍了两下翅膀，就忽然从半空里掉了下来。

魏王看得目瞪口呆，更羸笑着解释说："不是我本事大，而是这只鸟受过箭伤。它的伤口没有愈合，一听到弦响心里很害怕，就拼命往高处飞。它一使劲伤口又裂开了，这才掉了下来。"

成语心得：做人应当光明磊落，这样才能心安理得。

举一反三

出自《论语·述而篇》，用来形容触类旁通，由此知彼。

春秋时期，大圣人孔子曾对他的学生说："举一隅不以三隅反，则不复也。"意思是说："我举出一个方面，你们应该能灵活地推想到另外几个方面；如果不能的话，我也不会再教你们了。"后来，大家就把孔子说的这句话变成了"举一反三"这个成语。

成语心得：学任何知识都要灵活思考，运用到其他相类似的方面。

九牛一毛

出自西汉司马迁的《报任少卿书》，用来形容极其渺小。

汉武帝时，大将李陵战败被俘，武帝非常生气。司马迁素来为人正直，便替李陵辩解了几句，认为不可轻易认定其叛国。盛怒的武帝听后，反而将司马迁关入了监狱。

廷尉杜周为了迎合皇帝，便判定司马迁有诬陷皇帝之罪，竟对司马迁施以残酷、耻辱的"宫刑"。司马迁受到了极度摧残，痛苦之余就想自杀；但转念一想，像他这样地位低微的人死去，不过像从九头牛身上拔取一根毛，不但得不到同情，反而会惹人耻笑。于是他决心忍受耻辱，用自己的生命和时间，来艰苦地、顽强地完成《史记》的写作。

成语心得：只要坚持，渺小的人也可以做出名传千古的不凡功业。

嗟来之食

出自《礼记·檀弓下》，指侮辱性的施舍。

有一年，齐国发生了严重的饥荒。有一个名叫黔敖的富人便做好食物摆在大路边，把食物分给饥饿的人吃。

一天，有一个饥肠辘辘的人用衣袖遮住脸，拖着鞋子，昏昏沉沉地走了过来。黔敖左手端着食物，右手端着汤，对他吆喝说："喂！来吃吧！"那人瞪大眼睛盯着黔敖，说："我就是因为不吃侮辱我的尊严的食物，才饿成这个样子的。"黔敖听后觉得很惭愧，于是捧起饭汤追上前去，郑重地向他道歉。然而这个饥民仍然不肯接受饭食，最终因饥饿而死。

曾子听到这件事后，觉得那人太固执，就评价说："哪用得着这样呢？黔敖无礼呼唤时，当然可以拒绝；但他道歉之后，就可以去吃了啊！"

成语心得：人格尊严比生命更重要，但我们也要学会灵活变通。

金蝉脱壳

出自元代关汉卿的《谢天香》，用来比喻巧妙地脱身于险境。

宋朝开禧年间，宋将毕再遇屡次与金兵交战。当时，金兵调集数万精锐包围了城池，而宋军却只有几千人马。为了保存实力，毕再遇决定暂时撤退，并想出了一个蒙蔽金兵的好方法。

一天半夜时分，金军突然听见城内鼓响，急忙集合部队，准备迎战；哪知过了半天不见一个宋兵出城。金兵认为宋军采用的是疲兵之计，于是便不再理会。到了第三天，宋营的鼓声逐渐微弱，金兵这才分几路开始包抄。可等他们冲进宋营，却发现宋军已经全部撤离了。

原来，毕再遇命令兵士将数十只羊倒悬在树上，又在羊的前腿下放了几十面鼓，羊腿拼命蹬踢，鼓声隆隆不断，这才迷惑了金兵。而在这两天的时间里，宋军已经成功地安全转移到其他地方了。

成语心得：遇到危急情况时，要善于制造假象来摆脱危机。

坚壁清野

出自晋代陈寿的《三国志·魏书·荀彧传》，用来比喻藏起全部物资，使敌人无所获取。

东汉末年，曹操占据了兖州地区，又准备夺取徐州。兖州豪强却勾结吕布，占领兖州要地濮阳。曹操向屯驻濮阳的吕布发动反攻，双方相持日久，一时胜负难分。

不久，徐州守将陶谦把徐州让给了刘备，曹操听后更为迫切，想要拿下徐州再来消灭吕布。谋士荀彧劝他说："兖州才是您的根本，何况徐州已组织人力加紧抢割城外麦子，这表明他们已有战争准备。收尽麦子，对方必然还要加固防御工事，撤退四野居民，转移粮草、物资，用'坚壁清野'的办法对付我们。到那时只怕大军会不战自溃。因此臣请您再仔细考虑考虑。"

曹操觉得很有道理，于是打消念头，专心与吕布对战。不久，曹操大败吕布，平定了兖州。

成语心得：断送敌人的物资补给，就可以陷敌人于困境。

家喻户晓

出自东汉班固的《汉书·刘辅传》，用来比喻每家每户都明白。

从前，有个名叫梁姑的女子，带着自己的两个孩子，跟哥哥一家人住在一起。一天，哥哥嫂嫂外出耕作时，房屋不慎失火，将她的孩子和哥哥的孩子都困在屋里。梁姑见状，顿时冒火冲进屋去，打算先抢救她哥哥的小孩。

可是屋中浓烟密布，梁姑根本看不清情况，等她抱出一个孩子，才发现是自己的儿子。此时火势已猛，没法再进去了。她急得双脚直跳，捶胸大哭道："这怎么得了呀！我不是要背上自私的恶名了吗？我姓梁的岂能让家家户户都这样骂我呢？"说着，她就不顾一切，再次冲进火海搜救，最终被火烧死了。

成语心得：许多事情一旦传开，很快就会被所有人知道了。

家徒四壁

出自西汉司马迁的《史记·司马相如列传》，用来形容家中十分贫穷，一无所有。

汉朝的司马相如是当时著名的才子，但家境十分贫穷。

有一天，大财主卓王孙邀请他到家里吃饭，顺便让司马相如表演他的琴艺。卓王孙的女儿文君恰好也钟情音乐，并且刚刚丧夫。司马相如故意用音乐对卓文君表达他的爱意，成功打动了卓文君，带着她回到了成都。

可是回到司马相如的家，卓文君才发现屋子里除了四面墙壁外，根本没有任何东西。夫妻俩就这样艰苦生活，靠着朋友帮忙，才在卓王孙家的附近开了一间酒店。没多久，邻居们都知道了堂堂卓王孙的女儿居然在街上卖酒！卓王孙为了面子，不得已只好送给卓文君一百名仆人和一百两黄金，让他们购买田产、房屋。

成语心得：摆脱贫穷，创造更美好的生活。

居安思危

出自春秋时期鲁国左丘明的《左传·襄公十一年》，意指处在安乐的环境中，要想到可能有的危险。

春秋时期，宋、齐、晋、卫等国联合攻打郑国。郑国国君急忙向其中最大的晋国求和，这才平息了战事。郑国为了表示感谢，给晋国送去了乐师三人、兵车百辆、歌女十六人，还有许多重礼。

晋悼公非常高兴，将八个歌女赠给功臣魏绛，说："你这几年为我出谋划策，事情办得都很顺利，真是太好了。现在让咱俩一同来享受吧！"可是，魏绛不但不接受，还劝告晋悼公说："国事之所以办得顺利，首先应归功于您的才能，其次是靠同僚们齐心协力，我有什么贡献可言呢？但愿您在享受安乐的同时，还能不忘国家大事。《书经》说得好：'居安思危，思则有备，有备无患。'"晋悼公听了很受感动，高兴地接受了魏绛的意见，从此对他更加敬重。

成语心得：即便生活安定，也要随时有应付意外事件的思想准备。

节外生枝

出自南宋朱熹的《答吕方子约（九月十三日）》，用来比喻问题之外又出新问题，事外复生事端。

朱熹是南宋著名的理学家，也是历史上唯一非孔子亲传弟子而享祀孔庙的大儒，位列大成殿十二哲者。朱熹一生的大部分时间都在从事讲学和著书，他对读书别有一番心得。

朱熹认为，读书要从文章的思想内容、逻辑推理上去读，遇到别的问题就先放下，不要分散自己的精力去思考。在当时还有一位与朱熹齐名的学者叫吕祖谦，他的弟弟吕子约并不认同这种观点。

朱熹于是解释说：读书贵在专一，不能左遮右拦，更没必要去多惹一些麻烦。如果每读一句都要发散思维，就会像在枝节上再生枝节一样，永远没有尽头，就算读一万本书也没有任何意义。

成语心得：解决一个问题，就应当围绕当下问题进行思考，不要过多考虑其他的事情。

捷足先登

出自西汉司马迁的《史记·淮阴侯列传》，用来形容行动快的人先达到目的。

刘邦平定了天下之后，开国功臣韩信因罪被贬为淮阴侯，后来又因谋反而被吕后设计处死。临死的时候，韩信叹息说："我真后悔没听蒯通的话，以至死在女人手中！"

刘邦于是下诏书命令齐国把蒯通召来。蒯通来到朝廷，刘邦要将他处以烹刑，并质问他："你当初为什么要教唆韩信反叛？"蒯通不慌不忙地辩解说："狗，总是要对自己主人以外的人狂吠。那时候我只知道有齐王韩信，并不知道有您。况且当时秦朝大乱，天下之人共同去抢，有才能的人跑得快，就能够抢先得到。处在那种天下纷乱的时代，人们都争先恐后地去做您所做的事，只是能力不够而已，您能把他们都杀尽吗？"刘邦觉得有道理，就赦免了他。

成语心得：激烈的竞争无处不在，只有比对手更快，才能取得胜利。

间不容发

出自西汉枚乘的《上书谏吴王》，用来形容与灾难相距极近，形势极其危急。

吴王刘濞是汉高祖刘邦的侄子。西汉初年，诸侯王的权力都很大，时间长了，他们便与朝廷尖锐对立，构成严重威胁。为此，文帝、景帝两代逐步削减王国封地。刘濞对此不服，阴谋反叛。

辞赋家枚乘是吴王刘濞的谋士，他见刘濞心怀不轨，便上书劝谏。他举例说，如果在一根线上吊千钧（古代30斤为一钧）重物，下面是无底的深渊，那最笨的人也知道它极其危险。接着他又指出，马将受惊骇就打鼓吓它，线将断又吊上更重的东西，其结果必然是线在半空断掉无法连接，马坠入深渊无法救援。这情势的危急程度，就像两者距离极近，中间容不下一根头发。可惜吴王刘濞不肯采纳，最终兵败被杀。

成语心得：试图分裂国家者，必然会受到严厉制裁。

江东父老

出自西汉司马迁的《史记·项羽本纪》，泛指家乡的父老乡亲。

秦朝末年，项羽统率各路起义军，连胜秦兵，最后攻破函谷关，结束了秦朝的统治并分封天下，封刘邦为汉王，自号西楚霸王。之后，他又与汉王刘邦争夺天下，双方相持时，楚汉约定中分天下。

不久，汉王刘邦采用了张良和陈平的计策，会合韩信与彭越的军队攻打项羽，把项羽的军队包围在垓下一带。有一天夜里，项羽听到四面都是楚歌，误认为刘邦已全部占有了楚国，于是就突围到乌江，最后走投无路自杀而死。自杀前，项羽滞留乌江畔，内心非常愧疚，觉得对不起楚国百姓，不愿渡江，对前来接他的船夫说："即使江东父老可怜我，爱戴我，推我为王，我有什么脸面去见他们呢？"

成语心得：即便身处异地，人们也很难割舍对家乡故人的感情。

机不可失

出自后晋刘昫的《旧唐书·李靖传》，用来说明好的时机不可放过，失掉了不会再来。

唐朝初年，高祖李渊派遣李靖攻打蜀郡的萧铣。萧铣得到情报，先是一惊，继而笑着说："深秋的蜀地寒气逼人，再加上三峡天险，李靖的几十万兵马难道都能飞不成？"于是他放松了警惕。

李靖率三军经长途跋涉，来到长江边。只见长江波涌浪急，奔腾咆哮。见此，一位部下建议不如稍作休整再渡江。

李靖却语气坚定地说："兵贵神速，机不可失。我们的到来很突然，萧铣尚未察觉，并且以为我们被江水阻隔，不可能立即进攻。我们必须趁现在发动猛攻。这才是用兵的上策！"

就这样，在李靖的指挥下，唐军攻下夷陵，掳船四百余艘，然后乘胜占领江陵，直逼蜀郡。萧铣没想到唐军如此勇猛，不得不投降。

成语心得：放弃机会，就等于放弃成功。

敬谢不敏

出自春秋时期鲁国左丘明的《左传·子产坏晋馆垣》，多作推辞做某事的婉辞。

鲁襄公去世不久，郑国的子产陪同郑简公到晋国，晋侯借口和鲁国同姓，没有立刻会见他。

于是，子产便派人把宾馆的围墙全部拆毁，以安放车马和礼物。晋国派士文伯责问，子产答道："郑国把全国的财富拿来拜见，结果却不能及时献上礼品，也不知觐见的日期。虽然君王遭到鲁国的丧事，可这同样也是我们郑国的不幸之事。如果能让我们早一点奉上礼物，我们愿把围墙修好了再走。"

士文伯报告了子产的意思。赵文子说："确实如此，我们实在是做得不当，这是我们的过失啊！"于是就派士文伯去向子产表示歉意，恭敬地承认晋国对这件事处理不当。晋侯也很快会见了郑简公。

成语心得：对于自己的错误或为难之处，要学会用恭敬的方式去道歉、推辞。

季常之惧

出自南宋洪迈的《容斋三笔·陈季常》，用来比喻男人惧内。

北宋时，著名文学家苏轼因故被贬至黄州，恰好他的好友陈季常也在当地。于是苏轼常常登门拜访，与陈季常一起谈论文学。

陈季常为人热情好客，经常邀客人到家里做客，并以歌女陪酒。可是，他的妻子对此十分不满。他的妻子出自河东柳氏，性情十分凶悍，每当陈季常请来歌女时，就用木棍猛敲墙壁驱赶客人。客人尴尬不已，只好讪笑着纷纷散去，陈季常也只能在一旁看着，不敢出言劝阻。

眼见好友对妻子如此畏惧，苏轼感到十分好笑，于是念了一首诗，诗曰："龙丘居士亦可怜，谈空说有夜不眠。忽闻河东狮子吼，拄杖落手心茫然。"以此来调侃陈季常惧内。

成语心得：若不是出于爱，人又岂会害怕自己的终身伴侣呢？

开卷有益

出自北宋王辟之的《渑水燕谈录·文儒》，用来阐述读书有益于身心的道理。

宋太宗统一全国后，立志弘扬传统文化，下令整理各种古籍。同时，他又重视各种古代文化资料的收集，下令编纂《太平广记》《太平御览》《文苑英华》三大部书，为保存和发扬我国的文化遗产，做出了重要的贡献。

《太平御览》原名《太平编览》，堪称北宋之前历代文化知识的总汇，因此宋太宗对它非常重视，还规定自己每天看三卷，在一年后全部看完。因此这部书才改名为《太平御览》，意即"太平年间，皇帝亲自阅读的书"。宋太宗的政事非常繁忙，经常因处理其他事情而未能按计划阅读，于是就在空暇的日子补读。侍臣怕他读得时间太久影响身体健康，宋太宗却说："只要翻开书卷阅读，就会有收益，所以我不觉得疲劳。"

成语心得：读书是裨益人心之事，无论何人都应该勤学苦读。

口若悬河

出自南朝·宋·刘义庆的《世说新语·赏誉》，用来形容人能说会辩。

晋朝时，有一位大学问家，名叫郭象。

郭象在年轻的时候，已经很有才学；再加上他善于留心观察身边事物，冷静思考其中道理，因此知识十分渊博，常常能提出独到的见解。后来，他又潜心研究老子和庄子的学说，并且对他们的学说有了深刻的理解。

等到他接受朝廷征召，入京为官之后，由于知识很丰富，他无论对什么事情都能说得头头是道；再加上他的口才很好，又非常喜欢发表自己的见解，因此每当人们听他谈论时，都觉得津津有味。当时有一位太尉王衍，十分欣赏郭象的口才，他常常在别人面前赞扬郭象说："听郭象说话，就好像一条悬起来的河流，滔滔不绝地往下灌注，永远没有枯竭的时候。"

成语心得：要想拥有雄辩的口才，就要在平日里勤于学习、思考。

开诚布公

出自西晋陈寿的《三国志·蜀志·诸葛亮传·评》，用来形容人心中光明磊落，毫无偏私。

三国时，蜀汉丞相诸葛亮极得刘备的信任。刘备临终前，将自己的儿子刘禅托付给他，并表示如果刘禅做得不好，他就可以"取而代之"。

刘备死后，诸葛亮尽全力辅佐平庸的后主刘禅治理国家，有人劝他晋爵称王，他也总是严词拒绝。诸葛亮待人处事公正合理，不徇私情。马谡是他非常看重的一位将军，在攻打曹魏时当前锋，却因过于骄傲而失守街亭。事后，诸葛亮不仅严守军令状规定，忍痛杀了他，同时自己也为失守街亭承担责任，主动请求后主降他为右将军。他还特地下令，要下属指出他的缺点和错误。这在当时是罕见的。

234 年，诸葛亮病死于军中。他一生清贫，并无什么产业留给后代。

成语心得：做人应当正直坦荡，这样才能受到人们的敬重。

刻舟求剑

出自《吕氏春秋·察今》，用来讥讽那些办事刻板拘泥，不懂灵活变通之辈。

有一个楚国人搭船过江，行至江中时，他的佩剑不慎滑落到江里去了。旁边的人看到后，都劝他赶紧跳下江去打捞，然而他笑着摇摇头，镇定地说："怕什么，我自有妙法。"

只见他用一把小刀在船舷上剑掉下去的地方，刻了一个深深的记号，并且自言自语道："我的剑就是从这儿掉下去的！"船继续前行，待船家靠岸停船时，这位楚人才站起身，面对众人惊讶的目光，从容不迫地脱了衣服，从船舷边所刻记号处跳入水中。可他在水中捞来捞去，却怎么也捞不到那把剑，只得浮出水面，纳闷地抚摸着船边的记号，如梦游般喃喃着：

"我的剑明明是从这儿掉下去的，怎么找不到了呢？"

成语心得：万事万物都在不断变化，一味用静止的眼光看问题，必然犯下大错。

脍炙人口

出自《孟子·尽心下》，用来比喻好的诗文或事物为众人所称赞。

春秋时，有一对父子名叫曾晳、曾参，他们都是孔子的弟子。父亲曾晳爱吃羊枣，他死后，一向孝顺的儿子曾参再也不吃羊枣。这件事情在当时曾被儒家子弟大为传颂。

到了战国时，孟子的弟子公孙丑对这件事不能理解，于是向老师孟子请教。公孙丑问："老师，脍炙和羊枣，哪一样好吃？"

"当然是脍炙好吃，没有哪个不爱吃脍炙的！"公孙丑又问："既然脍炙好吃，那么曾参和他父亲也都爱吃脍炙的了？那为什么曾参不戒吃脍炙，只戒吃羊枣呢？"

孟子回答说："脍炙，是大家都爱吃的；羊枣，却是曾晳独自钟情的东西。所以曾参只戒吃羊枣。"

成语心得：只有众口一词评价很高的事物，才称得上真正的好。

开门揖盗

出自西晋陈寿的《三国志·吴志》，用来比喻引来坏人，招致祸患的情形。

东汉末年，江东的统治者孙策遭暗算，重伤而死，临死前他将江东的军政大权，全数交到了弟弟孙权手中。此时孙权才18岁，为哥哥之死悲恸不已，以致天天啼哭，根本无法处理朝政。朝中的大臣们尽管一再劝说，却都没有什么用，众人心中都很着急。

见到这样的情况，著名的谋士张昭便劝孙权说，现在天下大乱，豺狼满道，如果你只顾悲啼，不理国事，必然引起北方曹操等人的注意，使他们有机可乘。这样一来，江东的安危必然受到严重威胁，这好比大开着房门，拱着手把强盗请来，必将自取其祸。这才是真正辜负了孙策的苦心和期望。

孙权听后幡然醒悟，当即换上朝服，登朝理事，视察军队。这样一来，江东的军心、民心总算得以安定。

成语心得：身处困境时要分清轻重缓急，不可因私人情感耽误大事，这样才能避免失败。

快马加鞭

出自南宋陆游的《村居》，用来比喻快上加快，加速前进。

有一天，墨子严厉责骂他的门徒耕柱子。耕柱子很难过，觉得受到很大的委屈，抱怨地说："为什么我没有比别人犯更多的错误，却总是遭到老师这样大的责难？"

墨子听到之后便说："我假使要上太行山，用一匹良马或一头牛来驾车，你预备驱策马还是牛呢？"耕柱子回答："我当然要驱策良马了。"墨子又问："你为什么要驱策马而不驱策牛呢？"耕柱子回答："因为马跑得快才值得鞭打，而牛却没有这项特质。"墨子说："我责骂你正因为你像马不像牛，能够承担得了大任呀！"

听到老师这么一说，耕柱子这才高兴起来。

成语心得：当我们受到别人的"刁难"时，应该想到的是我们还能做得更好。

快刀斩乱麻

出自唐代李百药的《北齐书·文宣帝纪》，用来比喻办事果断，爽快地解决复杂的问题。

南北朝时，东魏丞相高欢想考察一下哪个儿子最聪明，就对自己的六个儿子说："我这里有一大堆乱麻。现在发给你们每人一把，你们要用最短的时间整理好。"

儿子们十分紧张，都赶快把乱麻一根根抽出来，然后再一根根理齐。这种方法不但很慢，还很容易把麻弄成死结，儿子们一个个都急得满头大汗。

二儿子高洋看了半天，找来一把快刀，把那些相互缠绕的乱麻狠狠地几刀斩断，然后再加以整理，这样很快就理好了。

高欢见高洋这样做，很是惊奇，就问："你是怎么想到这个办法的？"

高洋答道："乱者须斩！"

高欢听了十分高兴，认为这孩子与众不同，将来必定大有作为。后来，高洋果然夺取皇位，建立了北齐政权。

成语心得：抓住要害解决问题。

苦中作乐

出自南宋陈造的《同陈宰黄簿游灵山八首》，用来比喻在困苦中勉强自寻欢乐。

北宋时，苏轼因"乌台诗案"被捕，妻子哭泣送别。他却讲了一个笑话：

宋真宗曾到处寻访天下的隐士，有一个叫杨朴的也被召见。可入朝之后，杨朴却说自己并无才能。宋真宗便问他："临行的时候，可有人作诗送你？"杨朴回答："只有我的小妾送了一首'更休落魄耽杯酒，且莫猖狂爱吟诗。今日捉将官里去，这回断送老头皮'。"真宗听了大笑，就将他送回了家中。

苏轼讲完这个故事，妻子当即破涕为笑，目送着他从容上路。苏轼一生先后几次遭到贬谪，最远时还被发配到海南岛，可他始终不以为苦，活得飘逸潇洒。

成语心得：只要心里不苦，即便身处困境，仍然能够找到乐趣。

克己奉公

出自南朝·宋·范晔的《后汉书·祭遵传》，用来形容约束自己的私欲，以公事为重。

东汉人祭遵从小喜欢读书，知书达理，后来又投奔了刘秀，负责执行军营法令。他执法严明，不徇私情，为大家所称道。

有一次，刘秀的一个小侍从犯了罪，祭遵依法将其处死。刘秀知道后十分生气，欲降罪于祭遵。有人劝他说："严明军令，本来就是您的要求。如今祭遵坚守法令，上下一致做得很对。只有像他这样言行一致，号令三军才有威信啊。"刘秀听了觉得有理，非但没有治罪，还封祭遵为征虏将军、颍阳侯。

祭遵为人廉洁，处事谨慎，一心为公，刘秀给他的赏赐，都被他分给了手下的人。他生活十分俭朴，家中也没有多少私财，即使在安排后事时，他仍要求丧事从简。

祭遵死后多年，汉光武帝刘秀仍对他十分怀念。

成语心得：为官者要约束自己的欲望，一心一意做好本职工作。

空穴来风

出自战国时期楚国宋玉的《风赋》，比喻消息和传说不是完全没有根据的。

有一次，宋玉陪着楚顷襄王到兰台去游玩，这时，正好有一阵凉风徐徐吹来。"好凉快的风！"顷襄王愉快地说，"这是我和老百姓们共有的呀！"宋玉因为顷襄王淫乐无道，把他老师屈原贬到了漠北，想借着"风"这件事情来讽刺顷襄王，就说："这风是大王你独有的，老百姓哪有资格和您共有呢？"

顷襄王觉得风的吹拂是不分贵贱的，现在听说是他独有的，倒觉得奇怪了，就叫宋玉说说道理。宋玉说："枳树弯曲了，就会有鸟在上面做巢；空的洞穴中，也会因为空气的流动而产生风。皇宫里面，因为地方清静，产生的风自然清凉，这是属于贵族的；而老百姓们因为住在陋巷里，产生的风自然都夹有泥沙恶臭，那种风才是属于老百姓的。"

成语心得：自身存在弱点，流言才会趁机流传开来。

胯下之辱

出自西汉司马迁的《史记·淮阴侯列传》，用来比喻巨大的耻辱。

韩信是汉代军事家、开国功臣，但他年轻时家境贫穷，经常被人瞧不起。

有一次，一个同乡人当众侮辱韩信，说："你虽然身高体大，喜欢佩带刀剑，内心却十分胆怯。若你不怕死，就用剑刺我；怕死，就从我裤裆下钻过去。"韩信沉默了好久，然后就低头从这个人的双腿间钻了过去，又爬着走了几步。满街的人都嘲笑他，以为他怯懦。

后来，韩信做了楚王，并召见了当时侮辱自己、让自己从他裤裆下钻过的那个人。他提拔那人做了中尉，说："这个人是一位壮士。当初他侮辱我时，我难道不能杀了他吗？不过杀他也没有什么值得称道的，因此我就忍耐下来，而成就了今天的功业。"

成语心得：面对一时的辱不要冲动，而要学会忍耐。

六月飞霜

出自唐代张说的《狱箴》，用来形容有重大冤情。

战国时期，有一个叫邹衍的齐国人，他是阴阳家的代表人物，同时也是五行创始人。由于当时齐国衰败，燕昭王又在招贤纳士，邹衍于是离开齐国前往燕国，并受到燕昭王的重用。据说燕昭王甚至亲自拿着扫帚为他扫地，就怕尘埃落到他身上。

燕昭王死后，他的儿子燕惠王即位。邹衍身为前朝之臣，对燕惠王虽然忠心耿耿，可燕惠王听信谗言，将邹衍关入大牢。邹衍入狱时仰天大哭，当时正是夏天，可天上竟然下起霜来，惊动了燕国君臣。最终，邹衍得以平安出狱。

成语心得：做人应当明辨是非，不可冤枉无辜。

露钞雪纂

出自元代黄溍的《题李氏白石山房》，用来称赞那些长年累月辛苦著述的人。

北宋仁宗时，有一位名叫李常的官员，他与著名词人苏东坡是好朋友。李常自小警悟好学、文思敏捷，少时曾与弟弟李布一同居住于庐山五老峰下白石僧舍，每日苦读不辍。入朝为官之后，李常与苏东坡结为好友，却也因此卷入一些政治风波，一度受到牵连、贬谪甚至差点被处死。

虽然仕途屡屡波折，李常却始终勤于政事，做出许多有益于百姓的政绩；平日里他又辛苦执笔，一共写下文集、奏议六十卷，诗传十卷，及《元祐会计录》三十卷，可谓著述颇丰。等到了元代，著名书法家、画家、文学家黄潜游览李常当年居住过的白石山房，也不禁感到十分仰慕，于是便写下了"露钞雪纂久愈富，何啻邺侯三万轴"的诗句，以此称赞李常生前不畏寒暑、艰苦创作的精神。

成语心得：做任何事情都应当不惧困难、不辞辛劳，这样才能取得成功。

论功行赏

出自《管子·地图》，用来告诫管理者要按功劳大小，给予下属奖赏。

刘邦打败项羽后，终于平定了天下，当上了皇帝。接着他便开始评定大臣的功劳，准备给予封赏。

在平定功劳时，刘邦认为萧何的功劳最大，群臣们对此不满，都说："平阳侯曹参身受70处创伤，攻城夺地，功劳最多，应该排在第一位。"这时，关内侯鄂千秋反驳说："曹参虽然有夺取地盘的功劳，但这只是一时的事情。大王与楚军相峙五年，常常失掉军队，只身逃走也有好几次。然而，萧何常派遣军队补充前线。这些都不是大王下令让他做的。汉军与楚军在荥阳时对垒数年，军中没有口粮，萧何又用车船运来粮食。如今即使没有上百个曹参，对汉室也不会有损失，怎么能让一时的功劳凌驾在万世的功勋之上呢？应该是萧何排在第一位，曹参居第二位。"群臣不语，刘邦于是确定萧何为第一位，特许他佩剑穿鞋上殿，上朝时可以不按礼仪小步快走。

成语心得：施行奖励应该根据下属的功劳大小进行定夺，不能漏掉真正的有功之人。

路不拾遗

出自《韩非子·外储说左上》，用来形容天下大治、社会风气变好。

战国时期，秦孝公任用商鞅为重臣，听从他的建议，制定新法，废除维护贵族特权的旧法，实行改革。

商鞅坚决主张法律面前人人平等，不管是什么人，只要对国家有贡献，就应该予以奖励。他废除贵族世袭制度，按军功的大小分封不同的爵位等级。他鼓励耕织，发展农业生产，兴修水利，规定生产多的人可以免除徭役。由于商鞅积极推行变法，秦国的老百姓生产积极性提高了，军队纪律严明，士兵们都愿意去打仗。老百姓的生活逐渐富裕，社会秩序安定，民风也变得淳朴起来，人们晚上睡觉都不用关门窗，在路上丢了东西也不用担心被别人捡走。从此以后，秦国一天天强大起来，各诸侯国都开始畏惧它。

成语心得：只有政治清明、社会安定，社会风气和公德才会向好的方向发展。

老马识途

出自《韩非子·说林上》，用来喻指有阅历的人经验丰富。

公元前 663 年，齐桓公应燕国的要求，出兵攻打入侵燕国的山戎。山戎却采取诱敌之计，将齐军诱骗至一个山谷。

被困山谷后，管仲先后派出几路兵马去探路，却始终没有找到出口。时间一长，军队的给养也发生困难，再找不到出路，大军必然困死在这里。管仲苦苦思索了好久，忽然眼睛一亮，向齐桓公大声说："主公，有办法了！听说老马善于认路，当地的马对这一带地形肯定熟悉，咱们只要选几匹老马带路，一定能带引大军走出山谷。"齐桓公同意试试看。管仲立即挑出几匹老马，解开缰绳，让它们在大军的最前面自由行走。这一招果然灵验，老马左转右拐，带着齐军，不出两个时辰，便出了谷口。

成语心得：遇到困难应该去向有经验的人请教，这样就能避免走更多弯路。

老生常谈

出自西晋陈寿的《三国志·魏书·管辂传》，用来喻指为众人所熟知的道理。

三国时，魏国的吏部尚书何晏做了一个奇怪的梦，醒来后寝食不安，心里总犯嘀咕，搞不清是凶兆还是吉兆。他问了许多算命先生，回答都说官职越高越要谨慎从事。何晏听了仍然弄不清楚，只得又向精通占卜的管辂请教。

管辂听何晏说完他的梦，沉吟半天，开口说道："你地位高，权势大，人们都怕你。希望你进德修，谨慎从事，多接受别人的意见，以补自己的缺陷。"在座的另一个尚书邓飏听了管辂的话，感到很厌烦，还不等何晏开口就说："此老生之常谈。"何晏本人也十分不满。

管辂见状后笑着说："虽说是老生常谈的话，却不能轻视啊！"不久，何宴、邓飏果然因牵涉谋反案而被诛杀。

成语心得：有些道理虽然人人讲、常常听，看似没什么价值，其实最能说明问题。

洛阳纸贵

出自唐代房玄龄等的《晋书·文苑·左思传》，用来形容作品风行一时，广为流传。

西晋有一位著名的文学家，名叫左思。左思早年相貌丑陋、口齿不伶俐，因此便潜下心来发愤读书，终于写得一手好文章，在当地小有名气。

后来，左思的妹妹左芬因品貌出众、才学过人，被晋武帝选昭入宫，左思也就随全家来到京城洛阳。目睹了京都的壮观繁华后，左思萌动了写《三都赋》的念头。此后，左思一直为这篇《三都赋》而苦思冥想，几乎到了废寝忘食的地步。他在室内、厅前、走廊甚至厕所里，到处都挂上纸笔，每得佳句，便随手记下。这样，整整经过了十年，《三都赋》终于完成了。在皇甫谧、张华等名流的推荐下，原本不为人所重视的《三都赋》很快风靡京城，富豪之家争相传写，以至洛阳纸价也陡然昂贵起来。

成语心得：只要勤于钻研，刻苦努力，一定能有所收获，创作出受大众欢迎的作品。

滥竽充数

出自《韩非子·内储说上》，用来讽刺那些不会装会、以次充好、蒙混度日的人。

战国时候，齐国有位国君叫齐宣王，特别喜欢听竽乐合奏。吹竽的乐队人数越多，他就听得越起劲儿。

有个南郭先生，既没有学问，又不愿劳动，专靠吹牛拍马混饭吃。听到齐宣王要组织大乐队的消息，就托人向齐宣王介绍，谎称是吹竽的高手。齐宣王很高兴，也不分辨真假，便允许他加入了乐队。每当合奏的时候，他坐在300人组成的乐队里，腮帮子一鼓一瘪，上半身前俯后仰，好像吹得十分卖力，其实，他的竽却一点声儿也没出。就这样，他每天都和其他乐师一样，享受着优厚的待遇，一混就是好几年。

后来，齐宣王死了，齐湣王当了国君。齐湣王也喜欢听音乐，却不爱合奏，只喜欢让乐师挨个儿独奏给他听。这一来，南郭先生混不下去了，只得卷起铺盖偷偷溜走。

成语心得：蒙混度日不能长久，只有真正掌握一门技艺，才能以其为凭恃。

狼狈为奸

出自唐代段成式的《酉阳杂俎》，用来比喻坏人和坏人勾结起来作恶。

据说狼和狈是一类动物，狼的前腿长，后腿短；狈则相反，前腿短，后腿长。狈每次出去都必须依靠狼，把它的前腿搭在狼的后腿上才能行动，否则就寸步难行。

有一次，狼和狈走到一户人家的羊圈外面，虽然里面有许多只羊，但是羊圈既高又坚固，于是它们想出了一个主意：让狼骑在狈的脖子上，再由狈用两条长的后腿直立起来，把狼驮得很高，然后，狼就用它两条长长的前脚，攀住羊圈，把羊叼走。

这样偷羊的事，狼和狈经常合伙干。假如狼和狈不合作，就不能把羊偷走，养羊的农民也会少很多损失。然而，狼和狈经常那样协作，而且两者行动的时候，速度也十分迅疾，令人难以追赶。

成语心得：奸恶之徒总是勾结起来为非作恶，对于这类人我们一定要警惕。

梁上君子

出自南朝·宋·范晔的《后汉书·陈寔自传》，原指盗贼，后用来形容那些脱离实际的人。

陈寔是东汉人，为人仁厚慈爱。有一年闹饥荒，百姓大多饥饿困顿，有一个小偷趁夜进入他的屋子，躲藏在梁上。陈寔在暗中看到了他，于是起身整理衣服，叫他的儿孙起来，神情严肃地教育他们说："人不能不自己勤勉，不善良的人本性未必是坏的，只是沾染了坏习惯，就变成了这样。"儿孙说："这样的人是谁？"陈寔意有所指地说："就是那梁上的君子。"梁上的盗贼听后大吃一惊，于是跳下来，磕头认罪。陈寔慢慢地开导他说："看你的相貌不像坏人，应该反省自己，做好事。"陈寔知道他很穷，于是让人给了他二匹绢。从此整个县中再也没有小偷了。

成语心得：人生在世，行差踏错在所难免，但可贵的是知错能改，重回善道。

两袖清风

出自元代魏初的《送杨季梅》，用来褒扬那些为官清廉，从不贪污腐败的廉官。

于谦是明朝著名的民族英雄和诗人，曾先后担任过监察御史、巡抚、兵部尚书等职，作风廉洁，为人耿直。于谦生活的那个时代，朝政腐败，贪污成风，贿赂公行。当时各地官僚进京朝见皇帝，都要从本地老百姓那里搜刮许多土特产品，献给皇上和朝中权贵。

明朝正统年间，宦官王振以权谋私，每逢朝会，各地官僚为了讨好他，多献以珠宝白银，可巡抚于谦每次进京奏事，却从来不带任何礼品。他的同僚劝他说："你虽然不献金宝、攀求权贵，也应该带一些著名的土特产如线香、蘑菇、手帕等物，打点人情呀！"每当这时，于谦便会笑着举起两袖，风趣地说："带有清风！"以示对那些阿谀奉承之贪官的嘲弄。

成语心得：为官者应当不忘初心、不做贪污腐败之事。

礼贤下士

出自北宋宋祁等的《新唐书·李勉传》，用来形容礼遇贤者，尊重学者。

春秋时期，齐国国君齐桓公听说有个名叫稷的小臣，是一位难得的贤士，于是就想见他一面，与他交谈一番。可是齐桓公连着三次亲自登门拜见，稷都故意推辞不见。

桓公身边的一位侍从十分不满，气呼呼地说："主公，您贵为万乘之主，稷只不过是个布衣罢了。您接连来了三次，已经足够谦卑了；既然他还是摆架子，您又何必见他呢？"齐桓公却颇有耐心地说："不能这样说。贤士傲视爵禄富贵，自然也会轻视君主，就像君主一旦傲视霸业，也就会轻视贤士。稷虽然傲视我这个君主，可我哪里又敢傲视霸业呢？"最终，齐桓公接连五次前去拜见，才得以见到稷。

成语心得：对待有才之士应当谦虚礼遇，这样才能赢得他们的认可。

龙行虎步

出自南朝·梁·沈约的《宋书·武帝纪上》，用来形容仪态威武轩昂，气度不凡。

东晋时期，有个叫刘裕的人，他的祖上是汉高祖刘邦。但到了他这一辈时，家道早已衰落，刘裕在很长一段时间里，都以贩卖草鞋为生。

后来刘裕毅然投身军旅，成为东晋的一位名将，其间还投靠了权臣桓玄。桓玄的妻子善于识人，有一次看到刘裕气度不凡，走路之时有如龙虎一般，不禁吃了一惊。她对桓玄说："刘裕不是能久居人下之辈，你应该及早铲除他。"然而桓玄急于用人，并没有听从。

后来桓玄发动叛乱，刘裕起兵讨伐取得胜利，还被朝廷封为宋公。接着，刘裕又一举扫平了南燕、西蜀、后秦等割据政权。公元 420 年，刘裕取代晋朝建立刘宋政权，即宋武帝。

成语心得：要善于培养自己的气质，修炼强大的气场。

龙盘虎踞

出自西汉刘胜的《文本赋》，形容地势雄伟险要。

东汉末年，曹操打败了刘备，夺取了荆州，接着又率领八十万大军南下，打算一举扫平江东。

刘备心知江东如若覆灭，自己也难以与曹操抗衡，便派军师诸葛亮出使东吴，商讨联兵抗曹大计。诸葛亮在鲁肃的陪同下，观看建邺的山川形势，感叹道："钟山像龙一样盘卧在城的东边，石头城像虎一样蹲踞在西边，这真是帝王居住的地方啊！"听闻此言，鲁肃颇有自得之意。

诸葛亮又意味深长地说："可惜，眼下曹操已经逼近，你们主公却仍犹豫不决。若再不抵抗，这帝王之都就是别人的了。"

鲁肃点头称是，于是便带着诸葛亮一起去见孙权。在诸葛亮的分析下，孙权最终同意与刘备结盟，并在赤壁之战中击败曹操，确立了三分天下的格局。

成语心得：一旦占据有利的形势，便该好好利用。

临渴掘井

出自《黄帝内经·素问·四气调神大论》，用来比喻平时没有准备，事到临头才想办法。

春秋时期，鲁昭公听信谗言，激怒了季孙氏、叔孙氏、孟孙氏三大家族，三大家族联合起来率兵攻打昭公，昭公因此出逃到齐国。

齐景公热情地招待了昭公，并送了很多财物给他，希望他长居下去。昭公说："我怎能抛弃周公的王业，长期居住在这里呢？"齐景公又关切地问："可你这么年轻，为什么要离开自己的国家呢？"

昭公后悔地说："我年轻，缺少治国经验，不能正确识别真伪而铸成大错，才会落得如此下场。"

齐景公安慰他说："难道不可以重新再来，挽回错误吗？"昭公失望地长叹道："晚了！"站在一旁的晏婴插话说："是啊，这就像一个人眼看就要渴死才想挖井取水一样，已经来不及了。"

成语心得：平时不做准备，等到失败已成定局，后悔又有什么用呢？

狼心狗肺

出自明代冯梦龙的《醒世恒言》，用来讥讽那些心肠像狼和狗一样凶恶、狠毒的人。

一天，神医扁鹊在路上看到一个刚死不久的人，便想把他救活。然而这个人的心肺俱已损坏，扁鹊只得分别取了路过的一只狼和一条狗的心、肺，安放在那人体内，这才救活了他。

不料那人刚醒，便一把抓住扁鹊，指责他偷盗了自己的钱财，两个人就这样互相扭着去了官府。当县令问他们缘由时，扁鹊便将事情始末讲了一遍，然后又领着县令和一众衙役，来到自己救治那人的地方。县令等人看到，路旁确实有缺了心、肺的狼、狗的尸体，那人身上也有刀口的痕迹。

直到这时，县令才相信了扁鹊的话，下令将他释放；同时又斥责忘恩负义的那个人说："你还真是个狼心狗肺之徒啊！"

成语心得：有些人比猛兽更加恶毒，让人不得不防。

乐不思蜀

出自晋代陈寿的《三国志·蜀书·后主传》，用来比喻在新环境中得到乐趣，不再想回到原来的环境中去。

三国时期，刘备占据蜀地，建立了蜀汉政权；等到他死后，他的儿子刘禅继位，即蜀汉后主。刘禅昏庸无能，全靠诸葛亮等人辅佐；那些有才能的大臣死后，蜀汉很快就被曹魏所灭。刘禅投降后，司马昭封他一个食俸禄无实权的"安乐公"称号，并将他迁到魏国都城洛阳居住。

为了试探刘禅的真实想法，司马昭便故意邀请刘禅参加宴会，在席间，又故意当着刘禅的面，安排表演蜀地的歌舞。当时除了刘禅之外，其余来自蜀地的降臣都想到了灭亡的故国，感到非常难过，只有刘禅看得十分起劲儿。当司马昭问他是否怀念蜀国时，刘禅坦然地说："这里很快乐，我一点也不想蜀国。"

成语心得：即便到了条件更加优越的新环境，我们也不该忘记之前的生活。

劳思逸淫

出自春秋时期鲁国左丘明的《国语·鲁语》，用来说明勤劳才能节俭，懒惰就会堕落。

公父文伯是春秋时鲁国人，祖上世代都袭封为大夫，自己也继承了大夫的爵位。有一天，他退朝回家，见母亲正在绩麻，便道："像我们这样的人家，母亲还要绩什么麻呢？不怕别人笑话吗？"

公父文伯的母亲听了儿子的话，不禁惊叹道："咱们鲁国要亡了吗？怎么叫你这样不懂道理的孩子做官呢？你坐下，听我说！"

于是，这位叫敬姜的母亲将公父文伯狠狠教训了一番，说了许多关于必须重视劳动的话，主要意思是：参加实际劳动，才能爱惜物力、知道节俭，才能产生好心；贪安逸，就容易放荡堕落，就要丧失好心、产生坏心了。

成语心得：劳动辛苦，能使人保持上进；懒惰轻松，会使人走向堕落。

狼子野心

出自春秋时期鲁国左丘明的《左传·宣公四年》，用来比喻凶暴的人居心狠毒，习性难改。

子文是楚国的令尹，深得楚国官员和百姓的敬重。

子文的兄弟子良生了个儿子叫越椒，越椒满月那天，子文应邀来到司马府。可他看到侄子越椒后，却大吃一惊，急忙对子良说："这个孩子啼哭的声音像狼嚎，长大以后必成祸害。谚语说：'狼崽虽小，却有凶恶的本性。'千万不能留他！"

子良不听。

子文对此十分忧虑，临死前便告诫亲信们说："千万不能让越椒掌权！一旦他得势，你们就赶快逃命吧，否则必有大难！"

115

子文死后，他的儿子斗般当了令尹，越俶也接替了父亲的官职。此后，越俶果然百般讨好穆王，成功取代斗般当了令尹。楚穆王死后，越俶趁机掌权，并杀害了斗般和子文生前的亲信。

成语心得：坏人就和恶狼一样本性难改，一定要多加警惕。

狼狈不堪

出自晋代李密的《陈情表》，形容人的处境十分艰难。

晋朝时，武陵人李密颇有美誉。然而晋武帝司马炎几次召他做官，都被他拒绝了。

原来，李密自幼丧父，4 岁时母亲又改嫁，他从小是在祖母刘氏的照料下长大、读书的。因此，与祖母感情非常深厚，他不忍心丢下年老的祖母而去做官。

最后，李密给司马炎写了一封信，解释自己的苦衷。信中说："我自小丧父，4 岁时母亲又被迫改嫁，是祖母刘氏一人历尽艰辛把我养大。如今她年老了，我无其他兄弟亲人，家中只有我一人可以奉养她。可是我不出去做官，又违背了您的旨意，我现在的处境真是进退两难，十分狼狈呀！"

晋武帝看后十分感动，于是便不再为难他了。

成语心得：我们要善于做出选择，避免陷入为难的境地。

鹿死谁手

出自唐代房玄龄等的《晋书·石勒载记下》，用来比喻在竞赛中，不知谁会取得最后的胜利。

东晋时期，石勒占领了中国北方的大部分地区，建立了后赵政权。

一天，石勒设宴款待使者，在宴会上乘着酒兴向大臣徐光问道："我的功劳与历史上哪个君王能够相提并论？"徐光趁机恭维他说："陛下有智又有勇，汉高祖刘邦、魏武帝曹操都比不上您。自古以来的帝王，哪个能和您相提并论呢！"

石勒明知这是夸大之词，就笑着说："你的话太夸张了。一个人重要的是有自知之明。我如果遇到汉高祖刘邦，一定心甘情愿地做他的部下，为他效力，和韩信、彭越一样建立功勋；如果遇到汉光武帝刘秀，我就和他在中原一决雌雄，较量高下，可就不知道鹿死谁手，天下被谁得到了。"

成语心得：与人竞争一定要奋斗到最后，毕竟不到最后，还不知谁赢谁输呢！

漏网之鱼

出自西汉司马迁的《史记·酷吏列传序》，用来比喻侥幸逃脱的罪犯或敌人。

春秋时期，晋襄公打败了秦国，秦国的将军孟明视、白乙丙、西乞术都被俘了。在后母文嬴的劝说下，襄公才勉为其难地放走了这三个俘虏。

这时，晋将先轸一听说国君把秦国的俘虏放走了，赶紧放下碗急匆匆地跑去见晋襄公，说服他收回成命。得到襄公的命令后，大将阳处父立刻提了刀，驾车去追。

孟明视、白乙丙、西乞术这三人也怕晋襄公后悔，就拼命地跑，他们一直跑到黄河边，回头一瞧，果然尘土大起，有大队人马追来。三个人只是叫苦。正在吃紧时，却见河边有一只打鱼小船，他们不管三七二十一，都跳上船，原来这只打鱼船是秦国派来接应的。阳处父追到河岸，只得眼睁睁地看着他们远去了。

成语心得：只有严格执行法令，才能避免犯罪分子漏网。

M

买椟还珠

出自《韩非子·外储说左上》，用来讽刺那些舍本逐末、取舍不当的人。

从前，有个楚国人得到了一颗漂亮的珍珠。为了能卖个好价钱，他便找来名贵的木材，请能工巧匠专门制作了一个盒子，还用香料把盒子熏得香气扑鼻。然后，他在盒子上刻了许多漂亮的花纹，还镶上漂亮的金属花边。做完这一切，他才小心翼翼地将珍珠装了进去，拿到市场上去卖。

很快，就有一个郑国人被盒子吸引，出高价买了下来。可他拿着盒子往回没走几步，就又回来了。楚人还以为郑人是后悔了要退货，正想着如何措辞，不料郑人却走到他面前，打开盒子将珍珠递给他说："先生，您将一颗珠子忘在盒子里了。"说罢，郑人又低着头一边欣赏着木盒子，一边往回走。

成语心得：遇事应当主次分明，抓住重点。

名落孙山

出自南宋范公偁的《过庭录》，用来喻指考试落榜或选拔未被录取的情况。

宋朝的时候，有一个名叫孙山的才子，他幽默且很善于说笑话，所以附近的人就给他取了一个"滑稽才子"的绰号。

有一次，他和一个同乡的儿子一同到京城参加举人的考试。

放榜的时候，孙山的名字虽然被列在榜文的倒数第一名，但仍然是榜上有名，而那位和他一起去的那位同乡的儿子，却没有考上。

不久，孙山先回到家里，同乡便来问他儿子有没有考取。孙山既不好意思直说，又不便隐瞒，于是，就随口念出两句不成诗的句子来："解名尽处是孙山，贤郎更在孙山外。"他的意思是说：榜上的最后一名是我孙山，而令郎的名字却还在我孙山的后面。

成语心得：说话委婉也是一种艺术。

门庭若市

出自西汉刘向的《战国策·齐策一》，用来形容来的人很多，非常热闹。

齐威王受到一些人的蒙蔽，听不进正确的意见，大臣邹忌便劝他说："我的相貌不如徐公，妻、妾和客人却说我比徐公美。这是因为我的妻子偏爱我，我的妾害怕我，我的客人有求于我。现在齐国疆域广阔，大王贵为国君，宫中之人没有不顺从您的，朝中百官没有不害怕您的，全国百姓没有不求您的。照这样看来，您受的蒙蔽就更严重啊！"

威王一听，恍然大悟，于是下命令说："所有官吏百姓能当面批评我的，得一等赏；用书面方式来劝告我的，得二等赏；在街头巷尾议论我被我听到了的，得二等赏。"命令一公布，提意见的人纷纷涌来，皇宫门庭热闹得像集市一样。由于威王善于采纳别人的意见，齐国越来越强大了。

成语心得：只有允许别人提建议，善于接受别人的意见，才能更好地改正自身缺点。

目不识丁

出自后晋刘昫的《旧唐书·张弘靖传》，用来形容人缺乏知识，连一个字都不认识。

以前，有个丁姓财主的儿子 10 岁了还不识字，请了好几个先生都没能教会他。丁财主心里可急坏了，于是贴出告示，声称若谁教会儿子一个字，赏银十两。

一位老秀才见了，心想：这"丁"字笔画简单，又好写又好认，不如教他这个。于是，他便揭了告示。到了财主家后，他每天都教丁少爷学习"丁"字，等到要考核那天，又特意准备了一个钉子，让少爷拿在手里用作提醒。

接着秀才便领着少爷去见丁财主，写了一个"丁"字让他读。谁知少爷早就忘了这是个啥字。秀才赶紧提醒他："你手上拿的是什么东西？"

少爷低头一看，说："一根铁棒棒。"

秀才一听，气得直跺脚："真是目不识'丁'，可惜了我的十两银子！"

成语心得：做人就要多读书学习，要是目不识丁可就糟糕了。

沐猴而冠

出自西汉司马迁的《史记·项羽本纪》，用来讥讽那些虚有其表、愚鲁无知之人。

秦王朝灭亡后，项羽进入关中，有一个叫韩生的人极力劝他在此定都，并指出关中地区不但有险可守，而且土地肥沃，适合奠定霸业。然而项羽见秦朝宫室残破没落，又想到自己已经占着夺取天下的优势，于是自傲自大，想回家乡炫耀一番。他无不得意地说："一个人升官发财以后，如果不回故乡夸耀一番，就好比穿着锦绣衣服在黑夜里行走一样，怎么会有人知道他的大富大贵呢？"

当时，楚汉之争已经到了最为关键的时刻，正需要项羽集中精力、调兵遣将，因此韩生对他的这种虚荣短视十分不满，气愤地说："人们都说楚人是戴着帽子的猴子，真是说对了。"项羽听后大怒，便将韩生烹杀。

成语心得：做人不仅要注重表面形象，更要注重内涵修养。

毛遂自荐

出自西汉司马迁的《史记·平原君虞卿列传》，用来比喻自告奋勇，自我举荐。

长平之战后，秦军包围了赵国都城邯郸，赵国形势万分危急。为了解围，平原君只得挑选20位门客去楚国求兵。可他挑了又挑，选了又选，最后还缺一个人。这时，门客毛遂自我推荐，说："我算一个吧！"平原君见毛遂再三要求，才勉强同意了。

到了楚国，楚王只接见平原君一个人。两人坐在殿上，从早晨谈到中午，还没有谈出结果，其余门客都十分焦急却无可奈何。毛遂于是手持宝剑，大步跨上台阶，厉声对楚王陈述出兵援赵的道理，说得楚王心悦诚服，答应马上出兵。不几天，楚、魏等国联合出兵援赵，秦军只好撤退。平原君回赵后，待毛遂为上宾，并感叹地说："毛先生一至楚，楚王就不敢小看赵国了。"

成语心得：当机遇出现在眼前时，我们不妨勇敢站出来，为自己好好争取一番。

木人石心

出自唐代房玄龄等的《晋书·隐逸列传·夏统》，用来形容人意志坚定，无可撼动。

晋朝有个多才善辩的名士，他的名字叫夏统。当时，许多人都劝夏统出来做官，夏统却一一拒绝。

一次，太尉贾充想招揽夏统为自己效力，于是就劝他到自己身边来任职，不想也被谢绝。贾充不甘心，他调来整齐的军队，装饰了华丽的车马，吹着响亮的号角，从夏统面前走过。贾充对夏统说："如果你同意到我身边来做官，就可以指挥这些军队，乘坐这样华美的车子了！"

然而夏统像什么都没有看见似的，根本不动心。

贾充仍不死心，又招来一班仙姿绰约的美女，在夏统面前轻歌曼舞，而夏统却木然而立，毫不动摇。贾充看到这些全然打动不了夏统的心，不解地说："天下竟有这样的怪人！真像木头做的人，石头做的心啊！"

成语心得：不管面对任何诱惑，都应当做到内心淡然、不为所动。

妙笔生花

出自唐代王仁裕的《开元天宝遗事·梦笔头生花》，用来比喻笔法高超的人写出动人的文章。

有一次，大诗人李白在睡意蒙眬中，随风飘到了海上的一座仙山。只见四周云海苍茫，花木葱茏。

正在这时，李白看到远处有一支巨大的毛笔耸出云海，足有十多丈高，像一根玉柱一样。李白心想："如果能得到这支巨笔，用大地作砚，蘸海水为墨，拿蓝天当纸，写尽人间美景，那该多好。"就在他浮想联翩之时，忽然看到有五色光芒从笔端射出，接着在笔尖开放出一朵鲜艳的红花。那支生花笔渐渐移动，朝着他飘然而来。李白眼看那支妙笔越来越近，便伸手去取，当他快要摸到粗壮的笔杆时，不觉惊醒，原来是黄粱一梦。

自从李白见到"梦笔生花"后，名诗佳句便源源而出，一发而不可收。

成语心得：只要勤于练习、揣摩，我们一定能够写出精彩的文章。

121

马到成功

出自元代关汉卿的《五侯宴》，形容工作刚开始就取得成功。

秦始皇在统一全国后，曾到荣城的成山拜日，途中发现一块彩石。据说这是上古时期女娲补天时遗落的神石，能保佑江山稳固，秦始皇便专程礼拜花斑彩石。当时他率领万马千军，沿着修好的专用驰道，直奔花斑彩石所在处，恭敬而拜；回朝后果然事事如意，天下太平。秦始皇大喜之下，让百官作诗庆贺。当时便有术士徐福诗曰："万马千军御驰道，始皇拜石得成功。"后来，人们就把彩石所在的附近沿海称为马道。

一直到了元朝，著名大作家关汉卿慧眼识宝，由"秦皇拜石"的典故创造出了"马到成功"这个成语，并在自己的著作《五侯宴》中第一次提到了它。

成语心得：只有在平日里多做准备，提升自己的能力，才有可能尽快取得成功。

马革裹尸

出自南朝·宋·范晔的《后汉书·马援传》，用来比喻军人战死于疆场。

东汉名将马援为东汉王朝的建立，立下过汗马功劳，后来又被光武帝封为伏波将军。

过了三年，马援从战场上得胜归来，亲朋好友闻讯后纷纷上门祝贺，其中有个名叫孟翼的也说了几句恭维话。不料马援听了，反而皱着眉头说："我盼望先生能说些指教我的话，为什么先生却随波逐流，只是夸奖我呢？我的功劳比武帝时的路博德将军小多了，却也被封为伏波将军。如今，匈奴和乌桓还在北方不断侵扰，我打算向朝廷请战，以先锋的身份出征。男儿应该战死在边疆荒野的战场上，不用棺材敛尸，而只用马的皮革裹着尸体回来埋葬，怎么能躺在床上，死在儿女的身边呢？"

成语心得：战场之上的男儿从不畏牺牲，即便是为国家献出生命也在所不惜。

米珠薪桂

出自西汉刘向的《战国策·楚策三》，形容物价高得出奇，人民生活极其困难。

战国时期，纵横家苏秦擅长辩论，凭借自己的三寸不烂之舌，到处进行游说。他去楚国要求见楚王，把守宫门的谒者索贿不成，就故意陷害他，让他先在馆舍里住了三天，卖给他的东西也特别贵。

三天之后，苏秦好不容易见到楚王，两人相谈甚欢。面谈一结束，苏秦便告辞要离开。楚王说："我听说先生大名，就像听说古代贤人一样，现在先生不远千里来见我，竟然不肯留下来。请问这是何故呢？"苏秦回答说："楚国的粮食比宝玉还贵，木柴比桂枝还贵，通报的侍卫像鬼魅般难得一见，大王像天帝般难以见面。现在想要我把玉作为粮，把桂枝作为柴木，经过鬼魅而见天帝，实在有些难啊！"楚王说："请先生先在宾馆休息，我明白了。"

成语心得：物价与百姓的生活息息相关。如果物价太高，百姓必然难以生活。

盲人瞎马

出自南朝·宋·刘义庆的《世说新语·排调》，用来比喻乱闯瞎撞，非常危险。

东晋时，文学家顾恺之、桓玄和殷仲堪三人都很有才华，经常聚在一起吟诗作画，闲谈说笑。

有一次，三人玩文字游戏，约定用一句话表示事情完结。顾恺之说："火烧平原无遗燎。"这句话是以烧光为了。桓玄说："白布缠棺竖旒旐。"以人死为了。殷仲堪说："投鱼深渊放飞鸟。"以一去不复还为了。后来，他们又约定用一句话表示非常危险的情况。桓玄说："矛头淅米剑头炊。"意即把枪矛和利剑的尖头当米煮饭吃。殷仲堪说："百岁老翁攀枯枝。"顾恺之说："井上辘轳卧婴儿。"就在此时，旁边殷仲堪的参军也说道：盲人骑瞎马，夜半临深池。殷仲堪恰好一目失明，听后心中很不高兴。

成语心得：身处险境之时，更应当小心谨慎，心存戒备。

猫鼠同眠

出自北宋宋祁等的《新唐书·五行志》，用来比喻官吏失职，包庇下属干坏事。

唐太宗李世民死后，他的儿子李治继承了皇位，即唐高宗。比起雄才大略的太宗，高宗显得要懦弱许多，因此到了执政后期，皇后武则天趁机参与国家大事，并开始接掌朝中大权。

公元 661 年，也就是武后参政的第二年，洛阳城突然发生了一件怪事：当地一户人家出现鼠患，而他家饲养的猫非但不捕捉老鼠，反而和老鼠和谐相处，甚至还同吃同住！消息一出，民间哗然。在古人看来，老鼠就像偷窃的贼，猫就像维护治安的官吏，如今猫与鼠同流合污，自然也就意味着官府之人纵容奸恶、渎职枉法。再加上武则天野心显露，朝野上下更是议论纷纷，都认为这不是什么好兆头。

成语心得：官员一旦与奸恶之徒相勾结，造成的危害就会更大。

盲人摸象

出自《涅槃经》，用来比喻看问题总是以点代面。

从前，有四个盲人很想知道大象是什么样子，可他们看不见，只好用手摸。胖盲人先摸到了大象的牙齿，他就说："我知道了，大象就像一个又大、又粗、又光滑的大萝卜。"高个子盲人摸到的是大象的耳朵，"不对，不对，大象明明是一把大蒲扇嘛！"他大叫起来。"你们净瞎说，大象只是根大柱子。"原来矮个子盲人摸到了大象的腿。而那位年老的盲人呢，却嘟嚷："唉，大象哪有那么大，它只不过是一根草绳。"原来他摸到的是大象的尾巴。四个盲人争吵不休，都说自己摸到的才是大象真正的样子。而实际上呢？他们一个也没说对。

成语心得：不能只看到事物的一部分，而应看全局。

马放南山

出自《尚书·武成》，用来比喻天下太平，不再用兵。

商朝末年，纣王昏庸残暴，周武王于是联合诸侯共同讨伐。天下百姓早已不堪忍受纣王的暴虐，就连商朝士兵也纷纷倒戈。商纣王见大势已去，登上鹿台自焚身亡，周武王于是攻入了朝歌。

周军占领朝歌后，百姓纷纷奔走相告，到郊外欢迎，沿路跪拜周武王。武王乘着简朴的战车，频频抱拳向沿路的百姓还礼，随后下令打开粮仓给百姓放粮，又取出鹿台的金银钱财赈济天下贫民，还减除了商纣王时的苛捐杂税。这些利国利民的仁政，使百姓安居乐业，国力蒸蒸日上，内内外外到处都是一片和平盛世的景象。周武王也因此高枕无忧，把各种兵器统统收缴入库，战马也全数放归南山下，晒起了太阳。

成语心得：和平的生活来之不易。

蒙在鼓里

出自清代吴趼人的《瞎骗奇闻》，用来比喻不明真相，被人蒙骗。

三国时期，名将关羽败走麦城，刘备义子刘封拒不救援，致使关羽最终被杀。刘备得知后悲痛欲绝，想要制裁刘封，却又担心他会谋反。于是张飞便想了一个办法。

第二天，张飞带领卫兵前往刘封的营地，告知他刘备已因关羽之死而迁怒于他，就连自己也因说了几句好话而被斥责。接着他又对刘封说，自己打算与他联手杀掉刘备，拥立他登基为王，刘封果然信以为真。

张飞趁机劝说刘封做一个丈把高、宽八尺的大军鼓，让他手持利剑坐在鼓里，说是要趁机刺杀刘备，其实却抬着他直奔刘备营帐。就这样，张飞不费一兵一卒就擒拿了刘封，帮助刘备处死了他。

成语心得：对于攸关利害的事情，要有明确认识。

名列前茅

出自春秋时期鲁国左丘明的《左传·宣公十二年》，用来形容成绩优异。

春秋时期，楚国发动大军侵郑，晋国派大将荀林父带兵援郑，可是还没有渡过黄河，晋军就得到郑国投降、楚军班师的消息。荀林父于是召集部属，商议对策。

荀林父认为，战事既已结束，晋军也应该班师。另一位大将士会详细分析了晋、楚双方的形势，认为楚军的前茅（前锋）戒备森严，中军领导很强，后军实力也很充足，所以不宜轻敌，也说退兵回国是正确的。

可是荀林父的副将先縠不同意，竟不听指挥贪功冒进，擅自带领他的兵马渡过黄河追击楚军。最终，他被楚军打得大败。

成语心得：想要成为人上人，就必须具有胜过他人的实力。

美如冠玉

出自西汉司马迁的《史记·陈丞相世家》，用来形容男性的美貌。

秦末，陈平在张负的资助下从师学习，先后投奔魏王咎与项羽，后来又投奔了刘邦。

投奔刘邦后，周勃、灌婴等人都看不起他，还对刘邦进谗说："陈平虽然是个美男子，只不过像帽子上的美玉罢了，内里未必有真东西。我们听说陈平在家时，曾和嫂嫂私通；在魏王那里做事不能容身，逃亡出来归附楚王；归附楚王不相合，又逃来归降汉王。现在您如此器重他，使他担任护军。我们听说陈平接受了将领们的钱财，钱给得多的就得到好处，钱给得少的就遭遇坏的处境。陈平是一个反复无常的作乱奸臣，希望您明察。"

然而刘邦没有听信，依然信任陈平。后来，陈平先后六次用计使刘邦转危为安，为汉王朝立下赫赫大功，并被封为曲逆侯。

成语心得：有貌又有才的人，更受欢迎。

模棱两可

出自后晋刘昫的《旧唐书·苏味道传》，用来比喻态度不明确。

唐朝前期，有一位著名的诗人，名叫苏味道。苏味道不仅精于诗赋，仕途也很顺利，官运十分亨通。武则天登基后，苏味道升任宰相，前后长达数年之久。但他在任期内，并没做出什么突出成绩来。

苏味道为人老于世故，处事圆滑，他常对人说："处事不欲决断明白，若有错误，必贻咎谴，但模棱以持两端可矣。"意思是：处理事情，不要决断得太清楚、太明白，要是这样处理错了，必会遭到追究和指责。只要模棱两可，哪边都抓不着小辫子就行了。就这样，苏味道稳坐相位，直至武则天退位后才失势。当时，人们根据他这种为人处世的特点，给他取了一个绰号，叫"苏模棱"。

成语心得：人在处理问题时，不应该含糊其词，而要明确表态。

满城风雨

出自北宋潘大临的《题壁》，比喻某一事件（坏事）传播很广，到处议论纷纷。

潘大临是宋代黄州的一位诗人，写过不少好诗。有一年秋天快到了，他的一位好友写信来问他："你最近有新的作品吗？"潘大临回信说："秋日美景，每一件都足以成诗。昨天我靠在床上休息，听到窗外风吹着树林的声音，我便起来在墙壁上写道：'满城风雨近重阳'。可是这时收租金的人突然来了，顿时打断了我的诗兴，因此我现在只有这一句寄给你了。"

后来，潘大临因为贫穷病死了。好友谢无逸为了纪念他，就续写下来这首诗：满城风雨近重阳，无奈黄花恼意香。雪浪翻天迷赤壁，令人西望忆潘郎。

成语心得：负面消息总是为人津津乐道，一旦公开就很容易流传开来。

目无全牛

出自《庄子·养生主》，形容人的技艺高超，得心应手，已经到达非常纯熟的地步。

庖丁给梁惠王宰牛，运刀之时所发出的声音，没有不合音律的，梁惠王感到十分惊奇。

庖丁解释说："我重视的是规律，而非常人讲求的技术。一开始宰牛的时候，我眼中所见的无非是牛；可三年以后，我眼里就没有完整的牛了。现在，我凭精神而不是眼去看牛，视觉停止了而精神仍在活动。我依照牛的天然结构，击入牛体缝隙，顺着空处进刀，从来不会碰到牛骨。技术好的厨子每年更换一把刀，一般的厨子每月更换一把刀，可我的刀已经用了19年，所宰的牛有几千头了，但刀就像刚磨的一样。"

梁惠王说："说得好啊！我听了你的这番话，懂得了养生的道理了。"

成语心得：只有全盘掌握每一个细节，才能将问题彻底解决。

磨穿铁砚

出自北宋欧阳修的《新五代史·桑维翰传》，形容矢志不移、持久不懈。

后晋时，有个读书人名叫桑维翰。桑维翰第一次去应试时，文章写得非常好，但主考官非常迷信，他见桑维翰姓"桑"，就对旁边的人说："'桑'和'丧'同音，多么不吉利。所以这个人不能录为进士。"

于是，桑维翰就失去了成为进士的资格。不久，有人把这件事告诉给了桑维翰。桑维翰十分愤怒。他的几个好朋友劝他，说可以通过别的途径做官，桑维翰摇摇头说："我的志向已定，非考取进士不可！"

他为了表示自己的决心，就请铁匠为他铸造了一块铁砚，并拿给熟人们看，说："除非这铁砚磨穿了，我才改用其他途径。"

过了两年，桑维翰终于考上了进士，成为后晋的著名官员。

成语心得：坚定的意志、持续的努力，是走向成功的必备条件。

明目张胆

出自唐代房玄龄等的《晋书·王敦传》，原指有胆识，敢作敢为。后形容公开放肆地干坏事。

唐高宗时有一位大臣名叫韦思谦，为人正直，经常直言进谏。

有一次，韦思谦发现宰相褚遂良以很低的价钱强买邻人的田地，立刻上书揭发他。因为证据确凿，朝廷无法公开庇护，只好把褚遂良调出京城，降职为同州刺史。

过了一段时间，褚遂良又被重用，恢复了原来的官职。褚遂良便找了理由，把韦思谦贬到外省，当一名县官。有人替韦思谦打抱不平，暗中去慰问韦思谦，他仍然不改初衷，慷慨激昂地说："我是一个正直的人，遇见不合理的事情，当然不肯放过，哪里有时间考虑个人得失呢？大丈夫应该有话就说，明目张胆而不畏强权，致力报效国家，怎么可以庸庸碌碌，只顾着保护自己和家人的安全！"

成语心得：做人切忌气焰嚣张，更不能过于放肆。

名正言顺

出自《论语·子路》，形容做事名义正当，道理也说得通。

春秋时期，孔子离开鲁国，来到卫国，卫灵给他六万斗的俸米。子路便问孔子："如果卫君起用您，您首先干些什么？"孔子说："我以为首先要正名分。"

子路不解地说："老师未免太迂腐了，这有什么可纠正的呢？"孔子说："你真粗暴！君子对他所不知道的只有疑在心中。名分不正，道理也就讲不通；道理不通，事情也就办不成；事情办不成，国家的礼乐教化也就兴不起来；礼乐教化兴不起来，刑罚就不会得当；刑罚不得当，老百姓就会不知如何是好，连手脚都不晓得往何处摆了。所以君子用的名分，一定要有道理可以说得出来，讲出来的道理也一定要行得通。"

成语心得：如果没有正当的名义，就会师出无名，难以使人信服。

墨守成规

出自明代黄宗羲的《钱退山诗文序》，用来比喻固执旧法，一成不变。

128

战国时期，楚国要攻打宋国，鲁班特地为楚国制造了一种云梯。墨子听说后，一直走了十天十夜，来到楚国劝说鲁班和楚王别攻宋国，楚王却不肯同意。

墨子于是对鲁班说："那咱们就当场试试吧。"说着，他解下衣带，围作城墙，用木片作为武器，让鲁班同他分别代表攻守两方进行表演。鲁班多次使用不同方法攻城，都被墨子挡住了。鲁班攻城的器械已经使尽，而墨子守城的计策还绰绰有余。

鲁班不肯认输，说道："我有办法对付你，但是我不说。"墨子说："我知道你是想杀我。但我的 300 位门徒此刻早已抵达宋国，依旧可以代替我防守。"楚王叹了一口气，无奈地说："好吧，我们取消攻打宋国的计划。"墨子这才告别楚王而去。

成语心得：在工作中，我们要根据变化，改变自己的做事方法，不能固守教条。

门可罗雀

出自西汉司马迁的《史记·汲郑列传》，形容事业由盛而衰，宾客稀少之况。

汲黯在西汉景帝时曾任太子洗马，武帝时任东海太守，后来又担任主爵都尉。郑庄在景帝时曾经担任太子舍人，武帝时担任大农令。他们俩都为官清正，刚直不阿，曾位列九卿，上他们家拜访的人络绎不绝，并且以此为荣。可是，等汉武帝撤了他们的职之后，就再也没人去拜访他们了。

翟公曾经当过廷尉，他在任上的时候，登门拜访的宾客十分拥挤，站满了门庭。后来他被罢了官，就再没有宾客登门，门口冷落得可以张起网来捕捉鸟雀。官场多变，过了一个时期，翟公官复原职，那班宾客又想登门拜访他。他感慨万千，在门上写了几句话："一生一死，乃知交情；一贫一富，乃知交态；一贵一贱，交情乃见。"

成语心得：做人不能势利。

弄巧成拙

出自北宋黄庭坚的《拙轩颂》，用来讽刺那些耍小聪明，结果坏了大事的人。

北宋时期，有一位名叫孙知微的画家。有一次，他受人请托画《九曜图》，中途却不得不外出办事。为了不耽误时间，他就把弟子们找来，要求他们接着替自己上色。

在上色过程中，弟子们发现图中童子所持的水晶瓶是空的。一个学生说："老师平时画瓶，总要在瓶上画一束插花，这一次可能是忘了画上，让我来添上吧！"大家都表示同意，于是，他就在水晶瓶上很用心地画了一枝莲花。

不料等到孙知微归来，看到图中童子捧的瓶子中冒出的莲花时，却气愤地吼道："画里的水晶瓶不是插花用的，而是用来镇妖伏水的宝物！如果添上花，它就不是神物而是一只普通的花瓶了。你们这是弄巧成拙啊！"

弟子们一个个吓得低下头去。

成语心得：做任何事都要脚踏实地，不能自作聪明、肆意而为。

南柯一梦

出自唐代李公佐的《南柯太守传》，用来形容空欢喜一场。

淳于梦是唐朝人，有一次，他因为喝醉酒在庭院的槐树下睡着了。在梦里，槐安国王派人接他到槐安国去，把自己的女儿嫁给了他，还派他担任南柯郡的太守。在任期间，淳于梦把南柯治理得很好，他的子女也都得以显贵，家族地位非常之高。

后来，檀萝国攻打南柯郡，淳于梦吃了败仗，妻子又病重而死，只得回到京城。可是京城里的人在国王面前说他的坏话，国王就把他的孩子抓起来，还把他送回其家乡。一离开槐安国，淳于梦猛然惊醒，才知道是一场梦。不久，淳于梦发现槐树下有一个蚂蚁洞，洞里有泥土堆成的宫殿城池等，这才恍然大悟，明白梦中的"槐安国"，应该就是这个蚂蚁洞；一旁有孔道通向南枝，则是所谓的"南柯郡"。

成语心得：功名富贵转瞬即逝，不值得我们执着追求。

内助之贤

出自元代脱脱的《宋史·后妃传上·序》，用来形容那些持家有道、能够劝谏丈夫的贤明妻子。

晏婴是齐国的宰相，个头儿虽然不高但很有才干。晏婴的车夫因此十分自得，每次驾着马车出行时，都会挥着马鞭，表现出扬扬得意的样子。

有一次，车夫的妻子无意间看到了丈夫的神态，待其回家后就责备道："晏婴身长不满六尺，却位居相国，名闻天下，诸侯无不敬仰；可我看他的神态很谦虚，一点也没有自满的意思。你身长八尺，外表比他雄伟得多，却只是给他驾车，还表现得扬扬得意。我实在替你感到羞愧啊！"

车夫听了后也很惭愧，从此改变了态度，处处谦虚和蔼。晏婴对此十分奇怪，问他原因，车夫就把妻子所说的话，老老实实地告诉晏婴。晏婴认为他能够听取劝谏，是一个值得倚重的人，于是推荐他当大夫。

成语心得：夫妻之间若能互相扶持、互相帮助，必然能为双方的事业发展，带来更多助益。

南辕北辙

出自西汉刘向的《战国策·魏策四》，用来比喻目标和行动正好相反。

魏王想攻打赵国，季梁劝他说："我在太行山下遇到一个赶着车向北走的人，告诉我说：'我要去楚国。'我问他：'你要去楚国，为什么要向北呢？'他说：'我的马好。'我说：'你的马虽然好，但这不是去楚国的路啊！'他又说：'我的路费很充足。'我说：'你的路费虽然多，但这不是去楚国的路啊！'他又说：'我的车夫技艺很高。'他不知道方向错了，赶路的条件越好，离楚国的距离就会越远。

"现在大王动不动就想称霸诸侯，做什么事都想取得天下的信任，依仗自己国家强大、军队精锐，而去攻打邯郸，想扩展地盘抬高声威。可您这样的行动越多，距离统一天下的目标就越远，这正像要去楚国却向北走的行为一样啊！"

成语心得：行为和目标若不能一致，努力再多也是枉费工夫。

宁为玉碎，不为瓦全

出自唐代李百药的《北齐书·元景安传》，用来称颂那些坚守气节，绝不向恶势力屈服的人。

北齐高洋逼迫东魏孝静帝禅位给自己，建立北齐后，又把孝静帝和他的三个儿子全都杀死。可此后他依然感到不安，于是就问自己的亲信，光武帝刘秀能够夺回天下的原因是什么。

这名亲信说不清楚，就随意应付说是因为王莽没有斩草除根，没有把刘氏宗室的人杀光。高洋信以为真，于是就打算把东魏的宗室近亲全部杀掉，不放过任何一人。东魏宗室的远房宗族感到很害怕，担心自己也会被杀，于是聚在一起商量对策。

其中，一个叫元景安的宗亲建议改姓高，他的堂兄元景皓却断然拒绝，认为大丈夫宁愿作为玉器被打碎，也不能作为瓦片而保全下来。后来，元景皓因元景安的告密而被处死。

成语心得：生死事小，气节事大。

囊萤映雪

出自元代贾仲名的《萧淑兰》，用来形容人勤奋好学，即便条件艰苦也不为所动。

晋代的孙康从小喜欢读书，可由于家贫买不起灯油，每晚只能早早睡觉。一年冬天他半夜醒来，忽然发现窗外大雪映出一片光亮，于是立即穿好衣服，取出书籍，来到屋外看起书来。此后，每逢有雪的晚上，他都会这样孜孜不倦地苦读。正是这种苦学的精神，促使他的学识突飞猛进，成为饱学之士，后来当上了御史大夫。

与孙康同时代的车胤也是家中贫困，买不起灯油，只能利用白天时间背诵诗文。某年夏天的一个晚上，他忽然见到许多萤火虫飞舞，在黑暗中发出点点亮光，于是就抓了几十只萤火虫放在布袋里，再扎住袋口，把它吊起来，用这种微弱的灯光来看书。由于他勤学好问，后来终有成就，当上了吏部尚书。

成语心得：善于学习的人从不畏条件恶劣，因为强大的求知欲足以使他们克服种种困难。

鸟尽弓藏

出自西汉司马迁的《史记·越王勾践世家》，用来形容那些事情成功之后，便将出力者彻底抛弃的行为。

春秋末期，越王勾践卧薪尝胆，任用大夫文种、范蠡整顿国政，经过十年的忍辱负重和励精图治，终于成功击败吴国，洗刷了之前的耻辱。但几天后，谋臣范蠡便不知去向，众人只在太湖边找到了他的外衣，都以为他投湖自杀了。

可是过了不久，文种就收到一封信，上面写着："飞鸟打尽了，弹弓就被收藏起来；野兔捉光了，猎狗就被杀了煮来吃；敌国灭掉了，谋臣就被废弃或遭害。越王是个只能同患难、不能共富贵的人，你若不尽早离去，难免会有杀身之祸。"文种此时方知范蠡并未死去，可他没有完全相信这番话，只是告病不再上朝，终于引起勾践猜忌。一天，勾践亲自登门探望，临别时却留下佩剑让文种自刎。义种这才后悔没听范蠡的劝告，只得自尽而死。

成语心得：要小心提防那些过河拆桥、翻脸无情的人。

怒发冲冠

出自西汉司马迁的《史记·廉颇蔺相如列传》，用来形容人极端愤怒的情形。

赵惠文王得到和氏璧不久，秦昭王就写信给赵王，表示愿用15座城池来交换。赵惠文王心知对方有诈却不敢拒绝，只得派遣蔺相如为使者，带着和氏璧前往秦国进行交涉。

秦王得知蔺相如来后，并没有按照正式的礼仪在朝廷上接见他，在接过璧后，也只顾着和大臣、姬妾们互相传看，绝口不提交付城池的事。蔺相如知道秦王根本无心交换，于是借口璧有瑕疵，从秦王手中要回了和氏璧。

蔺相如把璧拿到手后，马上退后几步，靠近柱子站住。他极度愤怒，头发直竖，顶起帽子，大声地斥责秦王没有诚意。秦王只得向他道歉，并答应斋戒五天后受璧。但蔺相如预料秦王不会交城，私下让人把璧送回赵国。秦王无可奈何，只好按照礼仪送蔺相如回国。

成语心得：面对不公之事时，愤怒并不失为一种合理的表达方式。

牛衣对泣

出自东汉班固的《汉书·王章传》，用来形容贫困夫妻不离不弃、困顿生活的窘态。

西汉时，有一位名叫王章的人，他的家里非常贫穷。王章年轻时在京城长安求学，与妻子住在一起，过着十分艰苦困顿的生活。

有一次，王章生病了，家中却没有被子御寒，他只好盖着用乱麻和草编织的像蓑衣一类的东西。这是当时给牛御寒用的，人们称它为"牛衣"。王章蜷缩在牛衣里，冷得浑身发抖，他以为自己快死了，哭泣着对妻子说："我的病很重，连盖的被子都没有。看来我就要死去，我们就此诀别吧！"

妻子听后怒气冲冲地斥责他说："京师朝廷中的那班贵人，他们的学问谁及得上你？现在你贫病交迫，不自己发奋，振作精神，却反而哭泣，多没出息呀！"王章听了这席话，不禁暗自惭愧。病愈后，他发奋读书，终于成了有用之才。

成语心得：即便生活条件困苦，一家人也应该齐心协力、共渡难关，这样的情意才显得坚贞可贵。

奴颜婢膝

出自唐代陆龟蒙的《江湖散人歌》，用来描述谄媚讨好、逢迎他人的丑态。

南宋时期，南宋与入侵的元兵交战。宋朝兵力不足，因此总是打败仗，国家面临着灭亡的危机。但是昏庸的宋朝皇帝仍然只顾享乐，再加上宰相贾似道故意隐瞒敌情，前线战事因此愈加不利。

大臣陈仲微知道情况十分严重，便告诉皇帝说："高宗在位时，君臣都十分昏庸，敌人攻打进来时，那些人向敌人屈膝投降，就像奴才一样满脸堆笑，像婢女一样跪下求饶，我们应该引以为戒啊！"可是昏庸的皇帝根本不放在心上。后来，贾似道奉命出征却被打得大败，南宋从此更无力与元军抗衡。最终，南宋于1279年被元朝所灭。

成语心得：做人要不失尊严、坚守气节，绝不能阿谀逢迎。

南山可移

出自后晋刘昫的《旧唐书·李元纮传》，用来喻指案情已经判定，不容任何人更改。

唐中宗驾崩后，太平公主拥立李旦登基，即唐睿宗。太平公主以为自己立了大功，从此把持朝政，为所欲为，朝中百官更是对她敬若神明，竭力奉承。

太平公主掌握大权后，开始到处搜刮钱财、侵夺土地。有一次，她纵容家奴霸占一座寺院的磨坊，寺院为此告到官府，要求主持公道。

主审这个案子的，是雍州的司户参军李元纮。李元纮为官素来公正，他查明那个磨坊确系寺院所有后，不怕得罪太平公主，毅然将磨坊判还寺院。

李元纮的上司窦怀贞得知情况后，担心太平公主迁怒于自己，因此马上召见李元纮，催促他快改判。不料，李元纮当场在判决书上写道："南山可移，判不可摇也。"写罢，他把笔丢下决然离去。

成语心得：身为执法人员就该秉公断案，不畏权贵。

牛刀小试

出自北宋苏轼的《送欧阳主簿赴官韦城》，比喻有大本领的人，先在小事情上显一下身手。

北宋时，文学家苏轼的一位朋友去韦城做官，苏轼便写了"读遍牙签三万卷，欲来小邑试牛刀"的诗句，夸赞自己的朋友才高八斗，如今到韦城这个小地方去做官，不过是略显身手而已。

成语心得：当我们想知道自己的实力如何时，可以先通过一些小事进行检验。

牛鼎烹鸡

出自南朝·宋·范晔的《后汉书·边让传》，用来比喻大材小用。

东汉时期，有个叫边让的少年才高八斗，在当地赫赫有名。大将军何进听说边让学富五车，便想召他进将军府当一名小官。

边让对朝中阿谀逢迎的宦官十分看不惯，也不喜欢何进的粗鄙，所以不愿意应召。何进用召壮丁的名义强行把他弄进了府，做了一名小小的令史。名士蔡邕认为这样做实在是大材小用，于是对何进说道："边让是个不可多得的人才，如果只让他担任这么个小小的令史，实在是太屈才了。古书上说：'用一只能容得下一只牛的大鼎去煮鸡，汤多了则味道会淡，汤少了又煮不熟鸡。'这说的就是不应该大器小用啊！"何进听了以后也认为蔡邕说得句句在理，于是叫边让去九江做了太守。

成语心得：任用人才要充分考虑其实际才干，以免浪费人才。

泥牛入海

出自北宋释道原的《景德传灯录》，用来比喻一去不返，杳无音信。

从前，有个人四处寻访贤者，有一次，他终于在深山老林中遇到了一位隐居的智者。他见到智者后，便激动地问了好多问题，但这位智者始终面无表情，没有回答他一句。

第二天，这人又向智者提了几个问题，可是对方仍然一言不发，这人忍不住有些气愤。他不满地质问对方说："我在这里与您相遇，也算是您的客人；这本是咱们之间的缘分，您却为何摆出一副爱理不理的样子来呢？"智者这才开口，说："清风拂白月。"意思是说，说不说都是一样的。这人于是又接着问："您为何远离尘世，独自进入深山隐居呢？"智者委婉地说："我有一次看到两个泥牛打架，最后它们都掉进了海里，直到现在也没有一点儿消息。"意思是说，人的一生就像是一场梦，争名逐利没有一点儿意义。

成语心得：功名富贵就像泥牛一样，不值得人们拼命去追求。

内忧外患

出自《管子·戒》，用来形容内部的纠纷和外部的压力。

春秋时期，鲁国的大权被季孙氏、孟孙氏和叔孙氏三家控制，鲁定公成为傀儡。他听说孔子开坛讲学，主张"君君臣臣"以及"仁政"，便召孔子议政。孔子向他详细分析了鲁国当前的内部隐忧和国外风险，并建议他联合齐国，重振君威，还制定了一系列措施。

定公十年，齐鲁夹谷之会，孔子辅佐鲁定公以礼历阶，诛齐淫乐，从齐国手中讨回了汶阳之地。鲁定公对孔子更加信任，让他当了大司寇，负责国内治安。孔子终于获得机会，开始推行他的政治主张，讲求孝道，稳定家庭，安定社会。在他的治理下，鲁国变得社会和谐，经济蒸蒸日上，国富民强。

成语心得：想要取得进步和成功，就要先明确自身内部和外界的形势。

牛角挂书

出自北宋宋祁等的《新唐书·李密传》，用来形容人勤奋苦读。

隋朝人李密少年时，曾在隋炀帝的宫中当侍卫，后因在值班时左顾右盼被免去官职。李密并不懊丧，回家后以放牛为生，常坐在牛背上读书。

有一次，李密骑着牛前去求学，走之前还在牛角上挂了一部《汉书》。他一边赶路一边读《汉书》，正巧越国公杨素骑着快马从后面赶上来，看到后便赞扬他："这么勤奋的书生真是少见！"李密一看是越国公，赶紧从牛背上跳下来行礼。

杨素回家以后，便对儿子杨玄感说："李密的学识才能都在你兄弟之上，将来你们有事可以与他商量。"后来，李密参与杨玄感起兵反隋，杨玄感兵败被杀后，李密又加入瓦岗军，继续进行反隋大业。

成语心得：读书的时间是挤出来的。

南橘北枳

出自《晏子春秋·杂下》，比喻同一物种因环境条件不同而发生变异。

晏子将要出使楚国，楚王听说后，便想戏弄他。

晏子到了楚国后，楚王赐给晏子酒喝，喝酒喝得正畅快的时候，却见两个官吏捆着一个人从堂下经过。楚王问："捆着的人是干什么的？"官吏回答说："是齐国人，犯了偷盗的罪。"楚王瞟着晏子说："齐国人本来就善于偷盗吗？"

晏子离开座位，严肃地回答说："我听说，橘树生长在淮河以南就是橘树，生长在淮河以北就变成枳树，它们的果实味道不一样。为什么会这样呢？这是因为水土不同。这个齐国人在本国不偷盗，进入楚国就偷盗，莫不是楚国的水土使人变得善于偷盗吧！"楚王笑着说："圣人是不能跟他开玩笑的。我反而自取其辱了。"

成语心得：在人的成长过程中，外界环境的影响也是不容小觑的。

O

呕心沥血

出自唐李商隐《李长吉小传》和唐韩愈《归彭城》，用来形容人为了事业费尽心力。

唐代著名诗人李贺在 7 岁就能写文章，韩愈、皇甫湜开始听到还不相信。有一次，他俩经过李贺家时让他写诗，李贺提起笔就像早已构思好的一样，命名为《高轩过》，二人大吃一惊，李贺也因此出名。

李贺长得单薄削瘦，双眉相连，手指很长，能快速写出诗文来。每天清晨太阳刚刚升起时，就骑着一头瘦弱的马，带着一个小书童，背着破烂不堪的锦囊，碰到有心得感受的诗句，就写下来投入锦囊中；等到晚上回来，就整合成一首诗。平时只要不是喝酒大醉或参加丧礼，他都是这个样子，每天到母亲处探望也顾不得问候一声。他的母亲让婢女拿过锦囊取出里面的草稿，见写的稿子很多，就心疼地嗔怪道："你这是要呕出心肝才肯罢休啊！"

成语心得：若不是像李贺这样勤勉付出，又怎能创作出扬名千古的作品呢？

匹夫之勇

出自《孟子·梁惠王下》，用来说明做事不能只靠自己、不顾协作的道理。

越王勾践被吴王夫差打败后，被囚三年才得以归国。从此之后他便自励图强，立志复国。

十年后，越国终于再次富强，将士们便向勾践请战说："大王，越国的四方民众，敬爱您就像对自己的父母一样，现在，儿子要替父母报仇，臣子要替君主报仇。请您再下命令，与吴国决一死战。"

勾践答应了将士们的请战要求，把军士们召集在一起，下令说："我听说古代的贤君不担心兵少，只担心士兵不能自强。我不希望你们放弃智谋、单凭个人的勇敢，而希望你们步调一致、同进同退。前进的时候要想到奖赏，后退的时候要想到处罚。这样，就会得到应有的赏赐。进不听令，退不知耻，会受到应有的惩罚。"

到了出征的时候，越国的人都互相勉励，表示愿为勾践效死。由于全体将士斗志高涨，越国终于打败了吴军，灭掉了吴国。

成语心得：仅靠蛮勇是无法取得成功的，只有动用智慧团结协作，才能取得更好的成果。

破釜沉舟

出自春秋时期齐国孙武的《孙子兵法》，用来喻指做事不留退路，不顾一切，一心追求成功。

秦朝末年，项羽为了援救与秦军作战的赵军，便率领全部军队赶往救援。渡过漳河后，项羽当即下令把船只全部弄沉，把锅碗全部砸破，把军营全部烧毁，只带上三天的干粮，以此向士卒表示一定要决死战斗、绝不退还之心。

抵达前线后，众士兵果然奋勇杀敌，大败秦军。这时，楚军强大居诸侯之首，前来援救巨鹿的诸侯各军筑有十几座营垒，却没有一个敢发兵出战。楚军攻击秦军时，他们都只在营垒中观望。楚军战士无不一以当十，士兵们杀声震天，诸侯军人人战栗胆寒。项羽在打败秦军以后，召见诸侯将领，当他们进入军门时，一个个都跪着用膝盖向前走，没有谁敢抬头仰视。自此，项羽真正成了诸侯的上将军，各路诸侯都隶属于他。

成语心得：人一旦有了退路，反而无法激发全部力量；想要成功，就要好好地逼迫自己一回。

披荆斩棘

出自南朝·宋·范晔的《后汉书·冯异传》，用来形容在前进道路上清除障碍，克服困难。

冯异是东汉光武帝刘秀手下的一员大将，也是东汉初期一位著名的军事将领，为东汉的建立立下不少战功，是东汉的开国功臣之一。

25 年，刘秀建立了东汉政权，做了皇帝。他派冯异大将军平定了关中以后，刘秀封冯异为阳夏侯，任征西大将军。

30 年，冯异到京城洛阳朝拜光武帝，光武帝隆重地接待了他，并向文武百官介绍说："他是我当年起兵时的主将，为我在建立帝业的道路上劈开了丛生的荆棘，扫除了重重障碍，平定了关中广大地区，是有功之臣啊！"随后，光武帝赐给冯异许多珍宝钱帛，还特别命令他带着妻子儿女到外地任职，以示不疑。

成语心得：要想做成大事，必须经历许多艰难险阻，不可能轻易取得成功。

赔了夫人又折兵

出自元代无名氏的《隔江斗智》，用来比喻想占便宜，反而受到双重损失。

东汉末年，刘备曾向东吴孙权"暂借"荆州栖身，但等到自己羽翼渐丰后屡次拒绝东吴索回荆州的请求。东吴大都督周瑜想来想去，便想出了一条计策。

当时刘备刚刚丧妻，周瑜便说服孙权将自己的妹妹孙尚香嫁给刘备，打算以此为借口邀请刘备来江东，趁机将他扣押。刘备虽然心怀顾虑，但在军师诸葛亮的安排下，还是亲自赶赴东吴。

一到东吴，刘备便命令麾下将士大张旗鼓宣扬此事，迫使孙权和周瑜假戏真做，将孙尚香嫁给自己；接着又以到江边祭祖为名，趁机带着孙尚香一同离开。周瑜闻讯后匆匆带领士兵追赶，却已追之不及。刘备的士兵更在上岸后齐声高喊："周郎妙计安天下，赔了夫人又折兵！"周瑜听后，气得口吐鲜血，当场就昏倒在地。

成语心得：想要得到就必须努力付出，不要总想着占小便宜。

抛砖引玉

出自北宋释道原的《景德传灯录》，比喻用自己不成熟的意见或作品，引出别人更好的意见或好作品。

公元前700年，楚国发兵攻打绞国，绞国凭借着险要地势坚守不出，楚国始终无法攻克。楚国大夫仔细分析了敌我双方的情况，便建议楚王趁绞城缺少薪柴之时，派士兵装成樵夫打柴，然后让他们故意被绞军俘虏，以此麻痹敌军。楚王采纳了这一建议。

很快，绞侯就得知有挑夫三三两两进出，并无兵士跟随。绞侯马上派兵突袭，果然成功抓到三十多个"樵夫"，夺得不少柴草，一连几天都是如此。见有利可图，绞国士兵纷纷出城劫夺柴草，楚王趁机布下伏兵。第六天，绞国士兵像前几天一样出城劫掠，不知不觉就被引入楚军的埋伏圈内，只见伏兵四起，杀声震天，绞国士兵慌忙败退，又遇伏兵断了归路。楚王此时趁机攻城，绞侯自知无力抵抗，只得请降。

成语心得：想要有所收获，就一定先要付出。

皮之不存，毛将焉附

出自春秋时期鲁国左丘明的《左传·新序·杂事》，用来说明事物一旦失去了基础，就不能存在。

魏文侯外出游历，看见路上有个人反穿着皮衣背草料，便问他："你为什么反穿皮衣背草料？"那人回答说："我怕皮衣上的毛磨损。"魏文侯反问："你不知道如果皮被磨光，毛也就无处依附了吗？"

第二年，东阳官府上缴的赋税比往年多了十倍，大家全来祝贺。魏文侯说："这有什么可贺的呢？和我在路上遇到的反穿皮衣背柴禾的人，没有什么不同。爱惜皮衣上的毛，却又不知道皮没有了，毛就无处附着的道理。现在我的田地没有扩大，官民没有增加，而赋税却增加了十倍，这一定是从百姓那里压榨才征收到的。可百姓生活不安定，帝王也就不能安坐享乐。这不是你们应该祝贺我的。"

成语心得：任何事物一旦伤及根本，就会引发大的动荡，无法继续存在。

鹏程万里

出自《庄子·逍遥游》，用来比喻志向、前程远大。

传说在北海有一条巨大的鱼，它的名字叫鲲。鲲的背非常宽大，足足有几千里那么长。

每年六月，鲲都会化为鸟飞向南海，变成鸟之后，它的名字就叫作鹏。鹏的脊背，也有几千里那么长，当它振动翅膀奋起直飞的时候，翅膀就好像挂在天边的云彩。它把翅膀一拍，天池的水就被击起三千里的浪花；它乘着旋风，一下子能飞越九万里的高空。

寒蝉和小灰雀听说之后，反而讥讽它说："我们奋力而飞，碰到榆树和檀树就停止，有时飞不上去，落到地上就是了。干吗要折腾自己，飞到九万里之遥的南海去呢？"但事实上，它们只不过是胸无大志，无法理解鹏鸟的志向罢了。

成语心得：做人应当豪迈、激昂，追求更加成功的人生。

扑朔迷离

出自南北朝无名氏的《木兰辞》，用来形容事物错综复杂，不容易看清真相。

古时候，有个勤劳孝顺的女孩名叫花木兰。有一天，她看见国王征兵的文书中，赫然写着老父的名字，不由得十分焦急。为了替家人分忧解难，花木兰最终女扮男装告别双亲，随大军到了边塞作战。

战争中，木兰表现得很勇敢，立了很多大功。经过十多年的艰苦战斗，战争终于结束，木兰胜利归来。皇帝要赏给木兰很多钱物，并封她为尚书郎，但是木兰表示只想回乡与父母团聚。木兰回到家后，立刻换回女孩的装束，她的同伴们都大吃一惊。

后来有人为此写了一首《木兰辞》，在诗的最后感叹说：雄兔脚扑朔，雌兔眼迷离。双兔傍地走，安能辨我是雄雌？

成语心得：真相总是容易被假象所掩盖，需要我们认真去分辨。

破镜重圆

出自唐代韦述的《两京新记》，用来比喻夫妻失散或决裂后重新团聚与和好。

南北朝时期，陈国公主乐昌与丈夫徐德言感情深厚，但当时隋朝正在征讨陈国。乐昌公主和丈夫自知国家将亡，二人也难免颠沛流离，便将一枚象征夫妻的铜镜一劈两半，相约在第二年正月十五那天，各持半片铜镜到集市去卖，以此实现重逢。

陈国灭亡后，公主被送到隋朝权臣杨素家中，成了他的小妾。在第二年的元宵节上，徐德言带着半边铜镜来到集市上，碰巧遇到一名仆人正在卖另外半片铜镜，这才知道妻子的遭遇。他便在妻子的那半面铜镜上题了首诗，并让那个仆人带了回去，交给了妻子。

得知丈夫还活着，乐昌公主一连几天都以泪洗面，很快杨素也发现了这件事。他也被两人的真情所打动，于是便让他们夫妻二人团圆。

成语心得：只要与爱的人心心相印，即便天各一方也会有重逢的机会。

片言折狱

出自《论语·颜渊》，用来比喻通过几句话就能判定是非。

春秋时期，儒家圣人孔子门下有 72 位贤德弟子，其中一位名叫子路。子路身强力壮，做事冲动鲁莽，总是急于行动而缺乏思考，因此经常受到孔子的责备。但同时他又是一位刚直守信的人，只要答应了别人的事，一定会马上去办好，因此大家都很信服他，遇到纠纷时也会如实把情况告诉他。

孔子虽然经常批评子路莽撞，但对他的聪慧也并不否定，有一次称赞他是"片言可以折狱"。意思是说：没人能够欺骗子路，因为他只要听了单方面的陈述，就能正确判决诉讼案件。

成语心得：做人一定要学会明辨是非，不冤枉好人，也不轻信坏人。

143

攀龙附凤

出自西汉扬雄的《法言·渊骞》，用来比喻依附有声望的人来成就功业。

西汉的开国皇帝刘邦出身于一个农民家庭。刘邦原名季，意思是"老三"，直到做了皇帝，才改名为邦。

刘邦30岁时，才当上秦朝沛县的一个小小的亭长，但由于他为人豁达大度、胸襟开阔，当地的萧何、樊哙、夏侯婴等人都与他结为好友。其中，樊哙是个杀狗卖肉的，夏侯婴是个马夫，萧何也只是个小县吏。

等到刘邦起兵反秦之后，萧何等人全都投至他麾下，为他出谋划策；接着又有灌婴、郦食其等人纷纷前来投靠。灌婴本为贩卖丝绸的小商人，而郦食其也是一位年近半百的看门小吏。

正是凭借着这些人的辅佐，刘邦最终成功战胜项羽，建立了西汉王朝。等他登基称帝之后，樊哙等人也先后被赐予侯爵。

成语心得：有时候，人们也可以通过那些有名望的人，来成就自己的事业。

旁若无人

出自西汉司马迁的《史记·刺客列传》，用来形容态度傲慢，不把别人放在眼里。

卫国人荆轲喜欢击剑，整天和朋友在一起切磋武艺，同时又十分喜欢读书，是战国时期著名的侠士。

荆轲到了燕国以后，和高渐离成了知己，每天都要一起喝酒，不醉不休。高渐离还善于演奏一种名叫"筑"的古乐器，他们常趁着酒兴，到闹市上引吭高歌。

一次，两人喝醉后，便来到了闹市中央。高渐离击筑，荆轲放声高歌，两人越唱越高兴，引来了许多围观的人。他们对于人们的指点和围观熟视无睹，唱到悲切慷慨处还相对放声痛哭，仿佛这个世界上只有他俩存在一样。

正是由于这种豪迈和旁若无人的气概，荆轲后来受到了燕太子丹的赏识，被委以刺杀秦王的重任。可惜的是刺杀最终失败，荆轲不幸身死。

成语心得：现实生活中，我们要学会顾及他人感受，不能只考虑自己。

旁敲侧击

出自清代吴趼人的《二十年目睹之怪现状》，比喻说话、写文章不从正面直接点明，而是从侧面曲折地表明观点或加以讽刺、抨击。

有一个商人长年在外，由于思乡，就雇了一辆车带着钱财返乡。到了新郑这个地方，车夫去吃饭，商人独自一人看顾东西。有一个人趁机抢走商人的钱财就跑，商人只得一路追赶。

这人跑进邻居家里放下东西，回头看到商人追来，反而把他扭送着去见县令。商人向县令喊冤，说明缘由。县令见没有凭据，便要二人先回去。突然，县令想到这人曾经拖欠税赋，便派衙役去追讨，这人立刻就交了钱，还说是做生意赚来的。

县令于是传唤这人的邻居询问，邻居辩说不知。县令大怒，说："你们一定是同伙，我看非用刑不可！"邻人害怕了，马上招出这人抢商人钱的事实。就这样，县令利用这人之前的欠税一事，巧妙地破了案子。

成语心得：对于那些嘴硬的犯罪分子，要想办法从其他方面使其屈服。

牝鸡司晨

出自《尚书·牧誓》，旧时用来比喻妇女窃权乱政。

商朝末年，纣王荒淫奢靡、暴虐无道，对忠臣的告诫毫不理会，只听信爱妃妲己的话。就连他的叔父忠臣比干也因进谏被杀，甚至被开胸挖心。纣王的行为引起了群臣百姓的强烈反抗。

公元前1046年，周武王带兵讨伐纣王，周武王的部队在距离朝歌70里的牧野，与纣王临时组织的军队进行了决战。周武王在牧野誓师时说："过去说雌鸡没有晨鸣之道，雌鸡代替雄鸡打鸣则家尽，妇人夺取丈夫的政权则国亡。纣王一味听信妲己的谗言，胡乱施政，是他亡国的根本。"纣王的军队早就对他恨之入骨，刚一开战就纷纷倒戈。纣王眼看大势已去，只好逃回朝歌，在鹿台自焚而死。

成语心得：如果在工作中用错了人，必定引发许多问题。

评头论足

出自清代黄小配的《大马扁》，泛指对人对事说长道短，多方挑剔。

鲁班是古代著名的能工巧匠。有一次，他精心刻制一只凤凰。工作才进行到一半，凤冠和凤爪还没有刻完，翠羽也没有披上，旁观的人们就在指指点点了。有的指着没有羽毛的凤身，说是像一只白毛老鹰；有的摸着没安羽冠的凤头，称它为秃头白鹅。人们都在嘲笑鲁班的笨拙。

鲁班没有理会人们的嘲讽，继续精心雕琢。待到完工的时候，人们简直惊呆了。只见翠绿的禽冠高高耸立，朱红的凤爪闪闪发亮，全身锦绣般的羽毛像披上了五彩缤纷的霞光，两只美丽的翅膀一张一合像升起了一道道彩虹。鲁班拨动机关，凤凰张开翅膀，在屋梁的上下盘旋翻飞，整整三天不落地面。于是，人们纷纷赞美凤凰的神采，称道鲁班的奇才。

成语心得：如果轻易评价别人的做法，到最后很有可能被事实打脸。

璞玉浑金

出自南朝·宋·刘义庆的《世说新语·赏誉》，用来形容人的品质淳朴善良。

魏晋时期有七位文人，他们在文学方面都有很高的成就，被称为"竹林七贤"。"七贤"之一的山涛后来出仕为官，并以清廉闻名。

当时有个县令向朝廷不少大臣行贿，也送给山涛一百斤丝。山涛为不显示出自己与别人不同，不动声色地收了下来，但命人将它封好，吩咐谁也不准动用。后来那县令案发，不少大官被牵连受讯问。问到山涛时，他把封存的丝取来，只见上面积满了尘土，里面的丝没有动用过。

"竹林七贤"之一的王戎盛赞他说："山涛就像未经琢磨的玉和未经冶炼的金一样。人们往往都欣赏玉和金光彩夺目的外表，而对未经琢磨的玉和未经冶炼的金，却不知道它们内在的高贵质地。"

成语心得：有的人虽然名声不显，但品德却更加高贵。

蓬头垢面

出自北朝·齐·魏收的《魏书·封轨传》，用来泛指没有修饰。

北魏时期，右光禄大夫封回的族叔封轨为人朴实稳重，勤奋好学，博通经传。他与光禄大夫孙惠蔚志趣相投，两人交情很好。孙惠蔚曾多次举荐封轨说："封生对于经书的义理，不但在章节句读上有不同的分析，而且他能标明其纲要和格式，概括其旨意和要领，我不如他的地方太多。"

封轨十分注重修饰自己，他的仪态容貌十分伟岸。有人说："学士从来都不注重修饰，这位贤者为何偏要这样呢？"封轨听到这话后，笑着说："君子应当整饰自己的衣冠，注重自己的形象，难道要蓬头垢面才称为贤者吗？"那个人听后觉得很惭愧。

成语心得：除了砥砺品行、钻研学问之外，我们对于自己的仪表也应该充分重视。

披裘负薪

出自东汉·王充《论衡·书虚》，用来形容志高行洁的隐士。

春秋时期，吴国贵族延陵季子外出游览，看见路上有别人丢失的金子。此时正当夏天，有个穿着粗陋衣服的人正在砍柴，延陵季子便招呼他说："地上有一块金子，你赶紧把它拿起来吧！"

砍柴的人听后，把镰刀扔在地上，瞪大眼睛摆动着手，对延陵季子说："看你地位这么高，看问题怎么这么低下；仪态容貌这么豪壮，言语偏偏又这么粗野！我在夏天里穿着粗陋的衣服砍柴，难道就是来拿别人遗失的金子吗？"延陵季子听了向他道歉，请问他姓氏字号。

砍柴的人说："你从外表看是个有地位有知识的人，怎么值得把我的姓名告诉给你呢？"于是离去，不再回头看。

成语心得：对于志向高洁的人来说，不义之财绝不是他们想要的。

萍水相逢

出自唐代王勃的《滕王阁序》，比喻素不相识之人偶然相遇。

王勃是唐初著名的文学家，与杨炯、卢照邻、骆宾王以文辞齐名，合称"初唐四杰"。公元 676 年，王勃去交趾探望父亲，途经洪都时，都督阎伯屿因重修的滕王阁落成，便在那里宴请文人雅士和宾客朋友。王勃是当时有名的文士，也在受邀之列。

宴会上，阎伯屿故意请来宾为滕王阁作序，大家事先都无准备，只好推辞。请到王勃时，王勃当场挥毫疾书，一气呵成，写就了著名的《滕王阁序》。各宾客看了一致称好，阎伯屿读后也深为钦佩，也就不再让事先准备好的女婿出场著文了。《滕王阁序》中有这样一句："关山难越，谁悲失路之人？萍水相逢，尽是他乡之客。"表达了王勃生不逢时，慨叹自己命运不佳的心情。

成语心得：世间的每一次重逢，都值得人们珍惜。

破甑不顾

出自南朝·宋·范晔的《后汉书》，用来比喻既成事实，不再追悔。

孟敏是东汉巨鹿人。他在太原时，有一次在街上买了一个甑（当时普通人家用来煮饭的一种陶器），在回家的路上，一不小心把甑掉在地上摔坏了。他一点也没有流露出惊恐之状和惋惜之意，连头也不回，泰然而去。

这时刚好过来一人，名叫郭泰，是个很有学问的人。他见孟敏自始至终没有回头看一眼，觉得他颇不平凡，就赶上去，礼貌地叫住他问道："好好一个甑就这样摔坏了，你怎么看都不看一眼？"孟敏答道："反正已经坏了，看它又有什么用呢？"

郭泰对他的坚毅果断很是钦佩，彼此问了姓名，谈了几句，从此成了朋友。

成语心得：对于已经无法挽回的损失，就不必去惋惜痛悔了。

平步青云

出自西汉司马迁的《史记·范雎蔡泽列传》，用来比喻人一下子达到很高的地位。

战国时期，范雎随魏国中大夫须贾到齐国去，齐王非常欣赏他的才华，便送了他许多金钱和礼物。须贾十分忌妒，回国后就禀报宰相，说范雎私通齐国。宰相于是派人把范雎抓了起来，把他打得遍体是伤，最后，范雎装死才得以逃脱。

后来，范雎被朋友介绍给秦王，秦王让他做了宰相。范雎主张攻打魏国，魏王知道后很害怕，就派须贾去求和。须贾来到秦国宰相府，对范雎叩头说："我没料到您靠自己的能力平步青云，如今坐到宰相的高位。我犯了死罪，请把我送走吧，我再也不参加各国的事，如今我的生死全在您的手上了。"范雎念及他之前的赠袍之情，就饶恕了他。

成语心得：人生际遇不定，那些受到轻视的人，说不准哪天就会改变命运。

驱羊攻虎

出自西汉司马迁的《史记·张仪列传》，用来形容以弱敌强的不利情形。

战国时期，东方六国结成同盟共抗秦国，使后者十分顾忌。为了瓦解六国联盟，秦国相国张仪决定从六国中最强大的楚国下手。

于是张仪跑到楚国，为楚王分析天下大势，说："秦国如今土地广阔、武力强大，更占据地利优势，足以与诸侯对抗；一旦出兵，攻取各国领土就像卷席那样轻而易举。东方六国即便搞什么合纵联盟，也无异于驱赶群羊去进攻猛虎，弱羊敌不过猛虎，这是很明显的。楚国的实力足以与秦国抗衡，却不与秦国交好而结盟他国，这就好像不与猛虎友好却与群羊为伍，实在是错误的决定啊！"

楚王听信了他的话，于是便放弃了合纵，加入了连横同盟。最后，秦国逐个灭了六国，统一了全国。

成语心得：只有实力强大的团队，才能克服更大的艰险困难。

千金买邻

出自唐代李延寿的《南史·吕僧珍传》，用来阐述良朋益友的重要性。

南北朝时，吕僧珍由于为人正直，深受人们的尊敬和爱戴，远近闻名。

吕僧珍的家里并不宽敞，再加上平时不少人出入，就显得更小了。有人劝他买套更宽敞的房屋，他却说："现在的屋子已经够用，不用再增加啦！"

因为吕僧珍的品德高尚，人们都愿意和他接近、交谈，有位名叫宋季雅的官员告老还乡到南兖州后，还特地把吕僧珍私宅邻家的一幢房屋买下来居住。

一天，吕僧珍问他买这幢房子花了多少钱，宋季雅回答说："共一千一百两。"

吕僧珍听了大吃一惊，反问道："要一千一百两，怎么会这么贵？"宋季雅笑着回答说："其中一百两是买房屋，一千两是买邻居。"

吕僧珍听后想了一会儿才明白，也跟着笑了起来。

成语心得：在生活当中，要和那些贤德上进的人交往。

巧取豪夺

出自北宋苏轼的《次韵米黻二王书跋尾二首》，用来形容掠夺别人财富的行为。

北宋书画家米芾喜欢收藏古代名贵字画，可他常常采取欺骗手段。他只要打听到谁家有古代字画，就千方百计把它借来，然后私下临摹，最后再将真迹留下，而把摹本送回去或是让主人选择。由于他书画造诣高深，别人常把摹本当作真迹而且浑然不觉。

某天，有人把书圣王羲之的一幅真迹拿给他看，孰料米芾一看就不肯放手，一定要用一幅画进行交换。那人不同意，他就苦苦哀求，纠缠不休，最后竟以投河自尽相威胁，最终还是迫使对方同意了自己的请求。

对于米芾采取的种种不正当手段，当时的人都十分看不上眼，苏轼在《次韵米黻二王书跋尾二首》中也说："巧偷豪夺古来有，一笑谁似痴虎头。"

成语心得：用卑劣手段夺取财物的人，总是会引起人们的反感，遭到人们的唾弃。

杞人忧天

出自《列子·天瑞》，用来比喻那些毫无根据的担忧。

古代，杞国有个人总是担心天塌地陷，自己无处存身，因此吃睡不安。有一个人为这个杞人的忧愁而忧愁，就去开导他，说："天不过是积聚的气体罢了，没有哪个地方是没有空气的。你的一举一动、一呼一吸，整天都在天空里活动，怎么还担心天会塌下来呢？"

那人说:"天是气体,那日、月、星、辰不就会掉下来吗?"

开导他的人说:"日、月、星、辰也是空气中发光的东西,即使掉下来,也不会伤害什么。"

那人又说:"如果地陷下去了怎么办?"

开导他的人说:"地都是土块堆积的,填满了四周,没有哪一个地方是没有土块的。你行走跳跃,整天都在地上活动,怎么还担心地会陷下去呢?"

经过这么一解释,杞人这才放下心来,那个开导的人也很高兴。

成语心得:做人应当脚踏实地,不要为无谓的事情瞎操心。

请君入瓮

出自唐代张鷟的《朝野佥载·周兴》,比喻用某人自己的方法来对付他,使其自作自受。

武则天登基后,担心有人私下反对她,便任用了许多酷吏。其中两个最为狠毒,一个叫周兴,一个叫来俊臣。

一次,有人检举周兴参与谋反,武则天便责令来俊臣严查此事。来俊臣心知周兴狡猾奸诈,难以让他招供,苦苦思索之后,便想出了一条妙计。

他准备了一桌丰盛的酒席,把周兴请到自己家里。席间他叹气说:"兄弟我平日办案,常遇到一些犯人死不认罪,这可怎么办?"周兴不知是计,随口说:"你找一个大瓮,四周用炭火烤热,再把犯人扔到瓮里,犯人自然受不了。"来俊臣听后,当即命人抬来一口大瓮,在四周点上炭火,然后回头对周兴说:"有人密告你谋反,皇上命我严查,现在就请老兄自己钻进瓮里吧!"周兴一听,吓得魂不附体,当场就认罪了。

成语心得:如果一味欺压别人,迟早会遭报应。

气壮山河

出自唐代张说的《孔补阙集市》,用来形容人气概豪迈,可以压倒山河。

北宋大臣赵鼎在少年时,已经精通百家学说,21 岁时又考中了进士。由于他敢于批评权贵,因此在朝中享有很高的声望。

1126 年,金兵大举南侵,不少大臣主张割让土地求和,赵鼎极力反对。然而钦宗昏庸懦弱,最终还是把黄河以北的广大土地割让给了金国。

次年北宋王朝覆灭，钦宗的弟弟康王赵构在南京建立了南宋王朝，即宋高宗。高宗为了激励士气，保住半壁江山，就起用李纲、宗泽、张浚等主战派人士。赵鼎由于敢说敢为，也受到宋高宗重用，当了御史中丞。可后来奸臣秦桧又受到宋高宗重用，赵鼎等人都受到排挤、贬谪。不久赵鼎就病重去世，死前还亲手写下了"身骑箕尾归天上，气作山河壮本朝"的诗句。

成语心得：不论身处何等困境，做人都不可失了豪迈气概。

千载难逢

出自唐代韩愈的《潮州刺史谢上表》，用来形容十分难得的机会。

唐朝宪宗皇帝非常信佛，有一次还打算把释迦牟尼的一块遗骨迎接到京城里。韩愈当时官居刑部侍郎，认为宪宗这样做不妥，于是特意写了著名的《谏迎佛骨表》表示反对。宪宗看了奏章后恼羞成怒，想要处死韩愈，幸好宰相极力说情，这才改为贬官潮州。

后来宪宗对前朝的一些弊政进行了改革，在治理国家方面做出了许多政绩，韩愈又写了奏章《潮州刺史谢上表》，称赞宪宗是位明主，还建议他到泰山去举行封禅大典。韩愈在表中还坦承，自己也很想参加这样千载难逢的封禅典礼，失去这样的机会将是终生的遗憾。宪宗皇帝认为韩愈是个敢讲敢说的人，于是又把他调回了京城。

成语心得：机会总是转瞬即逝、难以遇到，一旦遇到一定要紧紧抓住。

黔驴技穷

出自唐代柳宗元的《柳河东集》，用来讥讽那些本领有限的人。

黔地原本没有驴子，有个喜好多事的人便用船运进了一头驴。运到后却没有什么用处，便把它放在山下。老虎见到驴，一看它体形巨大，便把它当作神奇的东西，隐藏在树林中偷偷观察。

一天，驴子一声长鸣，老虎以为驴子将要咬自己，当即吓得远远逃走。然而如此反复几次后，老虎发现驴子并没有什么特殊的本领，渐渐地习惯了它的叫声，便又靠近它前前后后地走动，仍然不敢和驴子搏击。

慢慢地，老虎又靠近了驴子，还试着碰擦倚靠、冲撞冒犯它。驴非常愤怒，用蹄子踢老虎。老虎这才得知驴子的本领不过如此，于是兴奋地跳跃起来，大声吼叫，咬断驴的喉咙，吃完了它的肉，这才心满意足地离去。

成语心得：俗话说"技多不压身"，在生活中，我们应当多多学习，多掌握一些技能。

卿卿我我

出自南朝·宋·刘义庆的《世说新语·惑溺》，用来形容男女相亲相爱，相处亲密。

魏晋时期，有七位著名的文士，他们被称为"竹林七贤"。其中年纪最小的一位名叫王戎，是一位既不收受贿赂又十分吝啬的爱财之人。他最大的喜好就是晚上和妻子一起坐在灯下，检查家中的财物和生意账单，每天都乐此不疲。

在平素的生活当中，王戎的妻子常以"卿"称呼王戎，而按照礼仪，妇人应以"君"称其夫，"卿"乃是夫对妻的称呼。老被妻子这样叫，王戎也感到不好意思，就说："你这样叫我并不合礼法，往后不要再叫了。"可他的妻子说道："亲你爱你，因此用卿称呼你。如果我不用卿称呼你，谁还能用卿称呼你？"王戎听后无言以对，只好听之任之。

成语心得：夫妻之间应该和谐、亲昵，相敬相爱。

起死回生

出自西汉司马迁的《史记·扁鹊仓公列传》，用来形容医术高明，可以将死人救活。

扁鹊是春秋战国时期人，少时曾从长桑君学医，擅长诊脉，能够洞察内腑五脏的症结，医术极为高明。

一次，扁鹊到了虢国，听说虢国太子刚刚暴死，还没有装殓。他了解了症状后，立即赶到王宫，表示自己能够让太子复活。虢君听后大惊，赶紧亲自出来迎接。

扁鹊说："太子所得的病，就是所谓的'尸厥'，其实并没有死。"说完，扁鹊就叫学生子阳在磨刀石上磨针，刺治太子的百会穴。少顷，太子苏醒了过来。扁鹊又叫学生豹熬制药膏，反复地敷在太子的两肋下，不久太子就能坐起来了。之后，扁鹊再进一步为其调理，只过了20天太子就恢复了健康。扁鹊说："我并不能使人死而复活，虢太子本就没有死，我只是使他恢复健康罢了。"

成语心得：只要细心思考并付出努力，一些看似没希望的事情也能赢来转机。

骑虎难下

出自唐代房玄龄等的《晋书·温峤传》，用来比喻人陷入困境，进退两难。

从前，有一个猎户，在一次偶然的情况下，遇到了一只面目狰狞、咄咄逼人的凶猛老虎，似乎一下子就要把猎户吃掉，情急之下，猎户只得爬到了树上。可是老虎好像饿急了，一直在树下徘徊，久久不肯离去。

此时的猎户几乎魂飞魄散，在慌忙中，他一下子把树枝给压断了，自己也掉了下来，刚好骑在了老虎的背上。一片慌忙中，猎户紧紧地抓住了老虎的脖子。这一下老虎也给吓了一跳，只得慌不择路地逃窜，想把身上的人给扔掉。就这样，老虎飞一般地跑着，后来竟然跑到了一个集镇上。

好多人看到后，都十分震惊地对猎户说："你这个家伙真是艺高人胆大，连老虎都敢骑！"谁知道，虎背上的猎户却哭丧着脸说："我现在是骑虎难下呀！"

成语心得：做事前一定要周详规划，避免陷入进退两难的困境。

曲高和寡

出自战国时期楚国宋玉的《对楚王问》，用来形容作品深奥，一般人难以理解。

战国时，楚国大夫宋玉文采斐然，有些人出于忌妒，便在背后说他坏话。楚王听到后，就把他找来问道："你是怎么搞的，惹出了这么多闲言碎语？如果你讲不出令人信服的道理，我就要好好惩罚你。"

宋玉回答说："有一个人在市中心唱歌，他先是唱《下里》《巴人》一类的通俗民谣，人们很熟悉，有几千人都跟着唱起来；后来，他唱起《阳阿》《薤露》等意境较深一些的曲子，只有几百人能跟着唱；后来，他又开始唱《阳春》《白雪》这些高深的曲子，只剩下几十人跟着唱；等到他最后唱起用商调、羽调和徵调谱成的曲子时，人们都走开了，只有两三个人能听懂，勉强跟着唱。可见，曲子越深，跟着唱的人就越少。"

成语心得：深刻的作品总是难以被大众理解。

曲顾周郎

出自晋代陈寿的《三国志·吴书·周瑜传》，泛指精通音乐戏曲的人。

东汉末年，江东有一位名将叫周瑜。周瑜出身士族，少时与孙策友善，后来又投入孙策麾下，担任建威中郎将，辅佐孙策在江东建立了孙吴政权。

孙策死后，周瑜与张昭同辅孙权，任大都督。208 年，曹操率军南下，周瑜和鲁肃坚决主战，并亲率吴军大破曹兵于赤壁。两年后周瑜病死，终年 35 岁。

周瑜不但有卓越的政治军事才能，而且精于音律，有很高的音乐欣赏能力。

周瑜听人演奏的时候，即使多喝了几杯酒，有几分醉意了，也能听出哪怕是很细微的差错。每当发现了错误，他就拿眼睛看一下演奏者，示意他演奏错了。由于周瑜风姿不凡，有"周郎"之称，因此当时有句歌谣说："曲有误，周郎顾。"

成语心得：只有对音乐有着极高造诣的人，才能准确分辨出音律是否合拍。

犬马之劳

出自东汉班固的《汉书·孔光传》，用来形容心甘情愿受人驱使，为人效劳。

战国时，有个名叫田子方的人在路上看见一匹老马，觉得十分眼熟，就向赶马的人询问。赶马的人回答说："这本来是您家里的马，因为年老没有用处，所以已经被您的儿子卖给我了。"

田子方听后说："这匹马年轻力壮的时候用尽了气力，现在老了就不要了，这可不是仁爱的人会做的事情。"于是，他又把那匹马再买回家中饲养。

到了西晋的时候，政论家段灼有一次向晋武帝呈上奏章，引用了上面的故事，然后说："微臣希望陛下能想想田子方的仁爱，顾念年老的臣子曾经像狗和马那样为陛下效劳，请陛下实施养老的制度吧！"

成语心得：为别人服务时应该尽职尽力。

青梅竹马

出自唐代李白的《长干行》，用来形容男女儿童之间两小无猜的情状。

唐代大诗人李白有一首五言古诗《长干行》，描写一位女子思夫心切，愿从住地跋涉数百里远路迎接丈夫。诗的开头回忆他们从小在一起亲昵地嬉戏："郎骑竹马来，绕床弄青梅，同居长干里，两小无嫌猜。"后来，人们就用"青梅竹马"和"两小无猜"来表明天真、纯洁的感情长远深厚，也可以把"青梅竹马、两小无猜"放在一起使用，意思不变。后人还以青梅竹马称呼小时候玩在一起的男女，尤其指长大以后恋爱或结婚的。

成语心得：比起成年人的世界，孩童时的感情是最为纯洁、真挚的。

千军万马

出自隋朝姚察的《梁书·陈庆之传》，用来形容雄壮的队伍或浩大的声势。

公元529年，梁武帝派大将陈庆之带领七千人马送元颢到洛阳称帝，北魏得知后当即举大军讨伐。面对这种情况，陈庆之不仅没有退缩，反而勇敢地发起了挑战。

当时，睢阳有七万守军、九座营垒，然而陈庆之一上午就攻陷了其中三座，睢阳守将彻底没了斗志，举众投降；就连两万增援部队也被打得落花流水，主将也被生擒。

得知战况后，北魏名将尔朱荣率二十万大军前来进攻，不料陈庆之赶在他到来之前，就攻下了有七万守军的荥阳。取胜之后，陈庆之干脆亲自带领三千骑兵，主动对尔朱荣发起进攻。最终，他成功攻入了洛阳，麾下的七千人马却几乎没有伤亡。

由于陈庆之的部队身披白袍，当时就传出一句童谣："名师大将莫自牢，千兵万马避白袍。"

成语心得：军队人数再多，也需要名将指挥、统领，否则也很可能被少数敌人击败。

千虑一得

出自《晏子春秋》，用来说明愚蠢的人千百次考虑，总有一次正确。

春秋时，晏婴在齐国历任三朝的宰相。他为人正直，生活俭朴，在齐国很有威望。

有一天，齐景公派使者来看他。他正在吃饭，就把自己的饭菜分成两份，请使者一起吃。使者自然没有吃饱，事后也十分感触，回去就把晏婴分食的事告诉了齐景公。齐景公想不到晏婴那么贫苦，就派使者送去1000两金子。可是连送了三次都被晏婴退回来了。

齐景公感到很不解，于是特地召见他，问："管仲对齐桓公的封赏不推辞，你又为什么非要拒绝呢？"晏婴说："我曾听人说：'圣人千虑，必有一失；愚人千虑，必有一得。'管仲虽然聪明，但这件事可能考虑不当；而我虽然愚钝，却认为自己做的是正确的。"

成语心得：即便自己不是很聪明，只要反复思量同一件事，也能做出正确的决定。

千金买骨

出自西汉刘向的《战国策·燕策一》，用来形容十分渴望人才。

从前有一位国君，愿意用1000两黄金买一匹千里马。可是三年过去了，千里马始终没有买到。这位国君手下有一位不出名的人，自告奋勇请求去买千里马，国君同意了。

接下来，这个人用了三个月的时间，打听到某处人家有一匹良马。可是，等他赶到这户人家时，马已经死了。面对这一意外情况，这人没有懊丧，而是灵机一动，用500两黄金买了马的骨头，回去献给国君。

国君得知后十分愤怒，说："我要的是活着的千里马，怎么用500两黄金买了一匹死马？"

这人回答说："死的千里马尚且用500两黄金来买，何况活马呢？天下的人已经看到您的诚意，您很快就会拥有千里马了。"果然，不到一年时间，就有人陆续送来了好几匹千里马。

成语心得：只有充分展现自己对人才的尊重与渴求，才有可能招揽到人才。

奇货可居

出自西汉司马迁的《史记·吕不韦列传》，用来比喻凭借某种独特的技能或事物谋利。

战国时，秦昭王的孙子异人被送至赵国为人质，在那里受到各种刁难。大商人吕不韦知道后，认为在异人身上投资会换来难以计算的利润，不禁自言自语说：这真是件值得收藏的珍品啊！

他首先与异人结识，并表示自己将会想办法把他送回秦国，并助他登上王位。异人听后感激涕零，并表示将来一定重重报答。

吕不韦到秦国后，先想尽办法把异人赎回秦国，然后又给最得宠爱的华阳夫人送去大量奇珍异宝，让她收异人为嗣子。秦昭王死后，安国君即位不久即死去，异人果然即位为王，即庄襄王。

庄襄王非常感激吕不韦的拥立之恩，便拜他为丞相，封文信侯，并以12个县作为封地。吕不韦从此权倾天下。

成语心得：只要拥有一双慧眼，一定能发现商机。

齐大非偶

出自春秋时期鲁国左丘明的《左传·桓公六年》，指辞婚者表示自己门第或身份卑微，不敢高攀。

春秋时期，齐僖公想把自己的女儿文姜嫁给郑国的太子忽。太子忽推辞说："每个人都有自己的配偶，齐国是个大国，我高攀不起。"

后来北戎入侵齐国，齐国向郑国求援。太子忽率领郑国的军队，帮助齐国打败了北戎。齐僖公又提起这件事，太子忽依旧坚决推辞。别人问他，他说："以前没有帮齐国的时候，我都不敢娶齐侯的女儿；今天奉了父王之命来解救齐国，娶了妻子回去，这不是用郑国的军队换取自己的婚姻吗？郑国百姓会怎么说我！"

后来，齐僖公便将文姜嫁给了鲁桓公。文姜趁着回娘家的机会，暗中与兄长襄公私通。为了灭口，兄妹俩甚至又将撞破奸情的桓公杀害。太子忽由于之前的拒绝，而逃过了一劫。

成语心得：比起爱情，婚姻往往需要考虑更多因素，不能草率大意。

前车之鉴

出自《荀子·成相篇》，用来比喻把前人或以前的失败作为借鉴。

西汉时期，汉文帝听说贾谊精通诸子百家，于是召他入朝为官。此后，贾谊多次上书陈述治国方针，受到皇帝的赞赏。

有一次，贾谊在奏折中引用了夏、商、周三代都统治了几百年，而秦朝只传了两代的史实，劝说汉文帝应该效仿夏、商、周三代的做法。他引用当时的谚语说，前面的车子翻了，后头的车就要以此为戒。接着他又说，秦朝灭亡的车迹我们已经看到了，如果不注意，我们也会步人后尘。所以我们一定要施行仁政，安抚百姓。

汉文帝认为他的意见很好，于是采取了一系列休养生息的措施。经过他和儿子汉景帝两代皇帝的治理，社会经济获得了很大的发展，国力也逐步强大起来。历史上称这一时期的统治为文景之治。

成语心得：吸取别人的失败教训，有时也能避免自己走向失败。

强弩之末

出自西汉司马迁的《史记·韩长孺列传》，用来比喻强大的力量已经衰弱，起不了什么作用。

汉武帝时，匈奴派人前来和亲。大臣王恢表示反对，说："匈奴反复无常，总是背弃盟约。不如直接发兵攻打他们。"

韩安国反对说："派军队去千里之外作战，不会取得胜利。现在匈奴军马充足，心怀不轨，迁徙如同鸟飞一样，很难控制他们。我们得到他们的土地也不能算开疆拓土，拥有他们的百姓也不能算强大，从上古起他们就不可能真心归附中原。汉军到儿十里以外去争夺利益，那就会人马疲惫，没有任何优势。况且强弩之末连最薄的白绢也射不穿，从下往上刮的强风到最后连雁毛都吹不起，并不是他们开始时力量不强，而是到了最后，力量衰竭了。所以发兵攻打匈奴实在是很不利的，不如跟他们和亲。"

汉武帝采纳了韩安国的建议。

成语心得：解决困难，要趁着力量强盛时一鼓作气，不能等到力气衰竭后才行动。

屈指可数

出自晋代陈寿的《三国志·张郃传》，用来形容数量稀少。

魏明帝时，张郃被任命为节度使，督导关中诸军。后来张郃奉命抵达荆州，正赶上冬季水浅，大船不能行进，于是回师方城驻扎。

229年，诸葛再次出祁山，对陈仓发动猛烈进攻。魏明帝派张郃率兵抵御，还设酒宴为张郃送行。曹叡派遣三万士兵以及武卫、虎贲两营的勇士护卫张郃，还担心地问道："等将军到了前线，诸葛亮会不会已经占领了陈仓?"张郃料敌如神,他知道诸葛亮孤军深入,不会携带太多的粮草,不能久攻,就回答道:"估计臣还没到前线,诸葛亮就已经撤走了。臣屈指计算,诸葛亮的粮草撑不了十天。"果然,张郃披星戴月地赶路,到了南郑,诸葛亮便退军了。

成语心得:准备不周全,事情也就很难顺利。

罄竹难书

出自《旧唐书·李密传》,用来比喻罪孽深重。

隋朝末年,大臣杨素的儿子杨玄感与李密合谋反隋,却以失败告终。杨玄感兵败而死后,李密侥幸逃过一劫,后来又加入了瓦岗军,成为其首脑。

当时天下大乱,群雄并举,都想推倒暴君隋炀帝的统治。李密的瓦岗军则是起义军中一支很有力量的队伍。为了广召天下豪杰,扩大自己的影响力,他发檄文讨伐隋炀帝,说他的罪行"罄南山之竹,书罪未穷;决东海之波,流恶难尽。"意思是,用南山所有的竹子做简策,也写不完炀帝的罪状;用东海的滔滔大水,也洗涮不了炀帝的罪恶。这句话说出了老百姓的苦衷,于是人人争相传诵。"罄竹难书"的成语就这样产生了。

成语心得:残暴的统治者给人民带来的灾难是深重的。

却之不恭

出自《孟子·万章下》,指对别人的邀请、赠予等,如果拒绝接受,就显得不恭敬。

战国时期,有一位著名的儒家代表人物,他就是孟子。有一天,孟子和自己的学生万章谈论起人际交往的问题,说着说着就谈到了"恭敬"这一话题。

孟子认为,为人处世应该对别人恭敬。不仅如此,他还列举了一些属于不恭敬的行为,其中之一就是拒绝别人的礼物。弟子万章对此表示不解。孟子解释说:"高贵的人送东西给你,所表示的就是一种善意。你如果拒绝就是不恭敬,因此你应该接受。"

成语心得:有时候,拒绝不代表懂礼貌,接受别人的馈赠反而是懂礼的做法。

曲突徙薪

出自东汉班固的《汉书·霍光传》，比喻消除可能导致事故发生的因素。

古时候，有一户人家建了新房，邻居亲友都来祝贺。但是有一位客人告诫主人："您家厨房的烟囱是笔直的，这样，灶膛的火很容易跑出烟囱，落到房顶上引起火灾。您最好在灶膛与烟囱之间加一段弯曲的通道。您在灶前堆了许多柴草，这样也很危险，还是搬远一点好。"主人认为这个客人是故意找碴儿，心里很不高兴。

过了几天，这栋新房果然由于烟囱的问题起火，左邻右舍拼命抢救，才把火扑灭。主人为了酬谢他们，专门摆了酒席，却没有请那位提出忠告的人。

这时，有人提醒主人："您为什么不请那位当初向您提建议的人呢？如果您当初听了他的话，火灾就不会发生了。"主人听后幡然醒悟，连忙把那人请了过来。

成语心得：想要避免灾祸发生，就要及时采纳正确意见，改正不当之处。

如履薄冰

出自《诗经·小雅·小旻》，用来说明做事情要多加谨慎的道理。

东汉明帝的皇后马氏生性善良，深明大义。由于自己没有生育子嗣，明帝便将贾妃之子刘炟交给她抚养。刘炟继位成汉章帝，尊马氏为皇太后，多次提出加封马氏的兄弟，马太后却屡屡拒绝。她的侄子马豫抱怨恩惠太少，有人便以《诗经》中的"战战兢兢，如临深渊，如履薄冰"一语，劝说马豫之父马廖约束族人，不可骄纵。

在马太后等人的劝说下，马氏族人终于意识到自己的错误，纷纷主动上书章帝，请求退回了朝廷封赏的爵位。终东汉一朝，马氏一族虽为外戚却从不曾干预国政、祸乱朝堂，在后世留下极好的口碑，这都是马太后等人教导的成果。

成语心得：做任何事都要懂得谨慎戒惧，不可骄纵、得意忘形。

如鱼得水

出自西晋陈寿的《三国志·蜀书·诸葛亮传》，用来形容人得到志趣相投的朋友或身处有利的环境。

三国时期，刘备胸怀大志，一心想要建立霸业。正好这个时候徐庶向他推荐了诸葛亮，劝他一定要将其招揽至麾下。

为了请诸葛亮协助自己获得天下，刘备曾经三次亲自到他住的茅庐拜访他，诸葛亮看到刘备非常诚恳，最后才同意出山。刘备虚心请教夺取天下的方法，诸葛亮仔细分析了当时的情势，建议刘备先占据荆州，这样才能有机会和曹操、孙权鼎足而立，互相抗衡。

刘备很欣赏诸葛亮的见解，而且和诸葛亮的感情逐渐加深，甚至对结拜兄弟关羽及张飞两人说："我得到诸葛亮的辅助，就好像鱼得了水一样。"

成语心得：想要成功，就要不断为自己创造有利的环境和形势。

弱不禁风

出自唐代杜甫的《江雨有怀郑典设》，用来形容身体过于娇弱。

杜甫是唐朝的著名诗人，但在他晚年也经历了唐朝由盛转衰的剧变。国家陷入动荡不安，杜甫也饱受飘零之苦。

有一次，杜甫在乘船渡江途中，突然听到船篷外传来一阵潺潺雨声，他不由得想起一位分别多年的故人。于是他当即提笔蘸墨，写下了《江雨有怀郑典设》，诗曰："春雨暗暗塞峡中，早晚来自楚王宫。乱波分披已打岸，弱云狼藉不禁风。宠光蕙叶与多碧，点注桃花舒小红。谷口子真正忆汝，岸高瀼滑限西东。"写完之后，杜甫回想起往昔的太平时光，更是感慨万千、唏嘘不已。

成语心得：其实，岂止是天上的云经不住狂风吹拂；那些乱世中的可怜百姓，更是经受不住连年战乱之苦啊！

人非圣贤，孰能无过

出自春秋时鲁国左丘明的《左传·宣公二年》，用来说明人人都会犯错，知错能改就是好事的道理。

春秋时期，晋灵公生性残暴，动辄杀人。一天，他嫌厨师送上来的熊掌炖得不熟，便当场将厨师处死。大臣赵盾、士季得知后非常气愤，决定进宫劝谏灵公。

士季入宫后，灵公先是假装没看见他，直到士季来到屋檐下，晋灵公才瞟了他一眼，轻描淡写地说："我已经知道自己的错误，今后一定改正。"士季听后，只得委婉地说："谁没有过错呢？有了过错能改正，那就最好了。如果您能接受大臣的劝谏，仍是一位好国君。"

但是，晋灵公并没有知错而改，行为残暴依然如前，后来甚至几次想要杀掉赵盾。最后，这个作恶多端的国君终于被一个名叫赵穿的人杀死。

成语心得：好人并不是从不犯错，只是犯了错误能够及时改正。知错不改、固执己见，必然招来严重恶果。

人心如面

出自春秋时期鲁国左丘明的《左传·襄公三十一年》，用来说明每个人的想法都不相同。

春秋时，郑国的执政者子皮想任用尹何担任大夫，并解释说："他的诚实很令人欣赏，相信他绝对不会辜负我对他的期望，而且现在正是他学习的好机会。"

子产听后说："您想培养年轻人是好事，可这样做反而会害了他。如果让一个不会用刀的人去切肉，反而会剁伤自己的手，治理国家也是一样。只有本身具有一定经验，才能井井有条地处理政事，否则必定给国家带来想不到的损失。"

子皮听了子产的一番话后，恍然大悟地说："你说得非常有道理，以后每件大事我都要先听听你的意见，才不会犯下大错。"

没想到子产却摇头说："每个人的想法就如同自己的外貌一样，各不相同，我的意见只能作为参考罢了！"

成语心得：世上没有完全相同的两片叶子，也没有想法完全相同的人。

如火如荼

出自春秋时期鲁国左丘明的《国语·吴语》，用来形容旺盛、热烈或激烈。

春秋末期，吴王夫差率领大军远征晋国。可就在这个时候，越王勾践却趁机发兵，一直打到吴国的国都姑苏，彻底切断了夫差的退路。

夫差接到消息非常震惊，经过再三思虑，他决定先征服晋国。一天傍晚，夫差突然下令挑出三万精兵强将，每一万人摆成一个方阵，共摆三个方阵，每个方阵横竖都是一百人。其中，中间的方阵一律穿白，由夫差自己掌握，称为中军；左边的方阵一律穿红，右边的方阵则一律穿黑。吴军趁夜出发，黎明时分便抵达离晋军驻地附近。

晋军从梦中醒来，一看吴军那三个方阵和声威气势，简直都惊呆了：只见那白色方阵望之如荼，那红色方阵望之如火，而那黑色的方阵简直就像深不可测的大海。最终，晋国同意与吴国结盟。

成语心得：与困难作斗争时，应当用尽自己的全部力量，全心全意地去抗争。

164

人言可畏

出自《诗经·郑风·将仲子》，用来说明流言蜚语的可怕。

古时候，有个名叫仲子的男青年爱上了一个姑娘，想偷偷去她家幽会。姑娘因为还没有得到父母的同意，便唱歌劝他道："请求你仲子呀，别爬我家的门楼，不要把我种的杞树给弄折了。并非我舍不得树，而是害怕父母说话。仲子，我也在思念你，只是怕父母骂我呀。"

姑娘还担心哥哥们知道这件事，便接着唱道："请求你仲子呀，别爬我家的墙，不要把我种的桑树给弄折了。并非我舍不得树，而是害怕哥哥们说话。仲子，我也在思念你，只是怕哥哥骂我呀。"

姑娘还害怕别人知道这件事，于是再唱道："请求你仲子呀，别爬我家的后园，不要把我种的檀树给弄折了。并非我舍不得树，而是害怕人家说话。仲子，我也在思念你，只是怕人家风言风语议论我呀。"

成语心得：流言虽然可信度不高，却很容易被人们轻易相信。

人杰地灵

出自唐代王勃的《滕王阁序》，用来说明秀丽的山川有灵气，能孕育出杰出的人才。

663年九月初九重阳节，洪州阎都督在新落成的滕王阁大宴宾客，许多名士都应邀出席。王勃正好路过这里，也应邀参加。因为他才14岁，所以被安排在不显眼的座位上。

阎都督的女婿很会写文章，阎都督私下叫他预先写好一篇序文，以便当众炫耀一番。等到众人酒过三巡，他便命人拿出纸笔，邀请众人写赋为序。众人都不敢承担这一"重任"，只有王勃毫不犹豫地接过了纸笔，然后挥毫而写。

阎都督本来意在为女婿争光，对王勃的举动并不在乎；可当王勃写至"物华天宝，龙光射牛斗之墟；人杰地灵，徐孺下陈蕃之榻"两句时，却惊为天人，再也坐不住了。等王勃写完后，他赶紧将王勃恭恭敬敬地请到上座，再也不提女婿的序文一事了。

成语心得：与其说山水成就了灵秀的人才，倒不如说人才成就了灵秀的山水。

人心不古

出自元代刘时中的《端正好·上高监司》，用来比喻人心奸诈、刻薄，不如古人淳厚。

刘时中是元代著名曲家之一。元顺帝天历二年，江西大旱，刘时中见到灾民受难的情况，于是作了两套散曲《端正好》，上呈江西道廉访使高纳麟。

其中，第一套陈述饥荒时"谷不登，麦不长"，民无以食的悲惨遭遇，愤怒地斥责了奸商富豪趁火打劫的罪行，展现元代社会严重的阶级压榨。第二套则是揭露官吏的无能与违法乱纪。他形容一群暴发户般的官员为"没见识街市匹夫"，指责他们狼狈为奸，勾结作恶，整日只知吃喝嫖赌，完全不顾百姓死活。他申辩说："不是我要讲他们的坏话，但怎么能眼睁睁地看着邪恶战胜正义？他们完全丧失了淳朴之心，明明是人，行事却如禽兽一般。"

成语心得：随着时代发展，人更应该懂得纯朴美德的可贵。

人死留名

出自北宋欧阳修的《新五代史·王彦章传》，指人生前建立了功绩，死后可以传名于后世。

王彦章年轻的时候跟随梁太祖打仗，战功彪炳，太祖死后又为末帝巩固梁朝江山立下汗马功劳。可是当王彦章攻打后唐连续两次失败后，朝中奸佞趁机向末帝说王彦章的坏话，最后王彦章被罢免了兵权。不到半年，后梁江山不保，只好再度请出王彦章。

一次，王彦章被唐兵活捉了，后唐庄宗很赏识他，想让他做将领。此前王彦章最常挂在嘴上的一句话就是"豹死留皮、人死留名"，于是他说："哪有当将领的人，早上替这个国家效力，晚上又为另一个国家做事的？所以请您给我一刀，我没有怨言，只会感到很荣幸。"最后他虽然身死，却留下了很好的名声。

成语心得：虽然生命有限，但我们依然可以做出后世永铭的功业。

入室操戈

出自南朝·宋·范晔的《后汉书·郑玄传》，用来比喻用对方的观点来

166

批驳对方。

后汉时，有一位著名的文学家叫郑玄。他从小勤奋好学，太守杜密认为他是个可造之才，于是推荐他进入太学读书。后来郑玄又拜大文学家马融为师，在他门下学习。当郑玄学成离开时，马融感慨地说，郑玄走了，自己的全部学识也都被带走了。

郑玄在家里勤奋地研究学问，他和一起研究经学的何休是好朋友。何休写了《公羊墨守》《左氏膏肓》《谷梁废疾》三篇文章。郑玄读完后，不同意他的见解，于是就写了《发墨守》《针膏肓》《起废疾》三篇文章来反驳何休。何休读完后，发现郑玄是利用自己文章里的观点来反驳自己，而且很有道理，不得不感慨地说："你这样不是进到我的屋里，又拿我的武器向我进攻吗？"

成语心得：在辩论时，我们可以通过对方的语言漏洞，向对方进行反击。

人弃我取

出自西汉司马迁的《史记·货殖列传》，指商人廉价收购滞销物品，待涨价卖出获利。

战国初，魏国相国李悝厉行改革，实行保护农民利益和发展农业的"平籴"法。所谓"平籴"，就是国家在丰年用平价买进粮食，到荒年时以平价卖出，使粮价保持稳定。

一个名叫白圭的商人因此受到启发，想出了一种适应时节的经商办法，那就是别人不要的我要，别人要的我就给予。在丰收季节，农民收的粮食很多，价钱也就便宜下来，他就大量买下粮食。这时，蚕丝、漆等因不是收丝或割漆的季节，没有大量上市，价钱自然很高，他赶紧把这些货物卖出去。到了收丝时节，蚕丝大量上市，价钱贱下来，而粮价却高了起来。这时，他就收进蚕丝，卖出粮食。就在这买进卖出之间，实现了获利致富。

成语心得：想要成功，就不能像大多数人那样思考、行动，而要走属于自己的路。

人心所向

出自唐代房玄龄等的《晋书·熊远传》，指人民群众所拥护的、向往的。

西晋末年，秦王司马邺在群臣的拥立下登基为帝，即晋愍帝。皇帝登基，自然要举行盛大庆典，晋愍帝于是命令群臣准备。

当时正值永嘉之乱，天下分崩离析，长安城中人家不满百户，房屋坍塌，荆棘成林。朝廷无车马服饰，只能把官衔写在桑木板上做标志。军队不过一旅，车不过四辆，器械缺少，粮饷运输不能接济。丞相司马睿的主簿熊远认为，国家正值危难时刻，不值庆贺，就上书劝谏愍帝说："天子要与民同忧，人心所归，唯有道与义。天子应该提倡忠孝之仪，宣扬仁义之统。"司马睿也赞同，愍帝于是接受了劝谏。

成语心得：统治者要以人民所想为想，人民所向为方向。

入吾彀中

出自五代王定保的《唐摭言》，用来比喻他人处于自己的掌握之中，或是进入所设的圈套。

有一次，唐太宗李世民微服视察御史府，看到许多新录取的进士进出，就像一条条鱼儿一样游进游出，不禁得意地说道："天下英雄，入吾彀中矣！"这句话就是说："天下的有为青年，都已进入了我的圈套了！"

李世民本就是唐朝政权的奠基人之一，文才武略都很出众；等到自己登基为帝，他的声威远及域外，实在是一位了不起的帝王。李世民不但雄才大略，在为人方面也很善用权谋，不然，他也不会无意中说出"入吾彀中"这样的话来了。

成语心得：在生活中，我们要睁大眼睛，以免落入他人圈套。

如释重负

出自《谷梁传·昭公二十九年》，用来形容紧张心情过去以后的轻松愉快。

542年，鲁襄公病死，鲁昭公继承了君位。当时，鲁国的大权早已落入季孙氏、叔孙氏和孟孙氏这三桓手中，昭公不过是个傀儡。昭公即位后，只知道放纵享乐，连居丧之礼都不遵守，因此逐渐失去了民心。

眼见三桓逐渐势大，昭公这才有所警醒，私下物色可靠的大臣，打算伺机铲除他们。有大臣认为要从长计议，昭公却一意孤行。等到叔孙氏暂时离开国都后，昭公当即派兵包围了其府邸，打算斩草除根。

但在得知这一消息后，叔孙氏当即调遣军队前往援救，孟孙氏随后也派出军队。昭公的军队势单力孤，很快就被击败，自己也被迫出逃。由于民心已失，国中百姓不仅不怜悯他，反而都松了一口气，觉得身上的重担有所减轻。

成语心得：只有解决了眼前的困扰，才能真正安下心来。

入木三分

出自唐代张怀瓘的《书断·王羲之》，用来形容书法刚劲有力，也比喻文章或见解深刻、透彻。

王羲之是我国古代一位杰出的书法家，在历史上享有很高的评价，被后人称为"书圣"。他写的字既秀丽又很苍劲，可谓脱尘出俗，二者兼善，可见得他书法的功力之深。为了把字练好，王羲之无论休息还是走路，心里总是想着字体的结构，揣摩着字的架子和气势，而且不停地用手指在衣襟上划着。时间久了，连身上的衣服也划破了。

有一天，皇帝要到北郊去祭祀，让王羲之把祝词写在一块木板上，再派工人雕刻。雕刻的工人在雕刻时震惊地发现，王羲之写的字，笔力竟然渗入木头三分多！他不由得赞叹地说："右军将军的字，真是入木三分呀！"很快，这件事情就轰动了整个京城。

成语心得：做事情的时候一定要认真、专注，深入其中，这样才能有所成就。

人面桃花

出自唐代崔护的《题都城南庄》，用来形容男女分别后，男子追忆往昔的情形。

唐朝时，诗人崔护有一次外出郊游，见一茅屋为桃花环绕。崔护因口渴敲门讨水，有一美丽的姑娘开门送水，两人就此一见钟情，互生爱慕之意。

第二年崔护重游旧地，桃花依然盛开，而门却锁着。崔护不胜惆怅，便在门上提笔写了一首诗："去年今日此门中，人面桃花相映红。人面不知何处去，桃花依旧笑春风。"写完之后，他便黯然离去。

那姑娘外出回来，看到门上的诗后便相思成病，绝食而死。过了几天，崔护又来敲门，出来一位老人说："我女儿读了门上的诗，抱病而死，遗体还放在屋内。"崔护急忙跑进屋内，跪在少女的面前大声哭叫："我崔护来了！"正在哭泣时，却见那姑娘悠悠转醒。崔护大喜，从此便与姑娘结为百年之好。

成语心得：相爱之人的离别，总是令人万分惆怅、难以释怀。

让枣推梨

出自唐代李延寿的《南史·王泰传》、南朝·宋·范晔的《后汉书·孔融传》，用来形容兄弟之间亲睦友爱。

南梁的王泰自幼聪明，有悟性且懂礼貌。有一次，他的祖母把所有年幼的子孙们叫到一起，把许多红枣、栗子倒在床上，让他们随便拿着吃。结果，这群小孩抢的抢夺的夺，乱成一团。唯独王泰没有参加。亲戚们都称赞他懂得礼让，认为他将来必定有出息。

东汉末年的孔融是孔子的二十世孙，也是一个自小聪明懂礼的孩子。一天，孔融父亲的朋友带了一盘梨子，父亲叫孔融分梨，孔融挑了个最小的梨子，其余按照长幼顺序分给兄弟。孔融说："我年纪小，应该吃小的梨，大梨该给哥哥们。"父亲听后十分惊喜，又问："那弟弟也比你小啊?"孔融说："因为弟弟比我小，所以我也应该让着他。"孔融让梨的故事，很快传遍了全国，他也成了许多父母教育子女的榜样。

成语心得：兄弟之间应该关怀、呵护和友爱。

S

暑雨祁寒

出自《尚书·君牙》，用来喻指民间疾苦，生计维艰。

周穆王时期，有一位名叫君牙的大臣，他的先祖世代为周王室效力，十分淳厚忠正。等到君牙入朝为官之后，穆王便任命他为大司徒，并作《君牙》一文作为鼓励、提醒。

穆王在文中告诫君牙说：为官者只要自身正，人民就不敢不正；民心没有标准，只考虑官员的标准。夏天大热大雨，小民只是怨恨嗟叹；冬天大寒，小民也只是怨恨嗟叹（夏暑雨，小民惟曰怨咨；冬祁寒，小民亦惟曰怨咨）。为官治民其实并不容易。因此官员要时常挂念百姓的艰难，谋求那些治理的办法，这样才能使百姓安居乐业。

成语心得：为官者要体恤百姓，为百姓谋求福祉。

三令五申

出自西汉司马迁的《史记·孙子吴起列传》，用来喻指上级对下级一再进行告诫。

春秋时期，孙武携带自己写的兵书去见吴王阖闾。吴王看过之后，便召集 180 名宫中美女，请孙武试着训练。

孙武将她们分为两队，让吴王宠爱的两个宫姬为队长，等到队伍站好后，便下令搬出刑具，三番五次向她们申戒并发出号令。怎知众宫女不但没有依令行动，反而哈哈大笑。孙武又详尽地向她们解释了一次并发出号令，众宫女仍然只是大笑。孙武见她们不肯听令，便命左右随从把两个队长推出斩首。吴王见孙武要斩他的爱姬，急忙派人向孙武讲情，可是孙武说："将在军中，君命有所不受!"还是将两名女队长斩了，再命两位排头的为队长。众宫女吓得魂不附体，从此之后认真操练，再不敢儿戏了。

成语心得：对上级命令应当充分重视，不可轻忽，更不可视为儿戏。

守株待兔

出自《韩非子·五蠹》，用来讥讽那些不知辛勤劳作，一味等待幸运降临的人。

战国时，宋国有一个农夫整天日出而作、日落而息，但生活依旧十分贫困。即便遇到好年景，他也不过刚刚吃饱穿暖；一旦遇到灾荒，就不免忍饥挨饿。他虽然也想改善生活，却又过于懒惰、胆小，什么都不敢去做。他经常幻想着能遇到送上门来的意外之财，就这样日复一日地荒废着时光。

人生里总会有一点好运气，终于，奇迹发生了。某天，这个农夫正在田里辛苦耕作，附近正好有人在打猎。只听见一阵吆喝之声四起，受惊的小野兽没命地奔跑。突然，有一只兔子不偏不倚，一头撞死在他田边的树墩上。农夫见状，赶紧将兔子捡了起来，当晚就美美地饱餐了一顿。

尝到甜头后，农夫再也不种地了，每天就守在树墩旁等待。没多久，他的田地就荒芜了。

成语心得：有多大付出才有多大收获，只等着天上掉馅饼是不可取的。

水落石出

出自北宋苏轼的《后赤壁赋》，原指景色优美，后多比喻事情终于真相大白。

北宋诗人苏东坡喜欢山水，时时出去游玩。在被贬到黄州时，曾两次游历黄州城外的赤壁。

有一次，夜晚的月光分外皎洁，苏轼和他的两个朋友沐浴着和煦的秋风，兴致勃勃地一起在城外散步。美丽的夜景使他们诗兴大发，忘记了一切烦恼。他们和歌吟诗，畅所欲言，实在是酣畅极了。就在这时，苏轼突然想到了酒。他急忙赶回家中，询问妻子家中是否有酒。妻子笑了，拿出一坛藏了很久的酒，说这就是供他临时需用的。苏轼大喜过望，连连称谢，拿了酒火速返回。来到赤壁下的长江岸边，他便与朋友泛舟游玩，并写下了著名的《后赤壁赋》。

在《后赤壁赋》中，苏轼写下"山高月小，水落石出"的句子；后来，人们用这四字来形容真相毕露。

成语心得：真相无法永久掩盖，只要深入探究，一定能够查出真假。

四面楚歌

出自西汉司马迁的《史记·项羽本纪》，用来形容人遭受各方面攻击或逼迫，陷于孤立窘迫的境地。

楚汉战争时期，项羽和刘邦约定以鸿沟作为界限，互不侵犯。然而刘邦却趁项羽衰弱之时发兵讨伐，又和韩信等人会合军队，全力追击项羽的主力。经过几番围追堵截，刘邦终于把项羽死死围在垓下。

这时，项羽手下的兵士已经很少，粮草也用尽了。为了瓦解楚军，韩信命麾下将士趁夜唱起楚地的民歌。项羽听到后非常吃惊，以为刘邦已经攻占楚地，就此丧失了斗志；楚军更是无心恋战，纷纷出逃、投降。

当晚，项羽在营帐里与他的爱妃虞姬一同唱歌饮酒，边唱边掉眼泪，一旁的人也非常难过。后来虞姬自尽，项羽于是骑上马，带了仅剩的 800 名骑兵突围逃走。到了乌江畔时，项羽不愿渡江，便在岸边自刎而死。

成语心得：要想避免陷入四面楚歌的境地，就一定要在日常生活中处处谨慎。

塞翁失马

出自西汉刘安的《淮南鸿烈集解》，用来说明任何事物都有两面性，福祸也是不断变化的。

古时，塞上有位老翁丢失了一匹马，邻居们都来安慰他。老翁却说："丢了一匹马，没准是福气呢！"

过了没几天，那匹马不仅自动回家，还带回一匹骏马。

邻居听说之后，又纷纷向老翁祝贺，不料老翁反而忧虑地说："白白得了一匹好马，只怕会有什么麻烦啊！"

老翁有个独生子，非常喜欢骑马。自从那匹骏马被带回后，他每天都要骑着出游，心中扬扬得意。一天，他一不小心从马背上跌下来，就此摔断了腿。

邻居听说后，又纷纷上门慰问。不料老翁说："腿摔断了却保住性命，或许是福气呢！"

不久，匈奴兵大举入侵，青年都被征入军队，只有老翁的儿子因为摔断了腿，不能去当兵。入伍的青年都战死了，唯有老翁的儿子保全了性命。

成语心得：好事和坏事是可以互相转换的，坏事可以变成好事，好事也可以变成坏事。

三顾茅庐

出自《三国志·蜀志·诸葛亮传》，用来形容对某人诚心诚意进行邀请。

东汉末年，刘备听说诸葛亮有安定天下的才智，就和关羽、张飞带着礼物亲自前往拜访。恰巧诸葛亮这天出去了，刘备只得失望地转回。

不久，刘备和关羽、张飞冒着大风雪第二次去请，不料诸葛亮又不在家。张飞本不愿意再来，见诸葛亮不在家，就催着要回去。刘备只得留下一封信，表达自己对诸葛亮的敬仰之情。

过了一些时候，刘备吃了三天素，准备再次拜见诸葛亮。关羽和张飞都极力反对，刘备却坚持要去。这一次，诸葛亮正在家中午睡。刘备不敢惊动他，就这样一直站到诸葛亮醒来，才彼此坐下谈话。

诸葛亮见刘备胸怀大志、态度诚恳，就答应出山辅佐他，后来帮助刘备登上了帝位。

成语心得：想要得到他人的拥护，就要充分展现自己的诚意。

尸位素餐

出自东汉班固的《汉书·朱云传》，用来讥讽那些空占着职位而不做事，吃闲饭的人。

公元前33年，汉元帝去世，成帝即位。成帝任命他从前的老师光禄大夫张禹为丞相，朱云得知此事后，立即上书成帝请求召见。在朝廷上，朱云慷慨陈词："如今有许多身居高位的显要大臣，上不能纠正天子的过失，下不能做有益于百姓的事，简直是尸位素餐（占据高位光吃闲饭不干事），误国误民。依臣之见，应杀一儆百，以引起重视。"

汉成帝和在场的大臣们听后都大吃一惊。成帝问："你要杀谁呢？"朱云毫不犹豫地答道："安昌侯张禹！"成帝勃然大怒，当即下令把朱云抓起来处死。后经左将军朱庆忌拼死进谏，朱云才免于一死。成帝后来也意识到朱云虽无礼，但直言相谏，说出了一些实情，就下令将朱云释放了。

成语心得：只知道享受却不知道服务大众，这样的人岂能称得上好官呢？

三生有幸

出自北宋苏轼的《僧圆泽传》，用来形容极为难得的好机遇。

唐代人李源善有一个好朋友叫圆泽，有一天，二人一同出游，见到一位孕妇。圆泽指着妇人说："这个妇人怀孕已有三年，只等我去投胎，我现在没有办法再避了。三天之后，这位妇人就会生产，那时请你去她家看看，如果婴孩对你笑一笑，就是我了。等到第13年的中秋夜，我在杭州天竺寺等你，那时我们再相会吧！"这天晚上，圆泽果然去世，同时那个孕妇也生了一个男孩。第三天，李源善到那位妇人家里去探望，婴儿果然对他一笑。

等到第13年后的中秋月夜，李源善如期到达天竺寺。他刚到门口，就看到一个牧童坐在牛背上唱道："三生石上旧精魂，赏月吟风不用论，惭愧故人远相访，此身虽异性常存。"

成语心得：并非每个人一生都能遇到幸运之事，一旦遇到，就请好好珍惜。

势如破竹

出自唐代房玄龄等的《晋书·杜预传》，用来比喻作战或工作节节胜利，毫无阻碍。

三国末年，晋武帝司马炎先灭掉蜀国，接着又准备出兵东吴，统一天下。可是朝中许多大臣认为吴国还有一定实力，建议暂缓用兵。

大将杜预听后，专门写了一道奏章给晋武帝，指出目前吴国衰弱，正是出兵的良机。司马炎最信任的大臣张华也很同意杜预的分析，司马炎于是任命杜预为征南大将军。公元279年，晋武帝司马炎调动了20多万兵马，分成六路水陆并进，所到之处吴军无不闻风丧胆，纷纷开城投降。

当时长江水势暴涨，有人提议等到冬天再进兵，杜预听后坚决反对，说："现在我军接连取胜，士气高涨，打败敌军就像用快刀劈竹子一样，不会再费多大力气了！"不久，杜预果然率领大军攻下吴国都城，晋武帝得以统一全国。

成语心得：做事之前要有万全准备，做事之时更要一鼓作气，全力克服困难。

司空见惯

出自唐代刘禹锡的《赠李司空妓》，用来形容某事常见，不足为奇。

唐朝的时候，有一个诗和文章都很出色的人，名叫刘禹锡。刘禹锡考中进士后，曾在京城担任监察御史，可由于他为人放荡不羁，后来受到朝中官员的排挤，被贬到苏州担任刺史。

就在刘禹锡任苏州刺史期间，当地有一个曾任过司空的诗人李绅，因仰慕刘禹锡的诗名，便特意举办宴会邀请他饮酒，还请了好几位美貌善舞的歌伎作陪。席间，刘禹锡诗兴大发，便作了这样的一首诗："高髻云鬟宫样妆，春风一曲杜韦娘；司空见惯浑闲事，断尽苏州刺史肠。"后来，人们就用"司空见惯"一词来形容那些经常看到、不足为奇的事。

成语心得：许多事情一旦多次见到，久而久之就不会感到惊奇了。

水深火热

出自《孟子·梁惠王下》，用来比喻人民生活极端痛苦。

战国时，燕王哙把君位让给相国子之，因此引发内乱。齐宣王得知后，趁机派遣十万大军攻燕。燕国百姓对内战不满，不但不出力抵抗齐军，有些地方的百姓甚至给齐军送饭递水表示欢迎。

齐军攻占燕国后，士卒动辄欺凌百姓，燕人纷纷起来反抗。齐宣王于是向孟子请教，问："有人劝我不要吞并燕国，有人劝我吞并它，到底该怎么办？"孟子回答说："如果吞并燕国，当地百姓很高兴，那就吞并它，周武王就是这样的；如果吞并燕国，当地百姓不高兴，那就不要吞并它，周文王就是这样的。当初齐军攻入燕国，受到燕人欢迎，那是因为他们想摆脱苦日子；而今齐国给燕人带来亡国的灾难，使他们陷入水深火热之中，那他们必然转而盼望别国来解救了！"

成语心得：统治者如果不能善待百姓，必然会激起激烈的反抗。

双管齐下

出自北宋郭若虚的《图画见闻志·故事拾遗》，用来比喻同时用两种方法做事，或从两个方面着手解决问题。

唐朝有一位著名的画家名叫张璪，他擅长画山水、松石，特别是画松树的技艺叫人称绝。

张燥作画有一个与众不同的地方，就是他能左右手各握一支笔，同时在纸上挥毫泼墨。他用一管笔画苍翠的松枝，另一支笔画枯干的树枝，画出的松树惟妙惟肖。任何人看了他的画，都会感到惊奇，并称赞他是"神笔"。

除了同时用两支笔作画外，张燥还有两个画画的绝招：一是用无笔头的秃笔绘画；二是用手指画画。他拿一块白绢，用手指蘸上颜料，左抹右涂，一会儿就作成一幅山水树木的作品。

成语心得：解决问题不能只抓一面，而要全面处理。

鼠目寸光

出自清代蒋士铨的《临川梦》，用来比喻目光短浅，缺乏远见。

从前，有一群老鼠世代居住在森林的一片洼地里。突然有一天，一只野兔闯了进来，告诉它们洪水马上就要来了，只有在今晚跑到南边那座山上，才能脱离险境。

听到这个消息，老鼠们顿时慌了神：南边那座山那么远，更何况它们在这里生活了这么久，也不愿意放弃故园。就在这个时候，老鼠的首领站出来说："我们不能放弃自己的家园，不如现在大家一起去修筑大坝，这样就可以挡住洪水了。"大家听完，都争先恐后地去干活了。

可是它们尽管干得十分卖力，到头来却仅仅堆起了一个小土堆。等到洪水奔涌而至，这些老鼠很快就全被大水卷走了。

成语心得：考虑问题要有长远的眼光，不能仅仅考虑当下。

鼠窃狗盗

出自西汉司马迁的《史记·刘敬叔孙通列传》，用来比喻小偷小摸。

秦朝末年，各地农民纷纷起义，丞相赵高却说传信人造谣生事，把他们投入大牢。然而还是有些大臣在秦二世面前说起农民起义的事，秦二世因此有些怀疑。

叔孙通心知秦朝气数已尽，于是对秦二世说："这些人说的都是谬论。如今天下一统，各郡县的城池都已铲平，民间所有的兵器都已销掉，天下人早已用不到这些东西了。何况当今陛下圣明、法令完备，派出去的官吏都忠于职守，四面八方都像辐条向着轴心一样地忠于朝廷，哪里还有什么人敢造反呢！那些人不过是一群鼠窃狗盗的贼人，哪里还值得一提呢！要不了多久，各地的郡守郡尉们就可以把他们逮捕问罪，有什么可担心的！"

听了这番话，秦二世这才放下心来。不久，秦朝的统治就被推翻了。

成语心得：做人应该坚守正道，不做违反道德的坏事。

伤风败俗

出自唐代韩愈的《论佛骨表》，用来形容败坏道德的不正当行为。

唐朝时，宪宗皇帝笃信佛教，还打算把释迦牟尼的一块遗骨迎进宫内供奉。大臣韩愈极力反对，还写了一篇《论佛骨表》进行谏阻。

韩愈指出：佛教来自国外，中国古时候根本没有。然而尧、舜、禹等古代圣人仍然把国家治理得很好，他们在位的时间长，寿命也很长。佛教是从东汉明帝时期传入中国的，然而明帝在位只有 18 年；宋、齐、梁、陈等朝都对佛教无比信奉，但那些朝代都很快灭亡。梁武帝禁止用动物祭祀，自己不吃荤，还三次出家当和尚，结果反而被叛军包围，活活饿死。有的百姓愚昧无知，甚至损害身体来表示信仰虔诚。这些举动败坏风俗，如同笑话，必须引起警惕。

成语心得：对于那些好的道德规范，我们应该大力提倡、遵守，不能违背。

上行下效

出自《白虎通·三教》，意为上面的人怎么做，下面的人就学着怎么干。

自从宰相晏婴死后，齐景公身边便没有人当面指责他的过失，景公心中为此感到很苦闷。

有一天，景公在广场上射箭取乐，每当他射一支箭，即使没有射中箭靶的中心，文武百官却仍高声喝彩，恭维他"箭法如神""举世无双"。齐景公十分不乐，便把这件事情告诉了臣子弦章。

弦章说："这件事情不能全怪他们。古人说'上行而后下效'，国君喜欢吃什么，群臣就喜欢吃什么；国君喜欢穿什么，群臣也就喜欢穿什么；国王喜欢被奉承，群臣自然就会奉承了。"

景公认为弦章的话很有道理，就赏给他许多东西。弦章说："那些大臣奉承大王，正是为了赏赐；如果我也接受赏赐，岂不是和他们一样了。"他说什么也不接受这些东西。

成语心得：有影响力的人必须谨慎自己的言行，以免误导他人。

三折其肱

出自春秋时期鲁国左丘明的《左传·定公十三年》，用来比喻遭受挫折多了，经验和能力也会有所提升。

春秋时期，晋国的范氏和中行氏结成同盟，准备共同起兵攻打晋定公。很多人认为晋定公要失败。然而有一个人知道后，提出了不同的看法。

这人指出，战事成败的关键，在于民众是否支持；假如不能取得百姓的信任和支持，失败就不可避免。范氏和中行氏起兵攻打晋定公，是一种反叛行为，民众必然不会支持他们。何况晋定公自己曾经作战失败，被迫流亡异国，可以说是经历过失败的人。就像一个经过三次骨折的人，在受伤过程中，早已尝够了骨折的滋味；在几次三番的骨折和治疗的经历中，也已了解到骨折的原因，以及治疗的经过与方法。和这样一位富有经历的老手争斗，胜算显然不是很高。

成语心得：失败并不可怕，因为其能够起到增加阅历、提升能力的作用。

上下其手

出自春秋时期鲁国左丘明的《左传·襄公二十六年》，用来比喻玩弄手法，暗中作弊。

春秋时期，楚国出兵郑国。郑国是个小国，实在无力抵抗楚国，最终遭到战败的厄运，大将皇颉也被楚将穿封戌俘虏了。战事结束后，楚王的弟弟公子围想独占功劳，便说皇颉是他俘获的，因此与穿封戌发生争执。两人谁都不肯让步，一时没有办法解决，只得请来伯州犁做公证人，判定这是谁的功劳。

伯州犁认为这件事应该问被俘的皇颉，于是命人将他带来，说明原委。接着他手伸二指，用上手指代表公子围，下手指代表穿封戌，然后问他是被谁俘获的。皇颉出于愤恨，便故意指着上手指，表示自己是被公子围所俘虏。结果，公子围得到了这份功劳。

成语心得：有一些人喜欢暗中动手脚，营私舞弊，对于这种人我们要加以提防。

三思而行

出自《论语·公冶长》，比喻做一件事情之前，总要反复思考。

春秋时期，季文子是鲁国的上卿大夫，掌握全国军政，还有属于自己的封地，权势十分显赫。但是他的妻子儿女没有一个人穿绸缎衣裳；他家里的马匹，只喂青草不喂粟米。孟献子的儿子仲孙很瞧不起季文子这种做法，问他是否担心因此影响国家声誉。季文子则表示，具有高尚的品德，才是国家最大的荣誉。在季文子的倡导下，鲁国朝野上下都出现了俭朴的风气。

季文子为人处世谨慎，任何事都要思考三次才行动，正是因为他的三思而后行，才使他在鲁国执政 33 年，先后辅佐了鲁宣公、鲁成公、鲁襄公三代君主。但是孔子对季文子的做法提出了不同看法。他认为，凡事思考两次便已足够，季文子这样做未免过于小心了。

成语心得：做事不能轻率鲁莽，应该仔细考虑其中利弊。

三纸无驴

出自南北朝颜之推的《颜氏家训》，用来讽刺写文章时文辞烦冗，废话连篇。

古时候有个人，无论做什么事都要咬文嚼字一番。

有一天，他家的一头驴子死了，他就到市场上去买驴。双方讲好价后，他要卖驴的写一份凭据，可是对方不识字，只好由自己代写。等到卖驴的借来笔墨纸砚，他马上一脸认真地写了起来，过了好长时间，三张纸上都写满了密密麻麻的字，才算写成。卖驴的请他念给他听，他就摇头晃脑地念了起来，过路人都围上来听。

过了好半天，这人终于念完了，卖驴的听后不解地问道："您写了满满三张纸，怎么连个驴字也没有提到呀？你只要写上某月某日我卖给你一头驴子，收了你多少钱，也就完了，为什么唠唠叨叨地写这么多呢？"

在旁观看的人听了，都哄笑起来。

成语心得：做事为文，应该简洁明了，让人读之即懂，听之即明。

三谏之义

出自《公羊传·庄公二十四年》，意指在劝说无效的情况下，就不必再坚持了。

春秋时期，北方的戎国将要侵略曹国，来势十分凶猛。曹国国君听说之后，便想亲自带兵迎敌。大臣曹羁认为不妥，于是进谏说："戎国人最不讲道义。为了安全考虑，您不能亲自去迎战。"然而曹君不听。

曹羁见国君不肯听从，深知此事重大，于是又接连三次进谏。最终，曹君仍然不肯答应。曹羁自认已经尽到做臣子的道义，于是不再开口，就此告辞离开。后来，曹军果然被戎狄打得大败。

成语心得：对于那些一意孤行的人，我们只要尽到自己的道义，就不用继续劝说了。

什袭而藏

出自北宋李昉的《太平御览》，用来比喻珍重收藏。

宋国有一个人捡到了一块颜色像玉的石头，误以为是宝石，就请工匠用十层牛皮来制作箱子，之后还用十层上好的丝绸，小心翼翼地将石头包好，郑而重之地收藏起来。

一个外地来的客人听说后，专程来这人家里请求观赏。这个宋国人为此特地洗澡斋戒七天，穿着玄黑色的礼服，杀掉牲畜，举行了最高规格的祭祀来开启宝贝。只见它用华美的匣子一重重装着，又用红黄色的丝巾一层层包裹着。客人见了石头，俯下身子，掩住嘴巴，到底还是笑出声来："这是燕石啊，与砖瓦没有什么差异。"宋国人听后气愤地说："你这是商人的说法，骗子的心思！"然后，他把燕石藏得更加严密，护守得更加谨慎。

成语心得：重宝当然需要小心地保存、收藏，但如果是假的就不必了。

顺手牵羊

出自《礼记·曲礼上》，用来比喻趁势将敌手捉住或乘机利用别人。

中唐年间，蔡州节度使之子吴元济在父亲死后发动叛乱，大将李愬奉命前往讨伐。

李愬抵达前线后，故意宣称自己能力低下，只是奉命前来安抚当地百姓，以此麻痹吴元济。吴元济见他确实没有调兵的举动，也就不当一回事了。趁此机会，李愬果断抓捕了吴元济手下的大将李佑，并得到了吴元济的兵力部署情报，得知蔡州城只有少量老弱残兵，十分容易攻克。

一个雪天的傍晚，李愬率领精兵直达蔡州城下，趁守城士兵睡着时打开城门，就这样进入城中。等吴元济惊醒之后，才发现自己已被团团包围，尽管一再负隅顽抗，仍然被生擒。眼见主将被俘，吴元济的麾下心知大势已去，只得纷纷请降。

成语心得：与对手竞争，要善于抓住其弱点，这样才能一举攻克。

杀鸡儆猴

出自清代李宝嘉的《官场现形记》，比喻通过惩罚个体来警告别人。

姜太公辅佐武王灭商立周后，四处为国家招揽人才，恰好当时齐国就有两位贤人狂矞、华士，深得时人推崇。然而姜太公接连三次登门拜访都吃了闭门羹，于是便下令将两人处死。

周公质问姜太公说："狂矞、华士是两位贤人，不求富贵显达，自己掘井而饮、耕田而食，对当世并无拖累，为什么要杀掉他们？"

姜太公说："四海之内，莫非王土；率土之滨，莫非王臣。在天下大定之时，人人都应该为国出力。以狂矞、华士这种不合作态度，如果人人都像他们那样，国家哪还能招揽到什么人才？之所以杀掉他们，就是为了震慑他人！"

果然经此一杀，那些对周朝不满的人都不敢自命清高了。

成语心得：有时候，采取严厉手段才能起到震慑的作用。

司马昭之心，路人皆知

出自东晋习凿齿的《汉晋春秋》，用来形容阴谋家的野心非常明显，已人所共知。

魏明帝死后，魏国内部发生了一系列权力斗争，大权最终落入司马氏手中。等司马懿死后，他的长子司马师废掉齐王曹芳，改立13岁的曹髦为帝。

司马师死后，其弟司马昭总揽大权，不断铲除异己、打击政敌。年轻的曹髦知道自己迟早会被司马昭除掉，就打算铤而走险。

一天，曹髦对几位心腹大臣说："司马昭之心，路人皆知。我不能白白忍受被推翻的耻辱，我要你们同我一道去讨伐他。"几位大臣都劝他暂时忍耐，然而曹髦不接受劝告，率领左右仆从、侍卫数百人去袭击司马昭。

然而，大臣中早有人把这消息报告了司马昭的心腹，他们立即前来围堵。最终，曹髦被司马昭的下属弑杀，魏国从此名存实亡。

成语心得：即便隐藏再深，阴谋家的野心最终会显露出来。

声名狼藉

出自西汉司马迁的《史记·蒙恬列传》，用来形容声望和名誉败坏到了极点，不可收拾。

秦始皇死后，中书令赵高、丞相李斯阴谋篡改诏书，让秦始皇的小儿子胡亥成功登上了皇位，即秦二世，赵高趁机掌握了朝中大权。

在秦始皇在世之时，赵高曾有过受贿舞弊、胡作非为的事，被秦始皇知道了，就让蒙毅去审理这个案子，蒙毅查清了事实，把赵高判了死刑。后来，赵高向秦始皇苦苦哀求，才免了他的罪。因此秦二世一上台，赵高就借他之手，将蒙毅关入监狱并命令他自杀。

蒙毅感到冤枉，便上疏申冤，说："从前秦穆公杀死奄息等，秦昭襄王杀白起，楚平王杀武奢，夫差杀伍子胥，他们在诸侯中声名狼藉。"他希望通过自己的辩解，能让秦二世引以为戒。但一贯看赵高脸色行事的胡亥不听，最终还是杀了蒙毅。

成语心得：做事情的时候要分清是非，以免做出影响声誉的事情。

手不释卷

出自晋代陈寿的《三国志·吴书·吕蒙传》，形容勤奋好学。

曹操死后，曹丕继位为魏王，不久即自立为帝。曹丕在政治上的抱负和成就虽不及曹操，对于文学的重视却不在其父之下。

曹丕写过许多的诗歌、散文、辞赋，其中《典论·论文》更是开中国文学批评的先河。他的父亲曹操本就是著名的诗人，弟弟曹植的文采更是被后人誉为"才高八斗"。父子三人在当时并称为"三曹"，文采可见一斑。

曹丕在《典论·自叙》一文里，提到曹操勤于治学，即使身在军队之中，军务繁忙，仍随时拿着书本阅读。曹操还常对曹丕说，一个人年轻时思虑专一、容易学习；可一旦长大，就容易忘记所学。曹丕以父亲的话自我勉励，即使年长之后，仍旧不断努力学习。

成语心得：学习是一辈子的事。

少见多怪

出自东汉牟融的《牟子》，指见闻少的人遇到不常见的事物就觉得奇怪。

柳宗元是唐代著名文学家，后因政治风波而被贬到湖南永州当司马。他在永州期间，收到韦中立的拜师信，非常感动，于是便写了一封《答韦中立论师道书》，告诫他不可少见多怪。

在信中，柳宗元写道："我过去听说庸和蜀地以南的地区，经常下雨，很少见到太阳，太阳一出来，狗便狂叫不止，我当时认为这样说有点过分了。六七年前，我被贬来到南方。元和二年的冬天，有幸赶上大雪越过五岭，覆盖了南越中的好几个州。这几个州中的狗，都仓皇地狂叫着乱咬乱跑，好几天都是这样，一直到雪消完后才不叫，我这才知道以前听说的蜀犬吠日的事是真的。"

成语心得：只有不断增加自己的见闻，才不会少见多怪。

山鸡舞镜

出自南朝·宋·刘敬叔的《异苑》，用来比喻自我欣赏。

三国时期，有个南方人来到铜雀台，献给曹操一只极美丽的山鸡。然而不管众人怎么逗弄，山鸡就是不肯在殿堂上鸣舞。

众人束手无策，只得请来曹操的小公子曹冲。之前孙权送来一头大象，大伙儿都不知该如何称其重量，最终就是曹冲想出办法，先用空船来承载大象，接着又用船装石头进行对比，才算出了大象的重量。因此，众人都将曹冲视为神童。

曹冲来到殿堂上，一看到山鸡，就命人取一面铜镜来。山鸡在铜镜前看到自己美丽的形体，仿佛置身于明净的湖面，居然连连欢叫、翩翩起舞。就这样，它越舞越得意，竟不知停歇，直至倒地死去。

成语心得：每个人都有一些优点，但如果一味地为此自鸣得意，反而会阻碍自己进步。

上漏下湿

出自《庄子·让王》，用来形容家境贫困。

原宪是孔子的弟子，他以清静守节、安贫乐道而受人尊敬。他的房子是草搭成的，门是蓬草编成的，门枢是桑树条，屋内上漏下湿。但原宪端坐其中丝毫不觉清苦，并以修习礼乐教化的儒道为乐。

有一天，子贡去找原宪，他乘坐着高头大马拉的车，穿着雪白华丽的衣服，因为小巷容不下他的大车，子贡只好下车步行前去敲原宪家的门。只见原宪戴着用桦木皮做的帽子，拄着手杖出来开门迎接他。见原宪一副穷困寒酸的样子，子贡问："你这是生病了吗？"

原宪回答说："我听说没有钱财叫作贫，学了道却不能身体力行去做才叫作病。我现在是贫并不是病。"子贡听后非常惭愧。

成语心得：即便生活窘迫，仍然可以钻研学问。

声东击西

出自西汉刘安的《淮南子·兵略训》，是使对方产生错觉以出奇制胜的一种战术。

东汉时期，班超出使西域，想要打通南北通道，联合诸国共抗匈奴。当时，莎车国煽动周边小国归附匈奴，反对汉朝，班超决定首先平定莎车。

龟兹王闻讯后，亲率五万人马援救。当时班超麾下只有二万余人，敌众我寡，班超决定来个声东击西。他故意散布悲观言论，制造撤退的假象，还特别让莎车俘虏听得一清二楚。接着，他假意撤退并让俘虏脱逃。俘虏逃回去后，急忙汇报了这一消息。龟兹王误认为班超惧怕自己，立刻下令兵分两路，亲率一万精兵向西追杀班超。

此时，班超统帅大军隐蔽在路旁，等龟兹大军过去后，立即回师杀向莎车。莎车猝不及防，迅速瓦解，只得请降。直到此时，龟兹王才知晓上当，只得悻悻然返回龟兹。

成语心得：对于强敌不能正面抗衡，而要想办法攻其不备。

杀鸡焉用牛刀

出自《论语·阳货》，比喻办小事情用不着花大气力。

春秋末期，孔子的学生子游在鲁国武城县做县官。有一次，孔丘来到武城，听见弹琴唱歌的声音，他微笑了一下，对子游说："治理武城这个小地方，根本用不着礼乐。比如杀鸡，何必用宰牛的大刀呢？"

子游引用孔丘以前讲过的话来反驳他："以前我听老师讲过，君子学了礼乐就能相亲相爱，小人学了礼乐就易于驱使。我照您的话去做，有什么不对的呢？"孔丘听了子游的辩驳，说："子游这话讲得对，我刚才说的那句话，不过是开个玩笑罢了！"

后来，人们引用"杀鸡焉用牛刀"或"割鸡焉用牛刀"来比喻办小事情，何必花费大力气，也就是不要小题大做。

成语心得：如果对琐碎之事过于注意，就无法好好做正事了。

丧家之犬

出自《史记·孔子世家》，比喻失去靠山，无处投奔。

春秋时期，孔子满怀理想周游列国，一心宣传自己的仁义主张。然而当时各国诸侯只知争霸，对仁义不屑一顾，因此孔子处处碰壁，有好几次还受到别国的刁难，一度陷入险境。

一次，孔子在郑国与弟子子贡走散，只得一个人在城的东门旁发呆。郑国有人对子贡说："东门边有个人，他的前额像尧，他的脖子像皋陶，他的肩部像子产，不过自腰部以下和大禹差三寸。看他劳累的样子就像一条丧家之狗。"子贡这才找到孔子，并把这段话一五一十地告诉了他。孔子听后坦然地笑着说："把我的外表说成这样，实在是夸过头了。不过说我像条无家可归的狗，确实是这样！确实是这样啊！"

成语心得：即便人生处于不得志时期，也要学会坦然面对。

树倒猢狲散

出自北宋庞元英的《谈薮·曹咏妻》，比喻有权势的人一垮台，依附他的人就跟着散伙了。

宋高宗时，有个侍郎叫曹咏，他善于逢迎拍马，深得奸相秦桧的欢心，因此当了朝中的大官。

曹咏当了大官后，有很多人来巴结他，曹咏非常得意。唯一让他感到气恼的是，他的大舅子厉德新却从不向他献殷勤。原来，厉德新知道曹咏是靠依顺秦桧才得以升官的，料定他没有好下场，不肯同流合污。曹咏一心想找碴儿整治厉德新，无奈厉德新洁身自好，他无从下手。

秦桧死后，他的党羽纷纷落马，曹咏也被贬到了新州，厉德新就写了一篇题为《树倒猢狲散》的赋寄给曹咏，讽刺他们依靠秦桧作威作福、鱼肉百姓的丑恶行径。曹咏收到这篇文章后，气得半天说不出一句话来。

成语心得：主心骨没了，其余同伙也就难以抱团了。

三人成虎

出自《战国策·魏策二》，用来比喻说的人多了，就能使人们把谣言当作事实。

战国时期，庞葱陪魏太子到邯郸去做人质，庞葱对魏王说："现在，如果有一个人说大街上有老虎，您相信吗？"魏王说："不相信。"庞葱说："如果两个人说呢？"魏王说："那我会怀疑。"庞葱又说："如果增加到三个人呢？"魏王说："我相信了。"

庞葱说："大街上不会有老虎是很明显的事，但是三个人说有老虎，就像真有老虎了。如今邯郸离大梁，比我们到街市远得多，而毁谤我的人超过了三个。希望您能明察秋毫。"魏王说："我知道了。"于是庞葱告辞而去，毁谤他的话很快传到魏王那里。后来太子结束了人质的生活，庞葱果真不能再见魏王了。

成语心得：眼见为实，不可轻信别人的传言。

赏罚分明

出自东汉班固的《汉书·张敞传》，形容处理事情清楚明白。

曹国大夫僖负羁曾救过晋文公的命，因此晋文公在攻下曹国时，曾向军队下令：不准侵扰僖负羁的家，否则严惩不饶。大将魏平不服从命令，不仅带兵包围了僖负羁的家并放火焚屋，还爬上屋顶想把僖负羁拖出来杀死。不料，梁木承受不了重量而塌陷，正好把魏平压在下面，幸好有人及时赶到，才把他救了出来。

这件事被晋文公知道后，十分气愤，于是下令处罚。大臣赵衰请求说："魏平为国家立有大功，杀了不免可惜，还是让他戴罪立功吧！"晋文公说："功是一回事，过又是一回事，赏罚必须分明，才能使军士服从命令。"于是便下令革去了魏平的官职。从此以后，晋军上下都知道晋文公赏罚分明，再也不敢违令了。

成语心得：作为领导，对下属的行为要赏罚分明。

杀身成仁

出自《论语·卫灵公》，用来形容为了维护正义事业而舍弃自己的生命。

有一次，孔子的弟子问他说："先生，您讲的仁德、忠义都很好。人人相爱，以仁待人，确实是一种美德。仁德我很想得到，但活着也是我的欲望。假如仁德与生命发生冲突，该怎么办呢？"

孔子严肃地说:"真正的志士仁人,都不会因为贪生怕死而损害仁义,而是为了成全仁德,可以不顾自己的生命。"这时,孔子的弟子子贡又问他说:"仁德一定是很难得到吧? 我们应当怎样去培养它呢?"孔子回答说:"当然是从头做起。比如说,工匠要做好他的活计,必须先有得心应手的工具。对于一个国家来说,应该选择那些大夫中的贤者去敬奉他;对于自己来说,就应该挑选那些士人当中的仁者交朋友。这样,才会培养起仁德来。"

成语心得:对于仁人志士来说,生命并不是最可贵的,仁义才是。

死不瞑目

出自晋代陈寿的《三国志·吴书·孙坚传》,原指人死的时候心里还有放不下的事,现常用来形容极不甘心。

东汉末年,大奸臣董卓废杀少帝,改立献帝,夺取了朝中政权,做出很多天怒人怨的恶事。当时朝中大臣都噤若寒蝉,不敢阻止,反倒是各地诸侯纷纷起兵,结成联盟共伐董卓。

但在讨伐董卓的过程中,各路诸侯大多各怀鬼胎,只有来自长沙的太守孙坚统领部下勠力向前,取得许多重大胜利,给董卓带来严重威胁。为了分化诸侯联军,董卓便以李傕为特使,向孙坚表明自己愿意把女儿嫁给其子孙权,以此实现两家的联合。

孙坚对董卓的倒行逆施早就十分厌恶,一听董卓想和自己结亲,顿时大怒。他对李傕说:"我有生之年若不能消灭董卓,即便是死了也不会闭眼!"

成语心得:有生之年若不能实现理想,到了生命的尽头,就会留下很大的遗憾。

死灰复燃

出自西汉司马迁的《史记·翰长儒列传》,原比喻失势的人重新得势。现常比喻已经消失了的恶势力又重新活动起来。

韩安国原在汉景帝之弟梁孝王手下当差,后来因事被捕入狱,梁王一时未能救他。狱吏田甲以为韩安国失势,常常借故凌辱他。韩安国怒道:"熄了火头的灰烬,难道就不会复燃?"田甲讥讽地说:"倘若死灰复燃,我就撒尿浇灭它!"

不久，韩安国入狱的事引起太后关注，太后亲自下诏要梁王起用他。韩安国被释放，田甲怕受到报复，连夜逃走。韩安国故意扬言说，田甲如不赶快回来，就杀他一家老小。田甲只好回来请罪。韩安国说："现在死灰复燃，你可以撒尿了。"田甲吓得面如土色，连连磕头求饶。韩安国并没有惩罚田甲，还善待他。田甲从此感恩涕零，一直为韩安国效力。

成语心得：不要对身处窘境的人冷嘲热讽，也许他们很快就可以再次站起来。

三缄其口

出自周朝姜子牙的《太公金匮》，用来形容不肯或不敢开口。

春秋时期，孔子崇尚周礼，曾专程到周王朝考察文物礼仪制度。

据《说苑·敬慎》载，孔子在参观周王祭先祖的太庙时，看到台阶右侧立着一个铜铸的人，但嘴被扎了三道封条，在这个铜人的背面还刻着一行字："古之慎言人也。"意思是：这是古代一位说话极其慎重的人。大概这给孔子以极大的震动和启发，所以孔子在谆谆教诲弟子时，总是十分强调"君子讷于言而敏于行"。后来人们便以"三缄其口"比喻说话谨慎了。

成语心得：有些时候，保持沉默是最明智的做法。

天各一方

出自西汉苏武的《古诗四首》，用来比喻两个人距离很远，很难见到。

东汉末年，枭雄刘备一度处境落魄，难以成就自己的霸业。在谋士徐庶的帮助下，他这才打败了来犯的曹军，并乘机夺取了樊城。

得知刘备身边有徐庶这样一位谋士后，曹操十分忌惮，便想办法骗取了徐庶母亲的信任，以徐母的名义写信给徐庶，要他来许昌相会。徐庶接信后方寸大乱，只得与刘备辞行。有人劝刘备不要放走徐庶，免得他被曹操所用，刘备却说："我把他留下来，断绝了他们母子之道，这是不义的行为，我做不出来。"

第二天，刘备为徐庶饯行。直到临别前，刘备仍是依依不舍，拉着徐庶的手感叹说："先生此去，天各一方，不知相会在何日！"

成语心得：人生聚散无常，在一起的时候一定要好好珍惜。

天衣无缝

出自五代·前蜀牛峤的《灵怪录·郭翰》，用来形容事物周密完善，找不出什么毛病。

古时候，有一个名叫郭翰的人。某年盛夏的一个夜晚，郭翰倚在树下的藤椅上乘凉，长天如碧，白云舒卷，明月高挂，清风徐来，满院飘香。正在这时，一位长得异常美丽的女子从天而降，含笑落在郭翰面前。

郭翰一看，只见这位女子满身光环围绕，灿烂夺目，不由非常惊喜。他想：这一定是位仙女。他试着一问，才知道这位女子不但是仙女，而且

190

是传说中鼎鼎大名的织女。为了证明自己的身份，织女便让郭翰走上前来，观看自己所穿的衣裳。

郭翰上前一看，才发现这套衣裳不仅华贵美丽，而且看不出一丝的线缝，不由十分惊讶。织女笑着解释说："这是天衣，并非剪刀和针线制作而成，当然没有线缝了。"

成语心得：做任何事情都要细致入微，不能留下疏漏。

天下无双

出自西汉司马迁的《史记·信陵君列传》，用来形容出类拔萃、独一无二。

东汉的黄香自幼丧母，对父亲十分孝敬。在炎热的夏天，他每天都要先把席子扇凉，让父亲睡得舒服些；到了寒冷的冬天，他先钻进被窝把被子焐热，再请父亲睡下。

黄香长大以后做了官，他的孝名也传到了皇帝的耳朵里。有一次，皇帝召见诸侯王，特意把黄香叫到大殿上，给诸侯王介绍说："这就是那个天下无双的黄童黄香。"在他当魏郡太守期间，有一次当地遭遇水灾，百姓大多无家可归，没吃没穿，黄香便拿出自己的俸禄和家产接济穷苦百姓。因为自己幼年时期勤奋好学、知识渊博，对父亲又十分孝敬，黄香博得了许多人的赞美。当时在京城里流传着这样一句民谣："天下无双，江夏黄香。"

成语心得：做人应当力争上游，争取成为无人可比的优秀人物。

天罗地网

出自北宋无名氏的《大宋宣和遗事》，形容被彻底包围，无路可逃。

春秋时期，楚平王听信奸臣费无极的谗言，竟然把太子的新娘纳入后宫为妃。太子的老师太傅伍奢素来刚正不阿，费无极怕伍奢帮助太子惩罚自己，又怂恿楚平王杀害了伍奢及其全家人。

太子得到消息后连夜逃走，一路风餐露宿，日夜兼程，好不容易才赶到伍奢次子伍子胥镇守的樊城。他把伍奢全家被害的情况告诉了伍子胥，并叫他小心提防。不久后，费无极果然派儿子费得雄去见伍子胥，说楚平王要召他返朝受赏。伍子胥怒斥他说："若不是太子赶来报信，我险些陷入你们的天罗地网。"接着，伍子胥把费得雄痛打一顿，弃官逃到吴国，在街上吹箫求乞谋生。后来，伍子胥受到吴王的重用，这才发兵伐楚，成功地报了杀亲之仇。

成语心得：作恶的人无论如何费尽心机，终究逃脱不了法律的惩处。

天真烂漫

出自南宋龚开的《高马小儿图》，用来形容人心地单纯、坦率自然。

南宋末年，有位姓郑的画家曾向朝廷上书主张抗元，但未被采纳。南宋灭亡后，他改名为"思肖"。原来，宋朝是赵姓打的天下，"肖"则是繁体"赵"字的一部分。画家以此表示自己永远思念南宋，并隐居在苏州的一所寺庙里。

郑思肖在自己的寓所里挂了一块大匾，匾上亲题"本穴世界"四个字。其中，"本"由"大""十"两字组成，把"十"字放在"穴"字中间，就成为"宋"字；加上"大"就是"大宋"。郑思肖以此表示自己仍然活在"大宋"。有一次，他画了二卷高五寸、长一丈多的墨兰，还在画上题上八个字："纯是君子，绝无小人。"大家欣赏了这幅画后，赞不绝口，一致夸他画得纯真烂漫、生气勃勃。

成语心得：在这个复杂的世界，我们不妨多一些自然单纯。

天夺之魄

出自春秋时期鲁国左丘明的《左传·宣公十五年》，比喻人离死不远。

公元前594年，潞国的丞相丰舒执政后，杀了国君潞子的夫人，又伤了潞子的眼睛。潞子的夫人是晋景公的姐姐，因此，晋国在同年夏季出兵攻打潞国，不到一个月的时间即灭了潞国。丰舒逃亡卫国，卫国人怕殃及自己，把他缚送晋国，晋景公下令把他杀死。

晋国派大夫赵同（赵国国君的先人）去向周朝的天子进献俘虏的潞国狄人。赵同依仗晋国的强大，对周天子表现得很不恭敬，十分傲慢。周天子的儿子刘康公看了很不高兴，骂道："不及十年，原叔（赵同）必有大咎，天夺之魄矣！"意思是说，要不了十年，赵同必定遭大祸，因为老天爷已将他的魂魄夺走了。

成语心得：做出天怒人怨的恶事，必将受到天谴。

退避三舍

出自春秋时期鲁国左丘明的《左传·僖公二十三年》，用来比喻不与人相争或主动让步。

春秋时候，晋献公的儿子重耳因故流亡国外，几经波折后又来到楚国。楚成王以国君之礼相迎，待他如上宾。

一天，楚王设宴招待重耳，席间忽然问他："你若有一天回国继位，该怎么报答我呢?"重耳说："世间种种奇珍异宝，大王您有的是，晋国哪有什么珍奇物品献给大王呢?"楚王说："虽然如此，总该有所表示吧?"重耳笑笑回答道："假如有一天晋楚发生战争，我一定命令军队先退避三舍（一舍即30里），然后再与您交战。"四年后，重耳真的回到晋国当了国君，即晋文公。

公元前633年，楚国和晋国爆发战争，晋文公果然遵守诺言，下令军队后退90里。由于楚军骄傲轻敌，晋军最终取得了胜利。

成语心得：与别人产生冲突时，不妨主动退让一步，这样更有利于解决问题。

同甘共苦

出自西汉刘向的《战国策·燕策一》，用来比喻共同享受幸福，共同经历苦难。

战国时，燕昭王对如何治理国家感到束手无策，当他听说郭隗善出点子时，就赶紧派人把他请来，问："你能否替我举荐有才之士，帮我强国复仇?"

郭隗说："只要您选拔贤才，并且亲自登门拜访，那么，天下的有才之士一定会来投奔。""那么我先去拜访谁呢?"郭隗回答说："先重用我这个本领平平的人吧！天下有才之士看到我都能被重用，一定会前来投奔您的。"

燕昭王于是尊郭隗为师，还为其修建了豪宅。消息一传开，乐毅、邹衍、剧辛等有才之士果然纷纷来到燕国，为燕昭王效力。燕昭王对他们都委以重任，同时又给予种种优厚待遇。就这样，他与百姓同享安乐，共渡苦难28年，终于把燕国治理得国富民强，受到举国上下的一致拥戴。

成语心得：想要赢得别人的拥护，就要与他们共同承担苦难、一起分享快乐。

同舟共济

出自《孙子·九地》，用来比喻团结互助，同心协力，战胜困难。

一次，有人问"兵圣"孙武："怎样布阵才能不被敌人击败呢？"孙武回答说："布蛇字阵。"那人又问："士兵真的会像蛇那样，首尾互相照应吗？"

孙武说："战场是生死之地，战争迫使军队必然齐心协力。比如两个仇人，平日恨不得彼此吃了对方；但是他们同乘一条船渡海，遇到了狂风恶浪，眼看有葬身海底的危险时，他们就会忘记旧仇，同心协力与风浪搏斗，以避免船翻人亡的危险。连仇人在危险之时尚能同舟共济，何况无冤无仇、情同手足的将士呢？所以军队必然像蛇一样成为一个整体，首尾相顾，彼此救援的。"

这个人听了孙武的解释之后，觉得非常有道理，于是更加佩服孙武了。

成语心得：在巨大的危难面前，应该团结一心，共同面对。

天涯海角

出自南朝·陈·徐陵的《武皇帝作相时与岭南酋豪书》，用来形容极远的地方，或相隔很远。

唐代文学家韩愈自幼失去双亲，全靠他的哥哥韩会和嫂嫂郑夫人抚养长大。韩会有一个嗣子小名叫十二郎，年纪比韩愈略小。韩会42岁的时候，因故被贬为韶州刺史，不久就死在任上，当时韩愈只有11岁，十二郎也很小。此时，韩愈的三个哥哥都已辞世，族中只剩下韩愈和十二郎两个人相依为命。

韩愈19岁时前往京城，以后十年中，只和十二郎见过三次面。正当他官运好转，有可能与十二郎相聚时，十二郎却意外离世。韩愈得知噩耗后悲痛欲绝，于是写了一篇《祭十二郎文》。祭文中有"一在天之涯，一在地之角"的句子，后人便把它引申成"天涯海角"一词，用来比喻极其遥远的地方。

成语心得：亲近的人不论离自己多远，都不能阻隔思念。

天经地义

出自春秋时期鲁国左丘明的《左传·昭公二十五年》，用来比喻理所当然、不容置疑的道理。

公元前 520 年，周景王死后，本应由世子姬敬继位，但景王生前有意立庶长子姬朝为世子。周王室就此发生了激烈的王位之争。

在这种情况下，晋顷公召集各诸侯国会盟，商讨如何平息争端。会上，晋国的使臣赵鞅便向郑国的使臣游吉请教什么叫"礼"。

游吉回答说："我国的大夫子产曾说，礼就是天之经、地之义，是上天规定的原则、大地施行的正理，是百姓行动的依据。不能改变，也不容怀疑。"

赵鞅和其他诸侯国的使臣听了，都表示认同。接着，赵鞅提出各诸侯国应全力支持敬王，为他提供兵卒粮草，并且帮他把王室迁回王城。众人都同意了。后来，晋国便率领各诸侯国的军队，帮助敬王恢复王位，结束了周王室的内乱。

成语心得：做人应当奉行正确的道理，绝不歪曲、违背它。

土崩瓦解

出自西汉刘安的《淮南子·泰族训》，用来形容事物的分裂，像土崩塌、瓦破碎一样，根本不可挽回。

商朝末年，君主纣王暴虐无道、贪恋酒色、荒淫无度，整日花天酒地，不理朝政。他听信谗言，重用奸臣，残害忠良；还强征暴敛，强迫百姓为自己修建宫苑，并制造了种种惨无人道的酷刑，以观看人受刑后的痛苦为乐。在他暗无天日的统治下，百姓怨声载道，苦不堪言。虽说商朝疆域广阔、士兵众多，然而士兵们不愿意为纣王战死，甚至直接把兵器扔在一边。商朝军队士气如此低落，商朝的政权自然是岌岌可危了。

所以，当周武王左手擎着用黄金作装饰的大钺，右手持着用牦牛尾装饰的白色旌旗，坐着战车势不可当地杀来时，所到之处，无不势如破竹。商朝军队的溃败、纣王政权的垮台就如瓦片碎裂、泥土倒塌那样，迅速而无法挽救。

成语心得：如果事前不知反省，等到失败成为定局，就再难挽救了。

贪小失大

出自《吕氏春秋·权勋》，用来比喻只谋求眼前的好处而不顾长远的利益。

战国时期，秦惠文王想吞并物产丰富的蜀国，但是通往蜀地的山路十分险峻，秦国大军很难开进。就在这时，文王的大臣得知蜀国国君生性贪婪，于是想出了一个妙计。

在他们的建议下，秦惠文王下令国中士兵雕凿了一只庞大的石牛，然后又把许多贵重的东西放在牛的后面，谎称是石牛排泄而出的，用来送给蜀国。蜀国国君贪图宝物，听说消息后就派了五个大力士劈开山路、填平谷地，专程前往迎接石牛。而秦惠文王却率领军队紧随其后，轻易地攻占了蜀国。蜀君也因贪图小利以至身死国灭，沦为天下人的笑柄。

成语心得：做人切记不可贪图一时小利，否则很有可能招致巨大的危机。

投鼠忌器

出自东汉班固的《汉书·贾谊传》，用来比喻做事有顾忌，不敢放手干。

从前，有个富人很喜欢古董，并花大价钱在家中收藏了许多古玩宝器。其中有一件稀有的玉盂，工艺精湛，具有很高的历史价值，深受富人的喜爱。

一天晚上，一只老鼠跳进了这个玉盂，正巧被这个富人看到了。富人感到非常气愤，盛怒之下，便大声呵斥着驱赶老鼠。然而这只老鼠十分嚣张，"吱吱"地叫着，就是不肯出来。

富人见到这一幕，更是气得火冒三丈，直接拿起一块石头，狠狠地向老鼠砸去。最后，老鼠自然被砸死了，可是那个珍贵的玉盂也被砸成了一堆碎片。清醒过来的富人这才感到后悔，却再难挽回了。

成语心得：做事不能毫无顾忌，但也不可因此犹疑不定。

谈虎色变

出自《二程遗书》，用来形容听到可怕的事情后，脸色都变了。

北宋时，有两位非常著名的理学家，他们是兄弟二人，哥哥叫程颢，弟弟叫程颐。程颐一生诲人不倦，培养了许多著名的学者。

程颐曾议论说："老虎伤人，这是连三尺高的小孩子都知道的事情。但是，人们聚在一起谈话时经常说到虎，却没有谁觉得害怕。有一位田夫曾经被老虎咬伤过，只要听到有人说老虎，他就会被吓得大惊失色。为什么呢？因为他真正体验过老虎的厉害，知晓危险程度。"

说到这里，程颐又引申说："做学问，讲的无非是治国安民的道理；但如果只是高高在上，不深入实际去体察民情，就无论如何也治理不好国家。这个道理显而易见，真正做起来却不那么容易啊！"

成语心得：只有真正经历过风险，才能知晓其中的可怕。

兔死狐悲

出自元代脱脱的《宋史·李全传》，用来比喻对同盟的死亡或不幸而伤心。

南宋时期，山东农民为了摆脱金国统治，纷纷起来反抗。其中最著名的有杨安儿、李全等人领导的几支红袄军。

杨安儿牺牲后，他的妹妹杨妙真率领起义军从益都转移到莒县，继续斗争。后来杨妙真和李全结为夫妻，两支部队会合；接着他们又投奔宋朝，驻扎在楚州。但是后来，李全被蒙古大军包围，不得不选择投降。

1227 年，宋朝派夏全领兵进攻楚州，杨妙真派人去劝他说："你也是从山东率众归附宋朝的，如今却带兵来攻打我们。兔子死了，狐狸都知道悲伤哭泣；如果李全灭亡了，难道独有你夏全能生存吗？希望你和我们团结起来。"夏全同意了。

成语心得：当身边有人遭遇到不幸时，我们也应该多多同情他们、理解他们。

兔死狗烹

出自西汉司马迁的《史记·越王勾践世家》，用来比喻在帮助别人取得成功后，反而遭到抛弃。

春秋末期，越王勾践卧薪尝胆，任用大夫文种、范蠡整顿国政，终于成功击败吴国，洗雪国耻。但在此后，范蠡突然不辞而别，临行前又告诫文种说："飞鸟打尽了，弹弓就被收藏起来；野兔捉光了，猎狗就被杀了煮来吃；敌国灭掉了，谋臣就被废弃或遭害。越王为人，只可和他共患难，不宜与他同安乐，应该尽早离去。"文种初时不肯相信，最终果然被勾践赐死。

等到刘邦建立汉朝，大将军韩信也遭到同样的对待，先是被分封到偏远的楚地为王，后来又被贬为淮阴侯。等到刘邦死后，皇后吕雉为了巩固大权，又将韩信骗至京城处死。韩信在临死前，也发出了"狡兔死，走狗烹；飞鸟尽，良弓藏；敌国破，谋臣亡"的感叹。

成语心得：对于帮助过我们的人，我们应该心存感激，不能忘恩。

同心同德

出自《尚书·泰誓》，用来形容为同一心愿、同一目的而努力。

商朝末年，纣王荒淫奢靡、暴虐无道，搞得朝野怨声载道，民不聊生。

周武王决定讨伐纣王，便在盟津举行了誓师大会，说："将士们，请听我说！善人行善，只怕时间不够用；恶人作恶，也唯恐时间不够用。如今纣王荒淫无道，把大臣当成贼人，把朋友当成仇敌，以天自居，作恶多端却无所畏惧。从前夏桀很强大，但是倒行逆施，上天就派成汤讨伐他。今天他们虽然有千万人，但是离心离德；我们虽然只有十个人，但是同心同德。上天一定会看见百姓的心愿，一定会听到百姓的声音。请让我们为老百姓讨伐他！"

两年后，武王率领大军在牧野与纣王的军队交战，很快就打败了纣王。纣王在鹿台自焚而死，商朝灭亡。

成语心得：即便人数少，只要大家团结一致，也同样有机会取得成功。

同流合污

出自《孟子·尽心下》，用来比喻跟着坏人一起做坏事。

有一次，亚圣孟子在向弟子万章授业时提到，孔子很厌恶那些八面玲珑、惯会奉承讨好的人，因为这种人虽然在乡里被称作好人，实际上却是言行不一、伪善欺世的伪君子，是道德的破坏分子。

万章感到不解，就问道："既然人们都称他们是好人，他们自己也处处表现出是个老好人的样子，为什么孔子还要称他们为道德败坏者呢？"

孟子解释说："这种人'同乎流俗，合乎污世'（对世俗的不合理现象只会妥协、附和，而不是明确反对），看起来没什么恶行，其实却是纵容道德败坏，根本不能起好的作用。因此孔子最讨厌这些似是而非的所谓'好人'。"

成语心得：对于邪恶势力我们要坚决划清界限。

太公钓鱼，愿者上钩

出自晋代符朗的《符子·方外》，用来比喻心甘情愿上别人的当。

商朝末年，姜子牙听说西伯侯姬昌招贤纳士、广施仁政，便千里迢迢来到西歧。到达西歧后，他没有主动前去求官，而是每天在渭水垂钓，等待姬昌的到来。可是，他用的鱼钩是直的。

有人见到他这个样子，便说："像您这样钓鱼，就是一百年也钓不到一条鱼。"姜子牙说："我不是为了钓到鱼，而是为了钓王与侯。"

周文王姬昌在见到姜子牙后，一眼断定他是栋梁之材，于是斋食三日，沐浴更衣，带着厚礼，亲自前往聘请姜子牙。姜子牙先是辅佐周文王兴邦立国，后又辅助周武王姬发灭掉了商，被武王封于齐地，最终实现了建功立业的愿望。

成语心得：只有自身实力突出，才能赢得他人的信任。

完璧归赵

出自西汉司马迁的《史记·廉颇蔺相如列传》，比喻把物品完好地归还物品的主人。

赵惠文王时，赵国得到楚国的和氏璧。秦昭王听说这件事后，派人送信给赵王，表示愿用 15 座城池来交换。蔺相如愿意带着和氏璧去秦国。

蔺相如到秦国后，将和氏璧献上，秦昭王却只顾着和大臣、姬妾们互相传看，绝口不提交付城池一事。蔺相如心知秦王无意守诺，便谎称玉上有一小疵点，要指给秦昭王看，就这样从秦王手中拿回了和氏璧。

拿回和氏璧后，蔺相如守持和氏璧站在庭柱旁，怒斥秦王缺乏诚意，并表示自己宁愿与和氏璧一同粉碎。秦昭王无奈，只得表示愿意割让 15 城进行交换。蔺相如估计秦昭王不过是假意应付，便要求他先斋戒五日，私下派随从怀藏和氏璧，偷偷从小道返回赵国。秦昭王得知后，只好按照礼仪送他安然回国。

成语心得：借别人的东西一定要好好爱护，不能有丝毫损毁。

望梅止渴

出自南朝·宋·刘义庆的《世说新语·假谲》，用来形容愿望无法实现，用空想安慰自己。

东汉末年，曹操带兵攻打宛城，当时正是盛夏时分。曹操的士兵连日行军，早已疲惫不堪，一路上又都是荒山秃岭，方圆数十里都没有水源。将士们很久都喝不到水，一个个被晒得头昏眼花、口干舌燥，感觉喉咙里好像着了火，就连嘴唇都裂开了。

曹操见到这种情况，心里非常焦急。可他一再派人前去打探，却都没有发现水源。眼见情况不妙，曹操突然灵机一动，用鞭子指着前方，对所有将士喊道："前面不远的地方有一大片梅林，结满了又大又酸又甜的梅子，大家只要走到那里，就能解渴了！"将士们听了曹操的话，想起梅子的酸味，顿时口齿生津，精神也振作起来。就这样，曹操终于率领军队走到了有水的地方。

成语心得：遇到困难要通过行动去解决，不能一味空想。

亡羊补牢

出自西汉刘向的《战国策·楚策》，用来比喻问题还能补救，可以防止损失。

从前，有个人养了一群羊。一天早上他准备出去放羊，发现少了一只。原来羊圈个窟窿。夜间狼从窟窿里钻进来，把羊叼走了。

邻居劝告他说："赶快把羊圈修一修，堵上那个窟窿吧！"

这人却说："羊已经丢了，还修羊圈干什么呢？"没有接受邻居的劝告。

第二天早上，他又去放羊，到羊圈里一看，发现又少了一只羊。原来狼又从窟窿里钻进来，把羊叼走了。

这人很后悔没有接受邻居的劝告，就赶快堵上那个窟窿，把羊圈修补得结结实实。从此，他的羊再也没有被狼叼走。

成语心得：工作出现失误后，如果能及时补救，就可以避免损失扩大。

闻鸡起舞

出自唐代房玄龄等的《晋书·祖逖传》，用来形容人发奋有为。

晋代的祖逖胸怀坦荡、志向高远，长大之后发奋读书、认真学习，接触过他的人都说他是国之栋梁。祖逖24岁的时候，有人推荐他去做官，他没有答应，仍然不懈地努力读书。

祖逖和幼时的好友刘琨感情深厚，不仅常常同床而卧、同被而眠，而且有着共同的远大理想。一次，祖逖半夜里被鸡叫声惊醒，便把刘琨踢醒，说："别人都认为半夜听见鸡叫不吉利，我偏不这样想，咱们干脆以后听见鸡叫就起床练剑如何？"刘琨欣然同意。于是他们每天鸡叫后就起床练剑，日复一日从不间断。后来，祖逖被封为镇西将军，实现了他报效国家的愿望；刘琨也做了都督，兼管并、冀、幽三州的军事，充分发挥了他的文才武略。

成语心得：想要成就一番大业，就必须付出足够的辛劳与汗水。

卧薪尝胆

出自北宋苏轼的《拟孙权答曹操书》，用来形容人刻苦自励，立志雪耻图强。

春秋时期，吴王夫差击败越国，俘虏了越王勾践。夫差为了羞辱勾践，便派他做各种卑贱的杂役。勾践忍气吞声，极力装出忠心顺从的样子，终于让夫差放松了戒备，允许他返回越国。

勾践回国后，为了告诫自己不要忘记复仇雪恨，就每天睡在干枯的柴草上，还在梁上吊一颗苦胆，吃饭和睡觉前都要尝一下，为的就是要让自己记住教训。除此之外，他还经常到民间视察民情，推行富国强兵的政策。

经过十年的休养生息，越国终于再次强大，勾践于是亲率大军进攻吴国，成功将吴国攻灭，夫差也因羞愧而自杀。后来，越国又乘胜进军中原，成为春秋末期的一大强国。

成语心得：只有狠狠地逼自己一把，才有可能苦尽甘来。

望洋兴叹

出自《庄子·秋水》，用来形容人在伟大的事物面前感到渺小，或对某事无能为力。

很久很久以前，黄河之神河伯认为世上没有哪条河能和黄河相比，他就是最大的水神。

有人告诉他："北海比黄河要大得多呢！别说一条黄河，就是几条黄河的水，也装不满它。"河伯却始终不信。

秋天到了，连日的暴雨使黄河的河面更加宽阔，隔河望去，对岸的牛马都分不清了。这一下，河伯更得意了。自得之余，他想起了有人跟他提起的北海，于是决定去那里看看。

河伯顺流来到入海口，放眼望去，只见北海汪洋一片，无边无涯。他茫然若失，深有感触地对海神若说："俗话说，只懂得一些道理就以为谁都比不上自己，这就是在说我呀！今天要不是亲眼见到北海，我还以为黄河天下最大呢！只怕我永远都要被人嘲笑了。"

成语心得：做人应当抱持着谦虚的态度，不可目空一切。

妄自尊大

出自南朝・宋・范晔的《后汉书・马援传》，用来形容人狂妄自大，轻视别人。

东汉初年，刘秀登基为帝，然而当时天下并没有统一。各路豪强依然割据一方，各自为政，其中最为强大的就是在成都称帝的公孙述。

当时，马援正在另一割据势力隗嚣的麾下，奉命前往拜见公孙述。马援与公孙述本是同乡，早年又很熟悉，因此他以为去了后一定可以好好叙旧。然而公孙述听说马援来后，竟大摆皇帝的架子，态度十分倨傲。

马援回去之后便对隗嚣说："公孙述就好比井底的青蛙，看不到天下的广大，自以为了不起，妄自尊大。"于是他投靠了刘秀，成为其麾下大将。最后，公孙述果然被刘秀打败。

成语心得：做人做事，谦卑的态度是必需的。

万死不辞

出自明代罗贯中的《三国演义》，用来比喻心意已定，绝不推辞。

东汉末年，权臣董卓骄横跋扈，不仅擅用天子的礼仪，还大肆封赏亲信，牢牢把持了国政。

司徒王允见董卓如此嚣张，很为汉室担心，但又无法除掉董卓，心中十分烦恼。一天夜里，他到后花园散心，忽然发现家中的歌妓貂蝉也在长吁短叹。王允于是问她原因。

貂蝉回答说："大人对我恩深情重，我就算粉身碎骨也难以报答。近来见大人忧心国事，行坐不安，因此我也十分慨叹。如果大人需要我效力，我就是死一万次也决不推辞。"

王允听了貂蝉的话，忽然灵机一动，想到用貂蝉的美貌来离间董卓和其心腹吕布。貂蝉听后当即表示愿意。最终，王允和貂蝉共同谋划，成功除掉了奸臣董卓。

成语心得：有时候，为了成功，即便付出生命的代价也是值得的。

五十步笑百步

出自《孟子・梁惠王上》，用来比喻与别人有同样的缺点，却还嘲笑别人。

战国时期，诸侯各国都采取合纵连横之计，远交近攻。

战争连年不断，可苦了各国的老百姓。孟子决定周游列国，去劝说那些好战的君主。孟子来到梁国，拜见好战的梁惠王。梁惠王对他说："我费心尽力治国，又爱护百姓，却不见百姓增多，这是什么原因呢？"

孟子回答说："让我拿打仗作个比喻吧！双方军队在战场上相遇，免不了进行一场厮杀；打败的一方免不了会弃盔丢甲，飞奔逃命。假如一个士兵跑得慢，只跑了五十步，却嘲笑跑了一百步的士兵，这对不对？"梁惠王立即说："当然不对！"

孟子说："您虽然爱百姓，可一旦打仗百姓就要遭殃。这与五十步笑一百步是同样的道理啊！"

成语心得：嘲笑别人之前，先看看自己是否也有同样的问题。

万事俱备，只欠东风

出自明代罗贯中的《三国演义》，用来比喻各项准备都已做好，就差最后一个重要条件了。

东汉末年，曹操率领大军南下，打算一鼓作气征服刘备和孙权，完成统一天下的大业。东吴大都督周瑜经过思虑，决定用火攻来对付曹军。

等到一切准备做好了，周瑜才猛然惊觉只有刮东南风才能火借风势，取得成功；而当时是隆冬时节，刮的都是西北风，哪来什么东南风呢？想到这里，周瑜当场就急得病倒了。诸葛亮猜透了他的心事，便写下了16个字的药方："欲破曹公，宜用火攻；万事俱备，只欠东风。"周瑜忙向诸葛亮请教办法。诸葛亮懂得天文，知道几天内会刮东南风，就说自己能用法术借来东南风。与曹军交战那天，果然刮起一阵东南风，孙刘联军成功地以火攻击败曹军，从而确立了天下三分的格局。

成语心得：只有满足最重要、最关键的条件，才能更进一步确保成功。

未雨绸缪

出自《诗经·豳风·鸱鸮》，用来比喻在事前就做好充分准备。

周武王灭商两年后便患上重病，最终不治身亡。死后他的弟弟周公奉命摄政，辅佐年幼的成王。

武王的其余兄弟管叔等人对周公摄政十分忌妒，便散布大量谣言，迫使周公离开京城；接着他们又与不甘心商朝灭亡的纣王之子武庚联合，准备发动叛乱。周公得知后十分焦急，便写了一首名为《鸱鸮》的诗给成王，诗中有"趁着天未下雨，剥下桑皮修补门窗"一句，意在提醒成王早做准备。年轻的成王醒悟之后，赶紧派人把周公请回镐京。

周公回京后，成王派他出兵征讨三叔和武庚。周公足智多谋，很快平息了叛乱，周王朝的统治也得到了巩固。

成语心得：想要防止意外发生，就要提前做好各种准备。

外强中干

出自春秋时期鲁国左丘明的《左传·僖公十五年》，用来形容外表强大，实际上内部空虚。

晋献公死后，晋公子夷吾结束了逃亡生活，回到晋国当上了国君。

夷吾在逃亡过程中，曾经答应过秦穆公：若是有一天回国当上国君，就把五座城池割让给秦国。然而他事后食言了。不仅如此，他还对发生饥荒的秦国见死不救，秦穆公因此怀恨在心。

后来，秦穆公发兵攻打晋国，为了抵抗强大的秦军，夷吾决定亲自领兵反抗，并要求用郑国的马拉车。有位大臣劝晋惠公说："郑国的马看起来虽然很强壮，但是实际上很虚弱，打起仗来一紧张就会不听指挥。大王您还是用本国的马吧！"但是夷吾置之不理。到了战场上，夷吾的马果然不听指挥，夷吾也因此掉下车来，沦为秦军的俘虏。

成语心得：外表强大，是不足以取得成功的。

为虎作伥

出自北宋李昉的《太平广记》，用来比喻帮助恶人作恶，帮坏人干坏事。

从前，在一个山洞里住着一只凶猛无比的老虎。有一天，它走出山洞，到附近的山野里去猎取食物。正在这时候，老虎看到不远处有一个人走来，便猛扑过去，把那个人吃掉了。

但是老虎还不满足，它抓住那个人的灵魂不放，非让它再找一个人供自己享用，否则就不让那人的灵魂自由。那个灵魂居然同意了。于是，他就给老虎当向导，找呀找，终于遇到了第二个人。

这时，那个灵魂为了自己早日得到解脱，竟然帮助老虎行凶。他先过去迷惑那人，然后把那人的衣服脱掉，好让老虎吃起来更方便。这个帮助老虎吃人的鬼魂，便被人们叫作伥鬼。

成语心得：对于恶人我们不能妥协，更不能做帮凶。

万马齐喑

出自清代龚自珍的《己亥杂诗》，用来形容局面沉闷。

龚自珍是清代著名诗人，也是近代资产阶级改良主义的先驱之一。龚自珍自少年时便有经国济民之志，但在考中进士后的十多年里，始终得不到赏识，还处处受到排挤。最后，他终于认清了清王朝的腐朽落后，选择了辞官回乡。

在回乡途中，龚自珍目睹国家衰败的种种表现，不禁万分感慨，写下一首《己亥杂诗》，诗曰："九州生气恃风雷，万马齐喑究可哀；我劝天公重抖擞，不拘一格降人才。"龚自珍以此抒发自己的满腔不得志，寄望能够有更多的人才站出来改变国家。

成语心得：当局面死气沉沉时，每一个人都应该勇敢站出来，打破当下的困境。

亡戟得矛

出自《吕氏春秋·离俗》，用来比喻有失有得，得失相当。

春秋时期，齐国和晋国发生了战争，齐国的一个士兵在混战中，丢失了自己的戟。按照军法，丢失了兵器就要受军法处置；然而他偏偏又在战场上捡到了一支矛。

这时，迎面过来一个人，士兵于是问那人："我在战场上丢失了自己的戟，但也捡回了一支矛，那我可以返回军队。不受处罚吗？"那人说："戟是兵器，矛也是兵器，丢失了戟，得到了矛，正好相抵，为什么不可以归队呢？"

士兵听了这个人的话，还是不放心。正好，这时齐国的一位统兵大夫路过，士兵赶紧上去询问。大夫怒斥他说："戟是戟、矛是矛，两者不能相抵，你等着受军法惩处吧！"士兵感到十分绝望，于是冲入战场死战不退，最终壮烈牺牲。

成语心得：有失就会有得，全看个人如何理解、如何做。

危如累卵

出自《韩非子·十过》，用来比喻形势非常危急。

春秋时期，晋灵公为了享乐，下令修建一座九层高台，引起了人民的强烈不满。有的大臣打算劝谏，晋灵公却说："谁再来提意见，就杀谁。"

荀息听说后，便主动入宫觐见灵公，表示自己要变个戏法。只见他走到桌旁，拿出12颗棋子平摆在地上，然后又拿出9个鸡蛋，一个一个地放上去。他先在棋子上面摆了5个，第2层再摆3个，第3层摆1个。晋灵公看着顶端摇摇欲坠的鸡蛋，紧张得直叫"太危险啦"！

荀息这才意味深长地说："还有比这更危险的事呢！您修建的九层高台，刚动工三年就闹得民不聊生、国库空虚，如果遭到外来侵略，晋国不是比这累卵更危险吗？"

晋灵公猛然警醒，连忙下令停止筑台。

成语心得：统治者应当谨慎决策，以免陷国家于危险之中。

吴牛喘月

出自南朝·宋·刘义庆的《世说新语·言语》，用来比喻人遇事过分惧怕，失去了判断的能力。

满奋是曹魏太尉满宠的孙子，曾任冀州刺史、尚书令等职。满奋很有才学，也很清高，但有个毛病就是怕冷。据说，一遇刮风下雨，他就里三层外三层地穿，缩脖子拢手，生怕捂得不严实。

一个深秋的早晨，晋武帝司马炎派人宣他入宫议事。当时宫殿的窗户上装的都是琉璃，锃明透亮，视若无物。满奋以为窗户上啥也没有，浑身不自在起来，好像外面的冷风已经从窗户刮了进来，钻到了他的衣服里。他心神不安的样子很有趣，引得司马炎哈哈大笑。

满奋明白风根本刮不进来后，不好意思起来，红着脸解释道："我就像南方怕热的水牛，看到月亮以为是太阳，忍不住就喘起气来了。"

成语心得：面对危机应该保持理智，这样才不会因畏惧而失去判断。

围魏救赵

出自西汉司马迁的《史记·孙子吴起列传》，借指通过包抄敌人的后方来迫使其撤兵的战术。

战国时，魏国军队包围赵国都城邯郸，齐国应赵国的求救，派田忌为将，孙膑为军师，率兵八万救赵。

起初，田忌准备直趋邯郸，可孙膑认为，要解开纷乱的丝线，不能用手强拉硬扯；要排解别人打架，不能直接参与去打；派兵解围，要避实就虚，击中要害。他向田忌建议说："现在魏国精锐部队都集中在赵国，内部空虚，我们不如趁机进攻魏国的都城大梁，占据它的交通要道，袭击它空虚的地方。如果我们向大梁进军，前线的魏军得知消息后，必然会撤下赵国回师自救，这样我们就可以乘其疲惫，在预先选好的作战地区伏击他们了。"田忌采纳了这一建议，果然解了邯郸之围，魏军也在班师途中被打得大败。

成语心得：绕开问题的表面现象，从事物的本源上去解决问题。

瓮中捉鳖

出自明代凌濛初的《二刻拍案惊奇》，用来比喻想要捕捉的对象已在掌握之中。

北宋末年，宋江等108位英雄好汉义聚梁山泊，杀富济贫，镇压豪绅，屡屡挫败朝廷军队，老百姓都拍手叫好。

有一天，两个地痞流氓来到梁山泊下的酒店吃酒，事后谎称是梁山好汉宋江、鲁智深，不但不付酒钱，还将老板的女儿强行抢走。不久后，梁山好汉李逵路过酒店，听说宋江和鲁智深干下这等伤天害理的事，当即匆匆赶回山寨，这才知道是有人冒充。

正在这时，老板上山报告说那两个恶汉又来了，被他灌醉后正在店里酣睡。李逵兴奋地说："来得正好，看俺瓮中捉鳖，收拾这两个坏蛋！"

李逵手提板斧火速下山，很快就除掉了这两个冒充梁山好汉、败坏梁山名声的流氓。

成语心得：抓捕坏人前，应该摸准他们的行事风格，这样才能快速抓住他们。

物腐虫生

出自《荀子·劝学》，用来比喻祸患的发生，总有内部的原因。

秦朝末年，项羽的亚父、谋士范增认为刘邦必成大患，于是劝说项羽在鸿门宴上借机杀掉他。然而刘邦通过项伯的斡旋，成功消除了项羽的杀心，最终逃过了一劫。

当时，刘邦身边聚集了萧何、张良等许多著名谋士，项羽身边却只有一个范增。即便如此，刘邦仍然觉得范增是一种威胁，于是故意派人散布谣言，挑拨离间他与项羽的关系。项羽刚愎自用，果然中计，从此后逐渐疏远了范增，范增也因忧病而死。等他死后，刘邦最终成功灭掉了项羽。

到了宋朝，苏轼回想起这段历史，又看到当时朝政昏聩，便在《范增论》中感慨说："物必先腐也，而后虫生之；人必先疑也，而后谗入之。"

成语心得：只有本身有了弱点，别人才能乘虚而入。

尾大不掉

出自春秋时期鲁国左丘明的《左传·昭公十一年》，用来比喻机构庞大，指挥不灵。

楚灵王灭掉蔡国后，打算派公子弃疾做蔡公。为此，他特意向申无宇征求意见。申无宇说："最了解儿子的是父亲，最了解臣子的是君主。郑庄公在栎地安置了子元，结果昭公不能登位；齐桓公在谷地安置了管仲，到现在仍然得益。臣听说，亲近的人不在外边，寄居的人不在里边。现在弃疾在外边，君王恐怕要稍加戒备才好。"

楚王说："国都有高大的城墙，怎么样？"申无宇回答说："树枝大了一定折断，尾巴大了就不能摇动，这是君王所知道的。"

听了这番告诫，楚灵王仍然不醒悟，执意外派弃疾。最终，弃疾果然发动叛乱逼杀灵王，自己登上了王位，即楚平王。

成语心得：一个机构想要高效运转，就要保持机构层级和人数科学合理。

外圆内方

出自南朝·宋·范晔的《后汉书·郅恽传》，指为人处世，表面随和，内心严正。

东汉末年，刘备虽然投靠曹操，但私下又参与了意图推翻曹操的汉臣联盟。此后，刘备每天都在后园种菜，以此迷惑曹操。

一日，曹操约刘备入府饮酒，席间议起谁为世之英雄。刘备点遍袁术、袁绍、刘表、孙策、张绣、张鲁，均被曹操一一否决。曹操指出英雄的标准——"胸怀大志，腹有良谋，有包藏宇宙之机、吞吐天地之志"，并说："天下英雄，惟你与我。"刘备见曹操识破自己，竟吓得把筷子丢落在地下。恰好当时大雨将至，雷声大作，刘备便故作害怕说："我从小害怕雷声，一听见雷声只恨无处躲藏。"曹操因此认为刘备胸无大志，难以成事，再未把他放在心上。后来，刘备终于摆脱曹操，建立起自己的霸业，与曹操共争天下。

成语心得：做人既要坚持原则，也要学会适当妥协。

文不加点

出自南朝·梁·萧统的《祢衡〈鹦鹉赋〉·序》，用来形容文思敏捷，写作技巧纯熟。

祢衡是东汉末年的著名文学家，特别擅长文章辞赋，文采斐然。但他为人恃才傲物，喜欢讥嘲权贵，因此曹操、刘表都接受不了他，把他转送至江夏黄祖处做书记官。

在任期间，祢衡曾读到著名书法家蔡邕当年所作的碑文，他过目不忘，事后默写，竟然一字不误。黄祖之子黄射因此对他万分敬佩。一次，黄射大宴宾客，有人献鹦鹉一只，祢衡便应黄射之请，于江夏黄祖公堂上即席作《鹦鹉赋》一篇。他一挥而就，其间竟然没有任何一次停下来修改的地方。

成语心得：只有不断进行写作训练，才有可能达到一挥而就的境界。

韦编三绝

出自西汉司马迁的《史记·孔子世家》，用来比喻读书勤奋，钻研深入。

春秋时的书主要是用竹子来制造，把竹子削成一根根竹签，称为"简"，用火烘干后在上面写字。竹简的长度和宽度都有限，一根竹简只能写一行字，多则几十个，少则八九个。一部书要用许多竹简，这些竹简必须用绳子之类的东西编连起来才能阅读。

孔子晚年花了很大的精力，才把《易》全部读了一遍，基本上了解了它的内容。不久又读第二遍，掌握了它的基本要点。接着，他又读第三遍，对其中的精神、实质有了透彻的理解。在这以后，为了深入研究这部书、为了给弟子讲解，他又不知翻阅了多少遍。这样读来读去，把串连竹简的牛皮带子也磨断了几次，不得不多次换上新的再使用。

成语心得：想要把一本书的内容彻底吃透，就要反复阅读、揣摩。

亡秦必楚

出自西汉司马迁的《史记·项羽本纪》，比喻即使弱小，团结一致也能成功。

战国末期，秦王嬴政逐步统一了六国，就连楚怀王也中计被扣押，最终死在了秦国。因此，楚地百姓都对秦国十分怨恨，楚国的南公也预言说："楚国即使只剩下三户人家，也一定会报仇雪恨、消灭秦国的。"

秦朝末年，秦二世的统治更加残暴，楚人陈胜果然率先奋起反抗，并打出"张楚"政权的旗号。楚将项燕之子项羽也与叔父项梁一道起兵，并在谋士范增的建议下，拥立楚怀王的孙子熊心，仍号楚怀王，以此感召民心。最终，项羽破釜沉舟，一举击败秦军，结束了秦王朝的统治。

成语心得：即便一时失败、势力弱小，只要与他人团结一心，也有成功的机会。

为渊驱鱼

出自《孟子·离娄上》，比喻残暴的统治迫使自己一方的百姓投向敌方。

战国时期，孟子曾谈到民心这一话题。他说："桀、纣丧失天下，是由于失去百姓的支持；之所以失去百姓的支持，是因为失去了民心。得到百姓的支持，就能取得天下；获得了民心，就能得到百姓支持。老百姓归附仁政，犹如水往低处流、兽往旷野跑一样。为深渊赶来鱼儿的，是水獭；为丛林赶来鸟雀的，是鹞鹰；为成汤、武王赶来百姓的，是桀、纣。现今天下若有国君喜好仁德，那么诸侯们都会为他把百姓赶来，即使不想称王天下也是做不到的。如果无意于仁政，就会一辈子忧患受辱，以致陷入死亡的境地。《诗经》说：'他们怎么能得到好结果呀，只能同归于尽罢了'说的就是这个意思。"

成语心得：要善于团结一切力量，而不是把本该团结的人赶走。

尾生抱柱

出自《庄子·盗跖》，用来比喻坚守信约。

春秋时，鲁国有个叫尾生的年轻人，和朋友交往很守信用，受到四乡八邻的普遍赞誉。

后来，尾生认识了一位年轻漂亮的姑娘，两人一见钟情，私订终身。但是姑娘的父母嫌弃尾生家境贫寒，坚决反对这门亲事。为了追求爱情和幸福，他们决定私奔，回尾生的老家曲阜。

那一天，两人约定在城外的木桥边会面，黄昏时分，尾生提前来到桥上等候。不料，突然乌云密布，狂风怒吼，雷鸣电闪，滂沱大雨倾盆而下。不久山洪暴发，滚滚江水裹挟泥沙席卷而来，淹没了桥面，没过了尾生的膝盖。尾生想起了与姑娘的信誓旦旦，寸步不离，死死抱着桥柱，终于被活活淹死。等到姑娘逃出家门匆匆赶来，已经来不及了。

成语心得：坚守诺言固然是一种可贵的品德，但有时候也要适当变通。

五谷不分

出自《论语·微子》，形容缺乏农业方面的知识。

有一天，孔子的弟子子路在跟随老师周游列国时，意外掉队了。他看见一位老农正在田地里干活，就走上前问道："你看见我的老师了吗？"老农看了子路一眼，没好气地回答说："四体不勤，五谷不分，哪里配称什么老师！"

子路觉得自己说话太冒失，于是就很恭敬地站在一边，半天没有说话。老农看子路还算知书明理，就请子路到他家里过夜，不仅盛情款待，还让自己的儿子出来拜见他。

第二天，子路赶上了孔子一行人，就把昨天的事情说了一遍。孔子说："这一定是一位有修养的隐士。"孔子想和他谈谈，叫子路立刻回去找他。当他们到的时候，那位老农和他的家人已经离去了。

成语心得：我们不仅要学习课本知识，还要多了解一些生活常识。

物以类聚

出自西汉刘向的《战国策·齐策三》，用来形容坏人彼此臭味相投，勾结在一起。

春秋时期，齐宣王广召天下贤士，淳于髡在一天内，就推荐了七个人，并且个个名实相符。齐宣王觉得非常奇怪，就问他说："我听说人才很难等到，在方圆千里的土地上，能找着一个就很不得了了。现在你在一天之内就找到七个人，照此下去，贤士不是多得连齐国都容纳不下了吗?"

淳于髡听后说:"鸟都是同类而居;兽也是同类奔走。如果到洼地里去找柴胡和桔梗这类药材，一辈子也找不到一株;但是如果到山阴去寻，那就可以用车装了。我淳于髡也算是个贤士，所以您叫我推荐贤士，就像是到河边打水一样容易，我还打算再给您推荐一批，哪里会只有七个人呢!"

成语心得:志趣相投的人容易在一起。

网开三面

出自西汉司马迁的《史记·殷本纪》，比喻采取宽大态度，给人一条出路。

有一次，商汤在郊外看见个猎人四面设网，并祷告说:"从天上坠落的，从地上生出的，从四方来的，让它们都坠落到我的网上。"

商汤说:"真这样的话，禽兽就被杀光了。除了桀那样的暴君，谁还会做这种事呢?"于是他收起三面的网，只在一面设网，重新教那人祷告说:"从前蜘蛛织网，现在的人也学着织。禽兽想向左去的就向左去，想向右去的就向右去;想向高处去的就向高处去，想向低处去的就向低处去。我只捕取那些触犯天命的。"汉水南岸国家的人听说了，说道:"商汤的仁德遍及禽兽了啊!"于是40个诸侯国都来归顺他。

成语心得:统治者应当实施仁政，恩及所有百姓。

无功受禄

出自《诗·魏风·伐檀序》，意指没有功劳而得到报酬。

战国时期，赵国凭借武力不断侵犯楚国。此时，一个叫杜赫的人来见楚怀王，自称能说服赵国与楚和好。楚怀王非常高兴，准备封杜赫为五大夫，然后派他前往赵国。

大臣陈轸知道了这件事，向楚怀王说:"假如杜赫不能完成跟赵国通好的使命，大王授给他五大夫的爵位，这岂不是无功受禄了吗?"楚怀王深得陈轸说得有理，便问:"那你说该如何办?"陈轸说:"大王最好以10辆兵车派杜赫去赵国，等他完成了使命，再封为五大夫。"楚怀王采纳了陈轸的计策，用10辆兵车送杜赫去赵国。杜赫见楚怀王不提封爵之事，十分生气，干脆拒绝出使赵国。于是，陈轸向楚王说:"杜赫不肯出使赵国，这正表明他心怀鬼胎，只是想骗取爵位罢了。"

成语心得：作为管理者应该赏罚分明，不可无功而赏。

误付洪乔

出自南朝·宋·刘义庆的《世说新语·任诞》，用来比喻把信件寄丢了。

晋人殷羡，字洪乔，曾被任命为豫章太守。在他即将离开南京赶去赴任的时候，很多人都托他带信，他把信一一收下。

来到石头渚时，殷羡擅自启开这些书信，发现大多数都是拉关系、跑人情之类的内容。他对此非常反感，于是将信都抛进了水里，并说："沉者自沉，浮者自浮，殷洪乔不能做致书邮。"所谓致书邮，就是古代对邮递员的称呼。这句话字面意思是：你们这些信呢，能浮着的，就自己漂过去；浮不起来的，就沉下去，反正我殷洪乔是不做邮递员的。而"沉者自沉，浮者自浮"的深层理解应该是：不论怎么拉关系，那些庸碌无为的人自然会被淘汰，而那些确有才华的自然会脱颖而出。

成语心得：对于不正当的请求，我们应该坚决拒绝。

问一得三

出自《论语·季氏》，形容求少得多。

孔子的门徒很多，他的儿子孔鲤也在其中。有的弟子私下认为，孔子一定对自己的儿子格外关心，教他更多学问，对其余弟子则留了一手。

一天，有个名叫陈子禽的学生问孔鲤："你在老师那儿都学些什么呢？"

孔鲤说："有一回，他一个人站在庭院中，问我学过《诗》没有，说不学《诗》就不会说话。从那以后我就开始学《诗》。还有一次，他问我学过礼没有，还说不学礼就没法在社会立足。于是我又去学礼了。"

陈子禽于是高兴地对同学们说："我问孔鲤一件事，他却告诉了我三件事！第一知道要学《诗》，第二知道要学礼，第三嘛……我知道了夫子对自己儿子并不特殊。"

弟子们终于解除了对孔子的误解。

成语心得：善于提问的人，总是能从独特角度入手，获取最多的资讯。

勿忘在莒

出自《吕氏春秋》，比喻不忘本，不忘记曾经的艰苦岁月。

有一天，齐桓公与管仲、鲍叔牙、宁戚几位臣子一同饮酒。酒酣之际，桓公突然问鲍叔牙："你为什么不向大家祝酒呢？"

鲍叔牙于是恭恭敬敬地站了起来，可他刚一开口，就把在座的所有人都"讥讽"了一番。他说："我愿大王您不要忘记在莒国的日子，愿管仲不要忘了被关在囚车里的日子，愿宁戚不要忘了赶车喂牛的日子。"听了这话，桓公赶紧站了起来，说："我与诸位都不会忘记的。"

原来，桓公曾经因故出逃至莒国，好不容易才返回齐国即位；管仲曾因阻碍桓公归国而被关入囚车，险些被处死；宁戚在发迹之前，也曾干过卑贱的职业。鲍叔牙的一番"祝词"看似晦气，其实却是用心良苦。

成语心得：纵然成功，也不可骄傲自得，失去进取之心。

夏炉冬扇

出自东汉王充的《论衡·逢遇》，用来比喻做事不顾实际的情形。

王充是东汉时期的著名哲学家，也是当时封建迷信的社会里，一位罕见、杰出的无神论者、唯物主义者。针对当时盛行的"天人感应"等神秘主义谶纬学说，王充特意写了《论衡》一书作为批评。

他指出，那些所谓的玄虚神秘学说，对当今时代不仅没有增益之处，甚至都不能扭转时弊，实在是百害而无一利。鼓吹这样的学说，就好比是在夏天点炉子取暖、冬天摇扇子乘凉一样，不招来灾祸就已经很侥幸了，哪还能指望推动社会进步呢？

成语心得：做任何事都要从实际出发，否则就会徒劳无功。

小时了了

出自南朝·宋·刘义庆的《世说新语·言语》，用来说明不能因为人小时候聪明，就断定他日后必定能成功。

孔融是孔子的二十世孙，从小就很聪明，在社会上享有盛名。10 岁时，孔融随父亲前往洛阳，有一天他独自前去拜访当地的一位著名太守李大人。到了府门前，孔融便对守门人说："我是李太守的亲戚，请给我通报一下。"

守门人通报后，李太守接见了他，问道："请问你和我有什么亲戚关系呢？"孔融回答道："我的祖先孔子曾向您的祖先老子（老子名李耳）请教过问题，因此咱们是世交呀！"当时在场的宾客听到这番话，都十分惊奇。

其中，一个叫陈韪的人听后便说："小时了了，大未必佳。"聪明的孔融立即反驳道："那陈大夫小的时候，一定很聪明了。"陈韪给孔融的一句话难住了，半天说不出话来。

成语心得：即便天资聪颖，要是不学习进步，长大之后也很难有所作为。

胸有成竹

出自北宋苏轼的《文与可画筼筜谷偃竹记》，比喻做事之前已做好充分准备，对事情的成功已有了十分的把握。

北宋画家文与可非常擅长画竹子，每天总有不少人登门求画。

为了观察竹子，文与可在自家的房前屋后种上各种各样的竹子，无论春夏秋冬、阴晴风雨，他都去竹林观察竹子的生长变化情况，琢磨竹枝的长短粗细，叶子的形态、颜色，每当有新的感受就回到书房，铺纸研墨，把心中的印象画在纸上。日积月累，竹子在不同季节、不同天气、不同时辰的形象都深深地印在他的心中，只要凝神提笔，在画纸前一站，平日观察到的各种形态的竹子立刻浮现在他眼前。所以每次画竹，他都非常从容自信，画出的竹子无不逼真传神。

当人们夸奖他的画时，文与可总是谦虚地说："我只是把心中的竹子画下来罢了。"

成语心得：准备工作做好，才能更好地开展接下来的任务。

栩栩如生

出自《庄子·齐物论》，用来形容画作、雕塑中的艺术形象等生动逼真，就像活的一样。

庄子有一天睡觉，梦见自己变成了一只活泼生动的蝴蝶。他当即振动双翼，轻轻飞起，游历于花丛之间，在花瓣和木叶间大声地笑，实在是畅快极了！然而梦境终究只是梦境，不多时庄子便从梦中醒来。

醒来之后的庄子，依旧沉浸在美好的梦境中，久久不能回神；等他认清眼前的现实，又不禁陷入了沉思：是自己做梦变成了蝴蝶呢，还是蝴蝶做梦变成了自己？如果是自己变成了蝴蝶，为什么自己会体会到蝴蝶独有的飞翔之乐？如果蝴蝶做梦变成了自己，为什么这一切会出现在自己的记忆里？

成语心得：想要创作出精湛的艺术作品，需要我们持之以恒，付出辛勤与汗水。

小心翼翼

出自《诗经·大雅·大明》，原用来形容恭敬严肃，后来形容举动十分谨慎，丝毫不敢疏忽。

宋朝时期有个叫贾黄中的人，15 岁就考上了进士，当上了校书郎。

在贾黄中任宣州太守期间，有一年闹饥荒，百姓饿死了很多。贾黄中就用自家的米做饭，救活了几千人。当他在金陵任职的时候，发现府库内藏有几十匣金银宝贝，马上清理上报朝廷。宋太宗因此非常高兴，不但对他进行褒奖，还特意召他的母亲，表扬她教子有功。

但是，贾黄中办事过分认真、慎重，遇到大事往往不能当机立断。后来他被派往外地任职，在向太宗辞行时，太宗告诫他说："做事恭谦，小心谨慎，不论是做君还是做臣都应该这样；但是太过分了，就会失去大臣的身份。"

成语心得：做任何事情，都应该认真。

朽木不可雕

出自《论语·公冶长》，用来形容一个人坏到了极点，无药可救或无法改造。

春秋时期，孔子门下共有 72 位贤明弟子，其中又有 10 人最为优秀，被誉为"孔门十哲"。孔子的弟子宰予也是其中之一。但在一开始时，宰予并不是一个使老师满意的弟子。

宰予善于言辞，说起话来娓娓动听，因此孔子在一开始时很喜欢他，以为他一定很有出息。可是不久，宰予就暴露出懒惰的毛病。

一天，孔子发现宰予没有来听课，就派弟子去找。一会儿，去找的弟子回来报告说，宰予在房里睡大觉。孔子听了不满地说："腐烂的木头不能雕刻，粪土一样的墙壁不能粉刷。最初我听到别人的话，就相信他的行为；现在我听别人的话后，还得先考察一下他的行为。就从宰予起，我改变了态度。"

成语心得：对于学习一事应当永远保持勤奋，不能有丝毫懈怠。

X 🔖

先声夺人

出自《军志》，用来形容先造成声势，以破坏敌人的士气。

宋国的司马华费遂有三个儿子：华貙、华多僚和华登。华多僚经常在宋元公面前说两个弟兄的坏话，迫使华登逃亡国外，华貙也被宋元公驱逐。华貙愤怒之下，便杀死华多僚，并召集逃亡的人一起反叛宋国。

逃亡在外的华登得到消息，便带领着吴国的一支军队前来会合。眼看华登的队伍快要来到，有位名叫淄的大夫对前来助战的齐国大将乌枝鸣说："兵书《军志》上说：'先行进攻能够摧毁敌方士气；后向敌人进攻要等待他们士气衰竭。'眼下华登的军队很疲劳，还没有安定，为什么不趁机进攻呢？等他们一旦稳住阵形，我们就后悔莫及了。"乌枝鸣听从了他的建议，立即下令进攻。结果，宋、齐国联军成功击败了敌军。

成语心得：与对手交锋时，要抓住时机，率先发起进攻。

休戚相关

出自春秋时期鲁国左丘明的《国语·周语下》，形容关系密切，利害相关。

春秋时期，晋国公子姬周因受到晋厉公的排挤，只好跑到单襄公那里。单襄公很器重他，把他请到自己家里，就像对待贵宾一样招待他。

姬周虽然年纪轻轻，却表现得老成持重、遵守礼节，一言一行毫无不当之处。他虽然身处异地，却仍旧关心晋国，一旦听说晋国有什么灾难就忧心忡忡，听说晋国有什么喜事就非常高兴。

单襄公把他的所有表现看在眼里，认为他将自己的忧愁喜乐与晋国的命运连在一起，是不忘本的表现，将来一定大有前途。因此，单襄公对姬周更加关心、爱护。不久，晋国发生内乱，晋厉公被杀，晋国大夫就派人把姬周接了回去，让他做了晋国的国君，即历史上威名赫赫的晋悼公。

成语心得：任何事物之间都存在着一定联系，不能孤立看待。

兴高采烈

出自南朝·梁·刘勰的《文心雕龙·体性》，原指文章志趣高尚，言辞犀利。后多形容兴致高，精神饱满。

嵇康，字叔夜，是魏晋时期著名的"竹林七贤"之一。他风度翩翩，文才超群，深受当时人仰慕。

嵇康一生写了不少诗和论文。如他在《养生论》中主张"清虚静泰，少私寡欲"，批判士族的纵欲生活和追求长寿的贪婪心态，讽刺这类人是"欲之患其得，得之惧其失，苟患失之，无所不至矣。在上何得不骄，持满何得不溢，求之何得不苟，得之何得不失"，可谓是把魏晋士大夫那种得失急骤、生死无常所产生的贪婪、变态心理一语道破，描述得淋漓尽致。南梁著名的文学批判家刘勰看到后，就在自己的著作《文心雕龙》中评论他的文章是"叔夜俊侠，故兴高而采烈"。

成语心得：进行文学创作要追求言之有物，立意高远。

悬梁刺股

出自西汉刘向的《战国策·秦策一》，形容读书学习十分刻苦。

东汉时，有一个叫孙敬的年轻人，十分勤奋好学。到了三更半夜的时候人很容易打盹儿，为了不影响学习，孙敬便想出一个办法。他找来一根绳子，一头绑在自己的头发上，另一头绑在房子的房梁上，这样打瞌睡的时候只要头一低，绳子牵住头发扯痛头皮，他就会因疼痛而醒过来。就这样，后来他终于成为赫赫有名的政治家。

战国时期的苏秦曾游说秦王未果，回家后又遭到父母兄嫂的冷眼，出于羞愧，他下定决心发愤图强、努力读书。每当他读书读到深夜，疲倦想要打盹儿的时候，就会拿出事先准备好的锥子往大腿上刺一下，强迫自己清醒过来，专心读书。一年后他学有所成，成功地说服齐、楚、燕、韩、赵、魏合纵抗秦，并同时担任了六国国相。

成语心得：勤奋读书的精神值得褒奖，但也要注意爱惜自己的身体。

先发制人

出自东汉班固的《汉书·项籍传》，用来形容争取主动，先动手来制服对方。

唐朝建立后，秦王李世民为太子李建成与齐王李元吉所嫉恨，多次遭到陷害。房玄龄便对长孙无忌说："现在秦王与太子矛盾很深，无法调和，如果不早想办法，不但危及秦王府，恐怕连国家都会陷入危险。我认为不如效法周公的做法，先下手为强。"长孙无忌说："我早就有这个想法，只是没敢说出来罢了。"

于是，长孙无忌将两人的计谋告诉了李世民，房玄龄又劝李世民说："国家患难，历代都有，不是圣明之人，不能平定。大王功盖天地，不但人会为你谋划，就是神也会暗中帮助你。"于是，他便与杜如晦一起同心协力，进行谋划。最终，李世民发动玄武门之变，杀死了李建成、李元吉，不久就成功登上了皇位。

成语心得：狭路相逢之时，不妨通过抢先行动来追求胜利契机。

洗耳恭听

出自元代关汉卿的《单刀会》，用来形容用心地聆听别人说的话。

上古时候，尧想把帝位让给贤士许由，许由听后不但拒绝了这一好意，而且连夜逃进了箕山。

尧还以为许由谦虚，心中更加敬重，便又派人去请他，表示想先请他管理九州。许由听到后更加厌恶，立刻跑到山下的颍水边去洗耳朵。

许由的朋友巢父也隐居在这里，这时正巧牵着一头小牛来饮水，便问许由干什么。许由把原委讲了一遍，说："我听了这样不干净的话，怎能不赶快洗洗我的耳朵呢?"巢父听后冷笑一声说道："若不是你浮游于世、贪求圣名，哪会有今天? 我还是换个地方，省得沾污了小牛的嘴!"说着，他就牵起小牛向上游走去。许由听后自惭不已，立即用清水洗耳和双目，表示愿听从巢父的忠告。

成语心得：对别人的正确意见，一定要谦虚地接受。

相煎太急

出自三国·魏·曹植的《七步诗》，用来形容兄弟或内部之间的残杀或破坏。

曹植是曹操的第四个儿子，和曹丕是同母兄弟。早在曹植19岁时，便写出了鼎鼎大名的《铜雀台赋》，又因为人忠厚而被曹操看中，差点被立为世子。但因为曹植性格狂放，曹操经过几番思虑，最终打消了这个念头。

曹操死后，曹丕自立为皇帝，他对曹植十分嫉恨，一直都想除掉他。一天，他特意叫人召来曹植，要求他以兄弟为题，在七步之内作首诗，否则就要处死他。

曹植见兄长如此无情，心中十分悲戚，没等走完七步，就吟出一首诗：

"煮豆持作羹，漉菽以为汁。其在釜下燃，豆在釜中泣。本自同根生，相煎何太急?"曹丕听了，冷汗涔涔，脸上露出惭愧的神色。

成语心得：兄弟之间、团队内部应该互相关爱，团结一致。

相濡以沫

出自《庄子·大宗师》，用来形容在陷入困难时互相帮助。

有一天，庄子去河边散步，突然看到河滩上有两条小鱼躺在已经干涸的水坑里，正互相吐着泡沫，把唾液抹在对方的身上。庄子感到十分好奇，便问它们这是在干什么。

鱼儿说："我俩一不小心被冲到岸上的小水洼里，现在水已经没了。我们只能用唾液保持彼此身体的湿润，争取多活一点儿时间。倘若能够天降大雨，我们就有救了。"

庄子听后很感动，就把它们捧起来，小心翼翼地送入了河中。只见原本在绝境中相依为命的两条鱼儿，在水中互相绕着游了几圈，然后就各自游向深水，就像从不认识一样。庄子见后频频点头，感叹地说："相濡以沫，不如相忘于江湖啊!"

成语心得：当我们陷入困境时，即便力量再弱小，仍可以互相扶持。

虚与委蛇

出自《庄子·应帝王》，形容对人虚情假意，敷衍应付。

列子曾跟随壶子学习老庄之道，后来遇到了会相面的巫咸，便认为自己的老师不如巫咸。壶子听后便表示愿意和巫咸比试一番。

巫咸第一次来时，壶子示以地之相。巫咸看完后说："我看到了湿透的死灰，你十天之内必死无疑。"壶子说："明天你再来。"第二天，壶子示以天之相。巫咸说："你运气不错，幸亏遇到我才有了转机，得以恢复。"壶子说："你明天再来。"第三天，壶子示以全息之相。巫咸一看世间诸相应有尽有，不敢妄言。壶子说："你明天再来。"第四天，壶子示之以无相之相。巫咸一看，站都站不稳，转过身撒腿就逃。

列子这才知道老师的高深，老老实实地跟着他修行，最终成功达到了忘我的境界。

成语心得：对于那些虚情假意、随便应付自己的人，我们要保持警惕和一定距离。

悬崖勒马

出自清代纪昀的《阅微草堂笔记》，用来比喻到了危险的边缘及时清醒回头。

从前，有一位书生进京赶考，并寄住在一处名为云居寺的地方。在那里，他与一名十四五岁的少年结识，关系十分友好。

有一次，这位少年正在书生房中，突然有几位客人前来拜访书生，可他们都看不到少年。书生这才觉得怪异，一问之下才得知，这位少年原来是杏树精所化。这位少年一再表示说，自己与其他妖魅不同，不会害人性命，只是需要吸取人体的一部分精气来修炼罢了。

书生听后说："你虽然说不会害我性命，但吸取我精气的做法，却同样是在害我啊！"于是他与少年彻底绝交，少年只得羞愧地离去。

成语心得：当我们意识到自己的做法错误时，一定要及时改正，不能一错再错。

香车宝马

出自唐代韦应物的《长安道》，用来指名贵的宝马，考究的车子。

韦应物是唐代著名的诗人，早在唐玄宗时就已经入朝，成为玄宗的近侍。"安史之乱"后，韦应物失去了官职，此后又发奋读书，再次出仕，并在代宗、德宗两朝，逐渐官至刺史。

经历了"安史之乱"的动荡后，唐朝开始由盛转衰，政治也开始变得昏暗。韦应物对此感到有些厌倦，但又不愿彻底抛开世事归隐，心情十分矛盾。正是在这样的背景下，他中途几次辞官，其间还写了一首名为《长安道》的诗，其中两句为："宝马横来下建章，香车却转避驰道。"韦应物以此把自己同那些淡泊名利的真隐士区别开来，表明了他对幽居独处、独善其身的满足，同时也表明他对别人的追求并不鄙弃。

成语心得：追求富贵并没有错，但人生总有比这更为高尚的追求。

小鸟依人

出自后晋刘昫的《旧唐书·长孙无忌传》，用来形容像小鸟那样依傍着人。

褚遂良是唐朝著名书法家，被唐太宗任命为起居郎，专门负责记载皇帝的言行起居。

一天，唐太宗问褚遂良："你每天记载我的言行起居，我可以看看吗？"褚遂良回答："如今设立起居郎的职务，如同古代的史官，善行恶行都要记录在案，以督促皇帝不犯错，我从未听说皇帝本人要看这些内容的。"唐太宗又问道："如果我有不好的言论行为，你也要记下来吗？"褚遂良回答说："这是我的职责所在，您的一言一行，我都要记下来。"

因此，唐太宗在后来评论朝中诸臣时，这样评价褚遂良："褚遂良在学问方面大有长进，性格很刚直，对朝廷忠心，对我很有感情，平时一副飞鸟依人的模样儿，我很是怜爱他啊！"

成语心得：比起刚硬的气态，娇楚的姿态更容易引起人的爱怜。

徙宅忘妻

出自《孔子家语·贤君》，用来比喻粗心健忘。

春秋时期，有一个人在乔迁新居时，竟然忘了把妻子带回新家，因此沦为笑柄。鲁哀公不相信世上真有这么糊涂的人，便去问孔子。

孔子哈哈大笑着说："怎么没有，这不算稀奇，还有的连自身都忘了呢！"鲁哀公更加惊奇了。孔子解释说："商纣王博闻广见，思维敏捷，身材高大，功夫过人。他曾经攻克东夷，把疆土开拓到长江流域。稳坐江山后，他不居安思危，忘乎所以，沉于酒色，纵欲作欢，使朝政腐败不堪，平民受尽了压榨；他还粉饰太平，残杀忠臣，最后招致众叛亲离，民怨四起，各诸侯对商朝也是离心离德。结果，国家亡了，他自己也死了。他不但忘记了国家，遗忘了平民百姓，连自身也都忘记得一干二净啊！"

成语心得：做人不能粗心荒唐，更不可连自身都不顾了。

狎雉驯童

出自南朝·宋·范晔的《后汉书·卓鲁魏刘列传·鲁恭》，用来形容政绩突出。

东汉章帝时，有个官员名叫鲁恭，曾经担任中牟县令，为人以贤德著称。有一年爆发蝗灾，许多郡县深受其害，唯独中牟县没有蝗虫。

河南尹袁安听说后有些怀疑，便派下属肥亲前去察看。鲁恭随他到田间，一起坐在桑树下休息，有一只雉鸟飞过，停留在他们身边。旁边有个小孩，肥亲问他："你为什么不捕捉雉鸟？"小孩说："它将要生小鸟。"肥亲惊讶地站起身，和鲁恭告别说："我之所以要来，是要看看你为政的情形。现在虫害不侵犯边境，这是第一个特异之处；德化能及于禽兽，这是第二个特异之处；小孩子有仁爱之心，这是第三个特异之处。我再长时间逗留，只会是干扰贤能之人了。"

成语心得：贤德的官员不但能够造福一方，还能引导当地的社会风气。

心口如一

出自清代李汝珍的《镜花缘》，用来形容人诚实直爽。

明朝隆庆年间，大名府元城县有个名叫陈秉忠的人，从小聪明灵慧，善于作诗写文章。陈秉忠先是以贡生的身份被任命为湖北襄阳县知县，后来又调到博平县为官。

在任职期间，陈秉忠始终尽心尽力，忠于职守，为当地老百姓干了很多实事，政绩十分突出。自古以来，官场中人的一言一行总是难免有所遮掩，不能过于直白；但陈秉忠素来为人爽直、诚实，心里想的什么，口中讲的就是什么。他曾对自己的下属说："我不希望别人对不起我，自己又岂能做对不起别人的事？"

成语心得：比起遮遮掩掩、有所隐瞒的人，坦诚待人者更容易受到他人欢迎。

响遏行云

出自《列子·汤问》，用于形容歌声嘹亮。

战国时期，有个喜欢歌唱的青年，名叫薛谭。他得知秦青在歌唱方面很有造诣，便拜秦青为师。经过一段时间的学习，他有了很大进步，受到了同行的称赞。

薛谭自以为已经把老师的本领学到手了，于是有一天便去向秦青告别。秦青没有挽留他。第二天，秦青在郊外设宴为他送行，在饮酒话别的时候，秦青打着拍子，唱了一支非常悲壮的歌曲。那高亢的歌声使周围的树木都颤动起来，天空中的流云都停了下来。

薛谭这才意识到自己的骄傲自满有多么愚蠢，他十分惭愧地对秦青说："老师，我原以为学得和您差不多了，现在才知道比老师差远了。请老师原谅我，让我继续跟您学习吧！"

成语心得：既然向别人请教，就应该保持谦卑，不能骄傲自大。

虚左以待

出自西汉司马迁的《史记·魏公子列传》，用来形容对宾客十分尊重。

魏国有个隐士叫侯嬴，已经 70 岁了，是大梁城东门的看门人。信陵君听说之后，就送给他一份厚礼。

但是侯嬴不肯接受，说："我几十年来修养品德，坚持操守，不能因贫困而接受财礼。"信陵君于是大摆酒席，等宾客坐齐之后，就带着车马和随从人员，空出车子上的左位，亲自到东城门去迎接他。侯嬴径直上车，丝毫没有谦让的意思，借此观察信陵君的态度，后者反而更加恭敬。侯嬴又对他说："我有个朋友在屠宰场，想顺道去拜访他。"信陵君立即驾车前往。侯嬴见到朋友后，故意久久地站在那里，信陵君也没有丝毫不耐烦的神色。侯嬴这才决定为信陵君出谋划策。

成语心得：对于客人应当发自内心地尊重，这样才能赢得他们的认可。

心腹之患

出自春秋时期鲁国左丘明的《左传·哀公十一年》，用来比喻隐藏在内部的严重祸害。

吴王夫差将要讨伐齐国，越王勾践立即前去朝见并送上厚礼，吴国人都很高兴。唯独伍子胥担忧地说："这是在豢养吴国啊！"他劝夫差说："越国对我们就像心腹中的一个病。他们的柔顺服从，是要达到他们的目的，我们不如在这方面早做准备。越国不用挖池沼，吴国也会泯灭，好比让医生治病，而说'一定要留下病根'那样的事，是从来没有的。现在您的做法有所改变，想要用这种办法来求得称霸的大业，不是太困难了吗？"

吴王不听，派伍子胥出使齐国，伍子胥就把儿子托付给齐国的鲍氏，改姓王孙氏。伍子胥办完差事回来，吴王听说这件事，便派人把宝剑赐给伍子胥让他自杀。伍子胥心知吴国必将灭亡，于是失望地自杀。

成语心得：灾祸多起于萧墙之内。

胸无城府

出自元代脱脱的《宋史·傅尧俞传》，用来形容待人接物坦率真诚。

北宋神宗时，傅尧俞奉调进京。当时，王安石本想傅尧俞能助他一臂之力，傅尧俞却说："世人都认为新法不妥当，如果我在谏院任职，定当反映这一情况。"王安石听后很恼怒，于是将他贬谪。

宋哲宗即位后，傅尧俞又被召入京城，他为人不设防，在皇帝面一向知无不言，言无不尽。他曾上奏章说："假如让我举荐正直，处置奸佞，我虽才疏学浅，也会尽力而为；如果让我窥探别人隐私，吹毛求疵，我做不到。"当初，众人都认为他对新法有意见，一定不会执行。可是傅尧俞对朝廷的法令一律遵照执行。他说："君子要根据所处的职位来行事。我如今身为郡守，自然要遵照朝廷的法令政策。"

成语心得：做人应该坦荡胸襟。

行尸走肉

出自东晋王嘉的《拾遗记》，意为只有人的形体，不具备人最基本的感觉。比喻糊里糊涂过日子。

任末 14 岁时，求学没有固定的老师。他背着书籍跟老师求学，不怕困难。他常常说："人如果不学习，那么凭什么成功呢？"

任末有时靠在树下，编白茅为茅草小屋，削荆条制成笔，刻划树汁作为墨水。晚上就在星月的辉映下读书，遇上没有月亮的黑夜，他便点燃麻蒿取光。看书有领会的时候，写在他的衣服上，用来记住这件事。徒弟们钦佩他的勤学精神，常用洗净的衣服换取他写满字的衣服。他临终时告诫别人说："人喜欢学习，即使死了也好像活着；不学习的人，即便是活着，也不过是行尸走肉罢了。"

成语心得：做人要有理想和追求，不能糊里糊涂地生活。

雪中送炭

出自南宋范成大的《大雪送炭与芥隐》，比喻在别人急需时给以物质上或精神上的帮助。

宋太宗虽然是皇帝，但他知道创业不易，因此生活很俭朴，也很体恤百姓。

有年冬天很冷，宋太宗穿着狐狸皮外套，坐在温暖的屋子里还觉得冷。他想："天气这么冷，那些缺衣少柴的百姓肯定也很冷。"于是，他把开封府尹召进宫，说："现在这么冷，我们这些吃穿不愁的人都觉得冷，那些缺衣少食、没有木炭的百姓肯定更冷。你现在就带人拿着衣食和木炭去城里走走，帮帮那些无衣无柴的百姓。"开封府尹听后，立刻带人拿着衣食和木炭，去问候那些贫困的百姓。受到救助的人们都很感激。

　　成语心得：当别人遇到困难的时候，每个人都要及时地给予他们帮助。

揠苗助长

出自《孟子·公孙丑上》，用来说明做任何事都要尊重自然规律，不能只按照主观愿望去做的道理。

古时候有个人，总觉得自家田里的禾苗长得不如邻家，一心希望它们也能长得快点，就天天到田边去看。可是，一天、两天、三天过去了，禾苗好像一点也没有长高。这个人在田边焦急地转来转去，自言自语地说："我得想个办法帮它们长高。"

一天，这人终于想到了办法，就急忙跑到田里，把禾苗一棵一棵往上拔。他从中午一直忙到太阳落山，弄得精疲力尽。当他回到家里时，一边喘气一边对儿子说："今天可把我累坏了，力气没白费，禾苗都长了一大截。"他的儿子不明白是怎么回事，就跑去田里看，结果却发现禾苗全都死了。

成语心得：万事万物的发展自有规律，不可盲目干涉，否则就会适得其反。

一诺千金

出自西汉司马迁的《史记·季布栾布列传》，用来比喻说话算数，极有信用。

秦朝末年，在楚地有一个叫季布的人，为人十分仗义。只要是他答应过的事情，不管多难都一定会办到，因此他深受时人敬重。

楚汉相争时，季布曾在项羽麾下，多次击败刘邦；刘邦称帝后，就下令通缉季布。然而敬慕季布的人纷纷帮助他，哪怕明知触犯刑法也在所不惜。在夏侯婴的劝说下，刘邦最终撤销了对季布的通缉令，还封季布做了太守。

季布的同乡人曹邱生听说季布做了大官，就马上去见季布，并吹捧他说："楚地到处流传着'得黄金千两，不如得季布一诺'这样的话，您怎么能够有这样的好名声呢？"季布听后十分高兴，便将他当作贵客招待，还送给他一笔厚礼。后来，曹邱生又继续替季布到处宣扬，季布的名声越来越大了。

成语心得：做人就要信守承诺，绝不能食言。

一字千金

出自西汉司马迁的《史记·吕不韦列传》，用来形容文字价值极高，文辞精彩奇妙。

战国末期，大商人吕不韦通过拥立秦庄襄王，当上了秦国丞相。吕不韦心知自己资历太浅，便召集门客进行商议，讨论如何提高自己的威望。

有人说："孔子能享誉后世，是因为他写了《春秋》；孙武能扬名后世，是因为他著有《孙子兵法》。我们为什么不写部书，既能扬名当世，又能垂范后代呢？"

吕不韦认为这个建议很好，就立即组织人员撰写，共写了二十六卷、一百六十篇文章，也就是著名的《吕氏春秋》。书写成后，吕不韦命令下属把全文抄出，贴在城门上，并发出布告："谁能把书中的文字改动一个，就赏黄金千两。"由于畏惧吕不韦的权势，竟没有一个人来自讨没趣。

成语心得：想要创作出价值不凡的作品，就一定要精益求精。

一鸣惊人

出自《韩非子·喻老》，用来形容原本表现一般，却突然做出惊人的成绩。

楚庄王熊旅即位后，连续三年没有发布任何政令，也没有任何举措，楚国因此变得衰落。

右司马伍举十分担忧，便对楚庄王讲了一个微妙的谜语："有一只鸟停在南方的阜山上，三年不展翅，不飞翔，也不鸣叫，沉默无声，这是什么鸟呢？"楚庄王说："三年不展翅，是为了生长羽翼；不飞翔、不鸣叫，是为了观察民众的态度。虽然还没飞，一飞必将冲天；虽然还没鸣，一鸣必会惊人。你放心，我知道了。"经过半年，楚庄王就亲自过问朝政，废除了十项弊政，启用了九项新政；诛杀大奸臣五人，提拔隐士六人。楚国因此再次强大，最终成为天下霸主。

成语心得：成功不是一朝一夕可以实现的，在此之前，应该保持耐心，不断进取。

一叶障目

出自春秋毛遂的《鹖冠子·天则》，用来比喻被眼前的现象所迷惑。

楚地有一个人，在读《淮南子》时看到书上说：要是有人能得到螳螂捕蝉时，用来遮挡自己的那片树叶，就能用它隐藏自己的身体。他十分高兴，于是专门找了这样一片树叶，不料却因一时失手与其他落叶混在了一起。

于是，他索性将落叶全部抱回家，一片一片轮番遮住自己的眼睛，问妻子能否看见他。妻子被问得不耐烦了，便随口说看不见。这人一听心里大喜，急忙将树叶揣在怀里，跑到街上去。到了闹市，他举着树叶，旁若无人地当面"行窃"，结果被官府差吏当场抓住，押送县衙。县官审问他的时候，他老老实实地叙述了事情的始末，县官听了大笑不止，没治罪就把他放了。

成语心得：要看清事物的全貌，不能盲目轻信、盲目崇拜。

月下老人

出自唐代李复言的《续幽怪录·定婚店》，用来表现人们对爱情的美好向往。

唐朝时候，有一个叫韦固的人。一天晚上，韦固正在街上闲逛，突然看到月下有一位老人席地而坐，翻看一本又大又厚的书，身旁还有一个装满了红色绳子的大布袋。韦固十分好奇，便上前询问老人看的是什么书。

那老人回答说："这是一本记载天下男女婚姻的书。"

韦固听了以后更加好奇，就再问说："那你袋子里的红绳子，又是做什么用的呢？"

老人微笑着对韦固说："这些红绳是用来系夫妻的脚的。不管男女双方是仇人还是天各一方，我只要用这些红绳系在他们的脚上，他们就一定会

231

和好，并且结成夫妻。"

成语心得：爱情是世间最美好的感情，因此才会格外令人向往。

掩耳盗铃

出自《吕氏春秋·自知》，用来比喻自欺欺人。

有个小偷半夜翻墙行窃，看见院子里吊着一口用上等青铜铸成的大钟。他想把钟敲碎搬回家，可刚敲了一下，钟就发出巨大的声响。

小偷吓了一跳，慌忙捂住自己的耳朵，这时他突然发现钟声竟然变小了。于是他想：只要把耳朵塞住，不就听不到铃声了吗？他觉得自己很聪明，于是立即找来棉花塞住耳朵，然后抡起锤子，一下一下地狠命砸了起来。这下，他果然听不见任何响声了。

可是，他自己虽然听不见钟声，其他的人却都没有堵上耳朵；伴随着他敲钟的动作，一阵阵巨响也远远地传了出去，很快就惊醒了附近的人们。人们听到钟声后蜂拥而至，很快就把小偷捉住了。

成语心得：客观存在不会因为人的主观意志而改变。

一箭双雕

出自唐代李延寿等的《北史·长孙晟传》，比喻做一件事同时达到两个目的。

北周的皇帝为了边境安宁，决定把一位公主嫁给突厥国王摄图；为了安全起见，又派了一位名叫长孙晟的将军率领将士，沿途护送公主。抵达之后，摄图大摆酒宴犒赏将士，酒过三巡，按照突厥的习俗要比武助兴。突厥国王命人拿来一张硬弓，要长孙晟射百步以外的铜钱。只见长孙晟弯弓搭箭，"嗖"的一声，那支箭就射进了铜钱的小方孔。

从此摄图对长孙晟非常敬重，留他在突厥住了一年，并经常让他陪着自己去打猎。有一次，他俩正在打猎，突然发现空中有两只大雕在争夺一块肉。长孙晟于是便抽出一支箭，对准两只大雕猛地一射。只听"嗖"的一声，两只大雕便串在一起掉了下来。

成语心得：做事的时候要找准方向和方法，争取一次性收获更多。

一毛不拔

出自《孟子·尽心上》，形容为人非常吝啬自私。

墨子是战国时期，墨家学派的创始人，他主张"兼爱"，反对战争。差不多与墨子同一时期，还有一位叫杨朱的哲学家，他反对墨子的"兼爱"，主张"重己"，既反对他人侵夺自己，也反对自己侵夺他人。

有一次，墨子的学生禽滑厘问杨朱："如果拔您身上一根汗毛，能使天下人都得到好处，您愿意吗？"

杨朱说："天下的问题，绝不是拔一根汗毛所能解决得了的！"

禽滑厘又说："假使能的话，您愿意吗？"

杨朱默不作答。

大思想家孟子听后评价说："杨子的主张是'为我'，即使拔他身上一根汗毛就能有益天下，他也是不干的；而墨子主张'兼爱'，只要对天下人有利，即使磨光头顶、走破脚板，他也甘心情愿。"

成语心得：做人不能太自私，要学会帮助他人。

一日千里

出自《庄子·秋水》，原指马跑得很快，后指人迅速进步。

战国时期，燕国太子丹曾在赵国做人质，并与尚未即位的嬴政相处良好。但在嬴政登基为王、太子丹前往秦国做人质后，嬴政不仅不念旧情，反而处处刁难他。太子丹返回燕国后，便想报复嬴政。

不久，秦国大军渐渐逼近燕国，太子丹忧愁万分，就向一位名叫田光的人请教。

听到太子丹的询问后，田光拉着太子丹的手走到门外，指着拴在大树旁的马说："这匹马在壮年时，一天可以跑千里以上；等到它衰老时，劣马都可以跑在它的前面。这因为它精力已经衰退。如今我年事已高，精力也早就不行，根本无能为力。请允许我给您推荐别的人选，或许可以帮助您完成愿望。"

于是，田光便将荆轲推荐给了太子丹。

成语心得：想要有所成就，就要不断努力，追求更快的进步。

以貌取人

出自西汉司马迁的《史记·仲尼弟子列传》，指根据外貌来判别人的品质和才能。

春秋时期，圣人孔子有许多弟子，其中一人名叫宰予。宰予口齿伶俐、能说会道，给孔子的印象不错，但后来大白天躺在床上睡大觉。为此，孔子批评他是"朽木不可雕"。

孔子还有一个弟子，叫澹台灭明，字子羽，比孔子小 39 岁。子羽的相貌很丑陋，孔子因此觉得他资质低下，不会成才。但子羽在学完后，回去就致力于修身实践，处事光明正大，从不因私事会见公卿大夫。后来，子羽游历到长江，跟随他的弟子有 300 人，各诸侯国都传诵他的名字。孔子听说了这件事，感慨地说："我只凭言辞判断人品质能力的好坏，结果看错了宰予；我只凭相貌判断人品质能力的好坏，结果又看错了子羽。"

成语心得：外貌与品质、才能并没有必然联系，我们不能仅从外表判断他人。

一败涂地

出自西汉司马迁的《史记·高祖本纪》，用来形容败得十分彻底。

秦朝末年，陈胜、吴广等人在大泽乡发动了起义。沛县县令见局势不稳，心里十分恐慌，县吏萧何、曹参便建议把逃亡在外的刘邦召回来。县令派人去召请刘邦，可是当刘邦的人马来到城下时，县令又怕刘邦取代自己。因此，他不但下令关闭城门，还打算杀掉萧何、曹参。萧何、曹参逃到城外，得到了刘邦的保护。

刘邦写了一封信射进城里，号召百姓响应起义。城里百姓果然齐心响应，杀死了县令，打开城门迎接刘邦进城，并请他做首领。刘邦推辞说："现在天下大乱，如果首领推举不当，一旦失败，我们的肝脑都只能涂在地上。请你们另外推举更合适的人吧！"刘邦多次谦让，最后还是担任了首领，被尊为"沛公"。

成语心得：为了避免彻底的失败，就一定要把握好每一处细节。

一钱不值

出自西汉司马迁的《史记·魏其武安侯列传》，用来形容人毫无价值。

西汉时，有一个叫灌夫的人，性情刚强直爽。他常侮慢地位比他高的官员，而对地位比他低的人却十分敬重。

灌夫喜欢喝酒，常因喝醉了使性子。有一天，丞相田蚡结婚，灌夫喝了不少酒后，又走到田蚡面前敬酒。田蚡说："我喝太多了。"灌夫见他不爽快，便讽刺地说："您虽是贵人，也应喝完我敬的这杯酒。"田蚡还是没有干杯。灌夫自讨没趣，就走到临汝侯灌贤面前敬酒。这时，灌贤正与程不识交头接耳，没有对他表示出欢迎的样子，灌夫很气愤，便骂灌贤说："我一向就说程不识不值一钱，今天在这里你竟和他咬耳根子……"

从此，人们便用"一钱不值"来形容人毫无价值。

成语心得：一无是处的人很难在社会上立足，因此我们要努力提升自己的能力。

一窍不通

出自《吕氏春秋·贵直论·过理》，用来形容人什么都不懂。

商朝末年，纣王昏庸残暴、沉湎酒色，轻信宠妃妲己的谗言，过着荒淫无耻的生活。大臣比干是一位忠心的良臣，他看到纣王如此昏庸，心中十分着急，便多次入宫劝谏纣王，希望他能够改邪归正。

有一次，纣王听信妲己的话，杀害了无辜的梅伯。比干知道后又急忙劝谏纣王，希望他不要错杀无辜，并说这样下去是要亡国的。比干的劝谏引起了纣王的极大不满，他愤怒地斥责比干说："我早就听说圣人的心有七窍，我要把你杀了，取出心来看个究竟！"最终，纣王果真杀了比干，并挖出了他的心。

孔子说起这件事，感叹道："纣王心窍不通，如果通了一窍，那么比干就不会被杀害了！"

成语心得：一旦没有知识，人就很容易沦为不辨是非的蠢人，犯下各种大错。

与虎谋皮

出自北宋李昉的《太平御览》，用来比喻与恶人交易，无法达到目的。

鲁定公想让孔子担任司寇，便问左丘明说："我想让孔子担任司寇，你看要不要和大臣商量一下？"

左丘明回答："我听说过这样一个故事：有一个人打算缝制一件狐狸皮袍，于是就与狐狸商量说：'把你们的毛皮送给我几张吧。'狐狸一听，全逃到山林里去了。后来他又想用肥美的羊肉祭祀，于是去找羊说：'请帮帮我的忙，把你们的肉割下二斤吧。'没等他说完，羊吓得狂呼乱叫，一齐钻进树林里藏了起来。这样，那人十年也没缝成一件狐狸皮袍子，五年也没办成一次祭祀。这是什么道理呢？原因就在于他找错了商议的对象。您现在打算让孔丘当司寇，却与那些可能因此丢官的人商议，这不是与虎谋皮、与羊要肉吗？"

成语心得：与人合作一定要注意对象，不能选择那些不可靠的人。

一丝不苟

出自清代吴敬梓的《儒林外史》，形容做什么事都认真，连最细微的地方也不马虎。

明朝初期，明太祖朱元璋下令禁止杀牛。有个老人想吃牛肉，便以50多斤牛肉贿赂知县汤奉。当天乡绅张静斋恰好去拜访汤奉，汤奉便问他该如何处理。

张静斋说："身为朝廷命官，心中应只有朝廷，哪能受贿枉法？洪武年间，有一次皇上到刘伯温家中造访，正巧有人送来一个坛子，刘伯温打开一看，发现里头全是金子。皇上见了勃然大怒，第二天就把刘伯温贬为知县，不久又将他毒死。"汤奉听了十分害怕，急忙请教该如何处理才好。张静斋说："你可以把这几个人抓起来，用一副大枷锁了，把牛肉堆在枷上，并且出一张告示，批评他们胆大妄为。如果上司知道你办事一丝不苟，一定会提拔你的。"汤知县听了连连称是。

成语心得：对于自己的工作一定要谨慎细心，不能疏忽大意。

羊入虎口

出自明代罗贯中的《粉妆楼》，比喻弱者陷入险恶的境地，面临被残害的处境。

秦朝末年天下大乱，百姓纷纷起来反抗暴政，沛县的刘邦也带领自己的人马参加起义。不久，他打算直接攻打秦朝的首都咸阳。

当刘邦的军队路过高阳时，有个叫郦食其的长者前来投奔，并劝他说："您把乌合之众、散乱之兵聚集起来，总共也不过一万人，如果以此来直接和强秦对抗的话，那就是人们所常说的探虎口啊！陈留是天下的交通要道，四通八达，现在城里又有很多存粮。我和陈留的县令很是要好，请您派我到他那里去一趟，让他向您投降。他若是不听从的话，您再发兵攻城，我在城内又可以作为内应。等您拿下这个县，招兵买马训练部队后，再攻打咸阳也为时不晚。"刘邦采纳了他的提议。

成语心得：做任何决定都应当明辨当前的情势、处境，以免做出错误选择。

一网打尽

出自北宋魏泰的《东轩笔录》，比喻一个不漏，全部抓住或彻底清剿。

北宋时，进奏院主官苏舜钦倡导革新，屡次批评宰相吕夷简，引起对方的强烈不满。

有一年秋天的赛神会上，苏舜钦依照以往惯例，变卖衙门里的多余东西，换成钱来举办宴会；为了让大家更加开心，他还私人赞助了十千钱。其他接受邀请的人，也分别拿出钱来凑份子。

有个官员想参加却未被邀请，因此怀恨在心，便在京城里到处宣扬苏舜钦等人铺张浪费。吕夷简一见有机可乘，也跟着其他大臣，一起在皇帝面前弹劾苏舜钦。

皇帝听了大怒，把苏舜钦变卖东西一事定为监守自盗，免去了他的官职；那天参加宴会的其他人，也全被免职、降职或贬谪。革新派因此受到沉重的打击。

成语心得：对于奸邪之徒应该绝不容忍，一个不漏地进行打击。

一衣带水

出自唐代李延寿的《南史·陈纪下》，意为水道像衣带那样窄，比喻离得很近。

隋文帝杨坚建立隋朝后，想统一天下，因此在北方励精图治。而当时南方的陈朝后主陈叔宝却荒淫无度，不理朝政，并不把这事放在心上。

经过七年的准备，隋朝终于做好了统一全天下的准备，公元588年冬，隋文帝正式下令伐陈。出发前，他对三军将士说："我是天下老百姓的父母，难道能够因为一条像衣服带子一样狭窄的长江的阻隔，就不去拯救那里的老百姓了吗？"隋文帝志在必得，派晋王杨广为元帅，率领五十万大军渡江南下，向陈朝的都城建康发动猛烈的进攻。很快，隋朝大军就攻下建康，俘获了陈后主，彻底灭掉了陈朝。

成语心得：即便有江海阻挡，同胞依旧是同胞。

一意孤行

出自西汉司马迁的《史记·酷吏列传》，用来形容不听人劝，按照自己

237

的意愿做事。

西汉时期，汉武帝刘彻对大臣赵禹十分赏识，让他与太中大夫张汤一同负责制定国家法律。

当时许多官员都希望赵禹能把法律条文修订得宽松一些，便纷纷请他和张汤一起做客赴宴，但赵禹从来不答谢回请。几次以后，不少人说他官架子大，看不起人。后来，赵禹决定制定"知罪不举发"和"官吏犯罪上下连坐"等律法，用来限制在职官吏，不让他们胡作非为。

消息一传出，公卿们纷纷带了重礼来到赵禹家，谁知赵禹死活就是不松口；等客人走后，他又硬是把他们带来的重礼退还。他说："我这样断绝人们的请托，就是为了自己能独立地决定、处理事情，按自己的意志办事，而不受别人的干扰。"

成语心得：如果自己的做法正确，那么即使多数人反对，也应当坚持去做。

一字之师

出自北宋陶岳的《五代史补》，比喻即使只从别人那儿学到一点东西，别人也是自己的老师。

唐朝有个人叫齐己，很喜欢写诗。他有个好友郑谷，也是当时的诗人。

有一次，齐己写了一首诗，叫《早梅》，其中有这么两句："前村深雪里，昨夜数枝开。"过了几天，郑谷上门拜访，齐己对他说："我写了一首诗，你给我看看怎么样。"郑谷看了半天，说："意境很好，情致也很高。但有一点：你写的是早梅，早梅是早开的梅花，一般不会数枝开，我觉得应该把'数枝'改成'一枝'。'前村深雪里，昨夜一枝开'，这就显得这梅花是早开的。"

齐己听后赞叹地说："改得好！你真是我的一字之师啊！"因为郑谷只提出一个字的修改意见，却堪称老师，所以叫一字之师。

成语心得：哪怕别人只有某一点比我们优秀，我们也要谦虚地向其学习。

一决雌雄

出自《史记·项羽本纪》，比喻一决高下，分出胜负。

秦末汉初，楚王项羽、汉王刘邦为争夺天下而连年用兵，两军相持日久，不分胜负。只是苦了双方的士兵和百姓，精壮的士兵为频繁的征战所累而叫苦连天，百姓更是被水陆军运拖得喘不过气来。

项羽对刘邦说："天下多年来之所以战争频繁、混乱不堪，只是因为我们两人互相争斗的缘故。我很想与你面对面地挑战，一决胜负，以免天下百姓互相残杀，白白受苦。"刘邦没有答应这个要求，于是笑着拒绝说："我宁可与你斗智，也不愿与你直接斗勇。"

成语心得：双方若不竞争、比试，是很难分出高下的。

一往情深

出自南朝·宋·刘义庆的《世说新语·任诞》，用来形容对人或事物有特别深的感情。

383 年，前秦皇帝苻坚率九十万大军南下，攻伐东晋。东晋名将桓伊尽起豫州之兵，抵抗前秦军队，结果在淝水一战中大破前秦军队，为稳定东晋政权立下了赫赫功劳。不久，桓伊因功升迁为都督四郡军事、江州刺史。桓伊在驰骋疆场以外，还十分喜爱音乐，会作曲，善吹笛。

除了吹笛子，桓伊也非常爱听别人唱歌，每当听到优美的歌声，他就会情不自禁地击节赞叹。当时的宰相谢安也十分喜爱音乐，两人见面时也经常谈论音乐。谢安见桓伊的音乐造诣很深，对音乐又如此痴心，便说："桓子野对音乐真是一往情深呀！"

成语心得：不论是对喜欢的人还是事物，我们都应该倾注感情。

一马当先

出自明代施耐庵的《水浒传》，比喻工作走在群众前面，积极带头。

三国时，刘备麾下大将黄忠率领军队来到定军山下，与法正商量作战方案。法正指着定军山西面的一座高山说："这座山比定军山高，如果攻占它，就能掌握主动，拿下定军山易如反掌。"黄忠采纳了这一建议，当天半夜就发动了进攻，占领了山头。

夏侯渊得知对面的高山失守后极为愤怒，下决心把它夺回来。他亲自带领一支军队下山，围住那座高山，大声叫骂，向黄忠挑战。法正在山顶上举起白旗，黄忠看见后，守在山腰不下来。到了下午，法正发现魏军已经疲劳，乘他们没有防备，连忙挥舞红旗。黄忠看到信号后，当即发起进攻，并一马当先冲到夏侯渊面前，将夏侯渊斩杀，为刘备扫除了夺取汉中的障碍。

成语心得：当带领团队一起完成任务时，作为管理者应该更加主动，发挥带头作用。

一字褒贬

出自晋代杜预的《春秋经传集解序》，用来形容写文章时用词严谨。

春秋时期，儒家圣人孔子曾率领弟子周游列国，宣传仁义之说，可惜始终没有诸侯采纳。眼见世风日下、人心不古，孔子感到心灰意懒，于是结束自己的旅程，返回鲁国潜心著书。

孔子根据已有的鲁史，编撰了编年体史书《春秋》，这本书以鲁隐公元年为始，以鲁哀公十四年为终，共记载了242年间的事情。在编著过程中，孔子也将自己的情感寄托在其中，常常用一个字来表明自己的褒贬之意，被誉为"微言大义"。因此到了晋代，大将杜预在《春秋经传集解序》中感叹地说："《春秋》是以一个字来进行褒贬的啊！"

成语心得：高深的文章不需要长篇大论，仅用很小的篇幅就足以说明自己的观点。

一举两得

出自唐代房玄龄等的《晋书·束皙传》，用来形容做一件事情得到两方面的好处。

东汉初，建威大将军耿弇奉命率兵围剿张步，当时张步据守剧地，兄弟张蓝据守西安县，另有诸郡太守万余人据守临淄。

耿弇分析了一下两城的据守情形。决定来个声东击西。他扬言要攻打西安，实则发兵前往临淄。这时，有的将帅提出异议，认为应该快速去攻打西安。耿弇坚持道："不然。西安已听说我们要去攻打，正日夜守备，临淄在毫无防备的情况下遇到我们，必会慌乱不堪，这就很容易拿下。攻下临淄，西安就变成了一座孤城，张蓝与张步又相距较远，他一定会吓得弃城而逃。这样我们就一举而两得了。"果然，耿弇之师只用半天工夫便占据了临淄，张蓝听说后惊慌失措，放弃西安逃往剧城，耿弇攻一城而得到了两座城池。

成语心得：做重大决定前要多多谋划，或许就可以找到对自己最有利的方案。

一饭之恩

出自西汉司马迁的《史记·淮阴侯列传》，用来比喻重重地报答对自己有恩的人。

韩信是西汉的开国功臣之一，但他在年轻时境况十分困苦。那时候，他天天去河边钓鱼，却还是不免饿肚子。幸而在他时常钓鱼的河边，经常有很多老婆婆在那里清洗衣布，其中一位老婆婆很同情韩信的遭遇，便经常接济他，给他饭吃。

有一天，韩信十分感激地对那位老婆婆说，长久以来，自己都受到她的恩惠，将来必定要重重报答。老婆婆听后反而很不高兴，表示自己并不希望韩信将来报答她。后来，韩信替刘邦立了不少功劳，被封为楚王，他想起从前曾受过老婆婆的恩惠，便命下人送酒菜给她吃，更送给她黄金一千两来答谢她。

成语心得：对于有恩于我们的人，我们不仅要心存感恩，还要在合适的时候好好报答。

一鼓作气

出自春秋时期鲁国左丘明的《左传·庄公十年》，用来比喻趁劲头大的时候，一口气把工作做完。

春秋时期，齐国军队攻打鲁国，鲁庄公将要迎战。曹刿听后主动入宫，请求与庄公一同迎战。

交战那天，鲁庄公和曹刿同乘一辆战车，庄公刚上战车就打算击鼓进军，曹刿却屡屡阻止。直到齐军三次擂鼓后，才劝说庄公下达作战指令，结果齐军被打得大败。

事后，鲁庄公向曹刿询问取胜的原因。曹刿说："打仗要靠勇气。第一次擂鼓时，齐军的士气正处于顶点；第二次擂鼓时，他们的士气已经开始被削弱；等到第三次擂鼓时，他们的士气已经枯竭了。敌方的士气已经枯竭，而我方的士气却处于鼎盛，所以我们打败了他们。"

鲁庄公听了曹刿的这番话，不禁称赞道："将军真是精通战事的奇才啊！"

成语心得：做任何事情都不能拖延太久，否则自己也会失去干劲了。

一丘之貉

出自东汉班固的《汉书·杨恽传》，用来比喻彼此都是坏家伙，没有什么差别。

杨恽是汉昭帝时丞相杨敞的儿子，史学家司马迁的外孙，未成年时就成为名人。但他虽然少年得志，且为汉廷立下许多功劳，为人却骄傲自满，最终因此触怒宣帝而死。

有一次，杨恽听见匈奴降汉的人说匈奴的头领单于被人杀了，便说："遇到一个这样不好的君王，他的大臣给他拟好治国的策略而不用，使自己白白送了命；就像我国秦朝时的君王一样，专门信任小人，杀害忠贞的大臣，结果国亡了。如果当年秦朝不如此，可能到现在国家还存在。从古到今的君王都是信任小人的，真像同一山丘出产的貉一样，毫无差别呀！"有人据此弹劾他大逆不道、辱骂君王，于是朝廷便将杨恽免职了。

成语心得：做人不能有小集体主义的思想，更不能聚在一块儿造谣生事、无事生非、故意与人为难。

一傅众咻

出自《孟子·滕文公下》，用来比喻少数人鼓励上进，多数人却扯后腿。

孟子打算离开宋国，宋君派大夫戴不胜挽留。孟子便对戴不胜说："一个楚人希望他的儿子学齐国话，那么，他该找齐人来教呢，还是找楚人来教呢？"戴不胜回答道："当然是找齐人咯！"

孟子说："一个齐人来教他，很多楚人干扰他，即使每天鞭策他学习齐语，也是不可能学成的。假如把他带到齐国住上几年，即使每天鞭打他说楚国话，也是不可能的。宋国虽然有薛居州这样的贤士，但是靠他一个人在君王左右，是没什么作用的。如果君王左右的人，无论年老年少、官职尊卑，都能像薛居州一样才行。君王左右都不是好人，那君王能与谁去做好事呢？"

眼见孟子去意已决，宋君只好赐给他一些钱财，让他离去。

成语心得：对于那些阻碍我们进步的所谓"朋友"，我们应当坚决远离。

一枕黄粱

出自唐代沈既济的《枕中记》，比喻虚幻的梦想。

唐朝时期，一个叫卢生的人上京赶考，途中在一家旅馆与一个叫吕翁的人结识。吕翁从衣囊中取出一瓷枕给卢生，并说只要枕着它睡觉，就能称心如意。

这时，店主人开始煮黄米饭，卢生趁机睡了一觉。在梦中，他梦到自己娶了豪阀清河崔氏的漂亮女子为妻，不久后又中了进士，官居宰相。他先后生了五个儿子，个个都做了官，又有了十几个孙子。然而到了80多岁时，他饱受疾病折磨，眼看就要死了却突然惊醒，才知是一场梦。这时，店主煮的黄米饭还未熟。

卢生十分奇怪地说："这难道是场梦？"吕翁说："人生不也是这样吗？"

经过这次黄粱一梦，卢生大彻大悟，于是不再醉心功名利禄了。

成语心得：功名富贵对于人生而言，就像是一场梦，不值得人过分追求。

一孔之见

出自西汉桓宽的《盐铁论·相刺》，用来比喻片面的见解。

从前，有一个人看到邻居布网捕鸟，每天收获都颇为丰富。他十分羡慕，于是打算如法炮制。

但是，这人家中并没有网，要是从头织网又太过费时。他仔细观察被捕的鸟，发现每只鸟头只会钻一个网眼，于是他想：既然如此，又何必浪费时间结网呢？他回家后，便剪断长绳做成一个个圈圈，别人问他作什么用，他笑而不答，并庆幸自己找到了捕鸟的捷径。做好之后，他就找了一个没人的地方，安好这些小圈圈。

几天很快就过去了。这人的邻居依旧每天收获颇丰，只有他一只鸟儿也没捕到。

成语心得：仅凭片面之见，很难得出正确的结论。

一寒如此

出自西汉司马迁的《史记·范雎蔡泽列传》，形容贫困潦倒到极点。

战国时，魏国中大夫须贾怀疑门下的范雎与秦国私通，就上报给宰相魏齐，结果范雎不仅被痛打了一顿，还被扔到了厕所里。庆幸的是，范雎并没有死，并趁着人们不注意，带着伤痛逃到了秦国。秦昭王很赏识他的才干，封他为宰相。

不久，秦国发兵攻打魏国。魏国立即派须贾去秦国求和。范雎悄悄换上破衣服，到客馆去见须贾。须贾见到范雎大吃一惊："你还活着啊！"他上下打量范雎道："没料到你一寒如此！"于是他就取出一件丝绸袍子送给范雎。

直到进了相府，须贾这才知道范雎就是秦国宰相，赶快下拜请求范雎的原谅。范雎念在赐袍的份上，原谅了他。

成语心得：有些人看似贫困潦倒，但事实上可能并非如此。

一言九鼎

出自西汉司马迁的《史记·平原君列传》，形容说的话分量大，起决定作用。

战国时，秦军包围了赵都邯郸，形势十分危急，赵孝成王派平原君到楚国去求援。平原打算带领 20 名门客前去完成这项使命，可翻来覆去却只挑出 19 个。这时，毛遂自告奋勇提出要去，平原君勉强带着他一起前往，这就是成语"毛遂自荐"和"锥处囊中"的由来。

平原君到了楚国后，与楚王谈了半天毫无结果。这时，毛遂对楚王说："我们今天来请您派援兵，你一言不发，可您别忘了，楚国虽然兵多地大，却连连吃败仗，连国都也丢掉了，依我看，楚国比赵国更需要联合起来抗秦呀！"毛遂的一席话说得楚王口服心服，立即答应出兵援赵。

平原君回到赵国后感慨地说："毛先生一到楚国，就使得赵国比九鼎还重要啊！"

成语心得：对于雄辩之士来说，语言同样是强有力的武器。

一挥而就

出自南宋孙觌的《鸿庆居士文集·翰林莫公内外制序》，形容才思敏捷，一挥笔就写成。

南宋时期，有位著名学者叫正应麟，他即是《三字经》的作者。正应麟不仅著有《三字经》这一家喻户晓的儿童启蒙经典，同时也是举荐抗元英雄文天祥的人。

当时，文天祥参加科考，正应麟是主考官。在考场上，文天祥一气呵成，挥笔写下将近万字的文章，事前居然都没有打草稿。正应麟看到他的文章后赞不绝口，当即向当时的皇帝宋理宗推荐，还称赞文天祥"肝胆如铁石，文章如龟鉴"。

文天祥中状元以后，被派到江西当地方官；后来又把家产全部卖掉，充作军饷，并亲自率领部队与元军作战。文天祥到了临安，立即被任命为右丞相，并作为南宋使臣赴元营谈判。被俘后，文天祥拒不投降，最终遭到杀害。

成语心得：只有在平日里多加积累，才能在写文章时有更多灵感。

一日三秋

出自《诗经·王风·采葛》，形容思念人的心情非常迫切。

《诗经》是我国历史上最早的诗歌总集，十分有名，在当时其实是一则则流传于民间的古代歌谣，其中包括了许多赞美爱情、描述男女间相恋的故事。

诗经里有一篇名为《采葛》的诗，内容写的是一对男女分开之后，心中非常思念对方。全诗的意思是："我日夜思念的那个人啊！你正在外面摘葛藤，我要是一天没有看到你，就像是三个月都没有见你那样；我日夜思念的那个人啊！你正在外面摘萧草，我要是一天看不见你，就如同九个月没见你一样；我日夜思念的那个人啊！你正在野外摘艾草，我要是一天不见你，就好像过了三年那样长！"

成语心得：对于心怀思念的人来说，每一分每一秒都是极为漫长的。

一木难支

出自南朝·宋·刘义庆的《世说新语·任诞》，比喻一个人的力量单薄，维持不住全局。

南朝宋时，萧道成把持政权，大有篡夺王室的企图。当时大臣袁粲和刘东秘密商量杀死萧道成，但事机不密，被萧道成同党褚渊知道并告诉了萧道成。

萧道成十分恼怒，立刻派部将戴僧静率领了很多人马去攻打袁粲，把城池团团围住了。这时，袁粲对他的儿子袁最说："我明知道一根木柱不能支持一座房屋的崩塌，但为了名誉义节，不得不死守下去。"

后来，戴僧静率领部下越墙冲进城里去，在敌人的刀枪下，袁最勇敢地用身体去掩护他的父亲。这时，袁粲对袁最说："我是个忠臣，你是个孝子，我们死而无愧。"结果父子俩都为正义而牺牲了。

成语心得：在彻底倾颓的局势下，个人所能起到的作用，终归是有限的。

以一当十

出自西汉刘向的《战国策·齐策一》，形容军队来势汹汹，非常厉害。

春秋时期，齐人孙武受吴王阖闾的邀请，来到吴国著书讲学。一段时间后，阖闾想见识孙武的真本事，便让他试着训练宫中的妃子婢女。一开始时，阖闾的两位宠妃自恃宠爱，拒不听从号令，孙武断然将两人处斩，成功震慑了其余宫女。最终，孙武被封为上将军。

后来，孙武与伍子胥统帅三万精兵，千里奔袭攻打楚国。他们采取"因粮于敌"的策略，仅仅用了十多天，就消灭二十多万楚军，创造了一个以一当十的战例。不仅如此，他们经过五次大战，最终成功攻入楚都郢，为吴国立下了卓著战功。

成语心得：精锐部队即便是面对十倍于己的敌人，也有取胜的机会。

以身试法

出自东汉班固的《汉书·王尊传》，用来形容人知法犯法。

西汉时，有一个叫王尊的官员，为官十分严明。

王尊自幼酷爱读书，并对书上那些秉公执法的官吏十分崇敬，希望自己将来也成为这样的人物。13岁时，他便通过伯父进入监狱，跟在狱长身边做听差，几年之后就基本掌握了刑狱方面的事务，长进很快。一次，他偶然被太守看中，得到提拔，后来又官至安定郡太守。

当时，安定郡官场非常混乱，王尊到那里后立即整顿吏治，并警告所有下属官吏忠于职守，不要用自己的身体去尝试法律。有个属官拒不悔改，王尊当即把他捉拿归案，没几天那人就病死在狱中。接着，王尊又惩办了其余一些知法犯法的官员，终于使得当地太平了。

成语心得：法律的权威不容挑衅，冒犯者只能自取灭亡。

异军突起

出自西汉司马迁的《史记·项羽本纪》，用来比喻与众不同的新派别或新力量一下子崛起。

秦朝末年，天下大乱，陈胜、吴广起义之后，东阳县的人也杀死县令响应他们。县衙有个叫陈婴的小吏为人清廉、品行端正，于是，人们一致拥立他为首领。

这个时候，县里已经聚集了二万多人，这二万多人头上都裹着青布，所以后来人们形容他们起兵的景象是"苍头异军特起"。"苍"，就是青色的意思。

陈婴成为首领之后，他的母亲说："我们陈家祖上从没有什么贵人，现在你的名气这么大，不是什么好事。你不如率众归顺于他人，将来成功了可以封侯，失败也不会受到追究。"陈婴经过反复思考，认为项梁将来必定能够带兵灭秦，于是便说服麾下一同归顺项梁，成为秦末农民起义中的一支重要力量。

成语心得：要善于抓住难得的机遇，一举建立功业、成就大事。

有名无实

出自《庄子·则阳》，用来形容空有虚名，无实际内容。

一天，晋国大夫叔向去拜访老朋友韩宣子。韩宣子名义上虽是晋国的六卿之一，但非常贫穷，见到叔向后便忍不住诉苦。但是叔向听完之后，反而对韩宣子表示祝贺。

韩宣子不解地问道："我有卿的名号，却没有卿的实际，无法跟大夫们相比，你为什么要祝贺我呢？"叔向道："我就是因为你贫穷才道贺呀！穷，不一定是坏事；你只要回忆一下栾武子三代的遭遇，就可以知道了。"最后他又说："我看你像栾武子一样贫困，就想到你已经有了他那样的德行，所以才表示祝贺。不然，我只会担心，哪会再向你表示祝贺呢？"

韩宣子听了叔向的话，顿时愁云消散，向叔向行礼说："多谢您对我的指教，要不我连自己将走向灭亡也不知道呢！"

成语心得：只有名声而无实际，并不是什么好事。

有恃无恐

出自春秋时期鲁国左丘明的《左传·僖公二十六年》，用来比喻有所依仗，因此并不畏惧。

有一年，鲁国遭到了严重的灾荒，齐孝公趁机亲率大军前去讨伐鲁国。鲁僖公自知无法抗衡，便派大夫展喜带着牛羊、酒食去犒劳齐军。

展喜见到齐孝公后，便对他说：“听说大王亲自到我国，国君特地派我前来慰劳。”

孝公傲慢地问：“你们鲁国人害怕了吗？”

展喜说：“我们并不害怕。”

齐孝公轻蔑地说：“你们鲁国国库空虚，缺乏粮草，为什么不怕？”

展喜说：“我们有成王的遗命。当初，鲁国的祖先周公和齐国的祖先姜太公同心协力辅助成王，成王让他俩立下盟誓，告诫后世子孙要世代友好，不得相侵。我们也相信大王绝不会废弃祖先盟约，因此才不害怕。”齐孝公听后，就打消了讨伐的念头，班师回国了。

成语心得：当一个人有所依仗之后，底气自然就更加足了。

羽毛未丰

出自西汉刘向的《战国策·秦策一》，用来比喻实力还小，或见识、阅历尚浅。

战国时，苏秦曾师从鬼谷子学习辩术、谋略。学习结束后，他又变卖资产周游列国，希望有朝一日能获得君王们的接纳。

秦国是西方的大国，凭借有利的地理环境发展农业，国力逐渐强盛。但在当时，它的实力仍不足以与东方六国抗衡。苏秦于是远游秦国，打算说服秦王，与函谷关以东的一些国家联合，慢慢吞并其他国家。但是秦惠文王并没有听取他的建议，而是说：“我们秦国现在就像一只羽毛还没长全的小鸟，根本无法展翅高飞。先生你迢迢千里来到这里开导我，我很感激；至于称霸的事，我希望在以后的适当时机，再聆听你的高见。”就这样，苏秦上书十多次，始终没能说动秦王，等到盘缠用尽之后，只得灰溜溜地离开了秦国。

成语心得：当实力还不足以行动前，我们应该继续忍耐、积蓄力量。

约法三章

出自西汉司马迁的《史记·高祖本纪》，用来比喻事先约好或明确规定的事。

公元前 206 年，刘邦率领大军攻入关中，到达离秦都咸阳只有几十里路的霸上时，秦王子婴主动投降。

刘邦进咸阳后，接受张良等人的意见，下令封闭王宫，并留下少数士兵保护王宫和藏有财宝的库房，随即还军霸上。为了取得民心，他又把关中各县父老、豪杰召集起来，郑重地向他们宣布说：“秦朝的严刑苛法把众位害苦了，应该全部废除。现在我和众位约定，不论是谁，都要遵守三条法律。这三条是：杀人者要处死，伤人者要抵罪，盗窃者也要判罪！”父老、豪杰们都表示拥护约法三章。接着，刘邦又派出大批人员，到各县各乡去宣传约法三章。百姓们听了，都热烈拥护，纷纷拿出牛羊酒食来慰劳刘邦的军队。

成语心得：合作之前，为了稳妥，应该订立一些基本的条款。

忧心如焚

出自《诗经·小雅·节南山》，用来形容非常忧虑焦急。

周幽王当政时，对百姓剥削十分严重，人民因此流离失所，痛苦不堪。幽王除了宠信妃子褒姒之外，还重用太师尹氏，让他掌管朝廷大权，致使政治日趋混乱，人心离散。

当时，有个名叫家父的大臣写了一首诗，一方面揭露太师尹氏的罪恶，一方面表达老百姓的忧愤。诗里写道：“巍峨的终南山啊，层峦叠嶂岩石垒垒。太师尹氏威名显赫，人民的眼睛都盯着你看。心里忧愁得像火在煎熬，但也不敢将你笑谈。眼看王业已衰国运将断，为何你却看不见！”然而周幽王仍不醒悟。后来，申侯联合犬戎攻周，幽王被杀死在骊山脚下，西周也因此灭亡。

成语心得：当国家陷入危亡之际，有识之士怎能不为之担忧呢？

叶公好龙

出自西汉刘向的《新序·杂事》，用来比喻表面爱好某种事物，实际上并不真正爱好。

春秋时，有个叫叶公的人非常喜欢龙。他家的屋梁上、柱子上和门窗上都雕刻着龙的图案，墙上也绘着龙。天上的真龙知道此事后很受感动，于是便特意挑了个时间，亲自前往叶公家里表示谢意。

这天，叶公正在家中午睡，忽然外面风雨大作，电闪雷鸣。叶公从睡梦中惊醒，急忙起身想要关窗户，没想到却突然看到一颗庞大的龙头，从窗户外探了进来。叶公见此场景，顿时吓得魂飞魄散，转身逃进里屋，不料又被一条长长的龙尾拦住。叶公吓得面无人色，顿时瘫倒在地，不省人事了。看到叶公这个样子，龙感到十分扫兴，只好又飞回天上去了。

成语心得：有的人表面上看似爱好很多，其实不过是装模作样罢了。

羊质虎皮

出自西汉扬雄的《法言义疏》，用来比喻外强内弱，虚有其表。

扬雄是西汉时人，是当时的一位著名学者。他不仅精于辞赋，同时也是汉朝道家思想的继承和发展者。

一次，有人问扬雄说："有一个自称姓孔、字仲尼的人，他到孔子的家里，趴在孔子的桌上休息，穿着孔子的衣服，那这个人可以算是孔子吗？"扬雄回答说："他虽然外表模仿孔子，但本质绝对不是孔子。"那人又问扬雄说："什么叫作本质？"扬雄回答说："就像一只披上虎皮的羊，它虽然假装老虎，但本质还是羊，改不了羊的本性，看到草还是很高兴，看到豺狼还是害怕得全身发抖，终究还是一只假老虎。"

成语心得：做人应当表里一致，不能外强中干。

以火救火

出自《庄子·人世间》，用来比喻工作方法不对头，不但无益，反而有害。

有一天，孔子的学生颜回来向老师辞行，说："我听说卫国国君独裁凶暴，荒淫昏乱，不管百姓死活，人们怒不敢言，所以我打算给卫国国君当个医生，替他治理国家……"

孔子却说："我看你这是去送死啊！你也不想一想：那位卫国国君若听贤臣忠言，还用得着你去？他身边难道就没有贤臣了？正因卫君是愚顽之人，专听奸人谗言，排斥贤良之士，卫国才会变成眼下这样。如今你若是去了，如果坚持正义，他们会迫害你；若是屈从他们，岂不是助长其恶行？

我看你这根本是以火救火，助长奸邪之徒的威风。"

颜回于是不再提去卫国的事了。

成语心得：解决问题如果不采用正确方法，问题只会变得更加难以解决。

仰人鼻息

出自南朝·宋·范晔的《后汉书·袁绍传》，用来比喻依赖别人，不能自主。

东汉末年，渤海太守袁绍想攻占冀州，谋士逄纪向他献计：一面写信给北平太守公孙瓒，鼓动他引兵南下，进攻冀州；一面派荀谌、高干等人去冀州对刺史韩馥说："公孙瓒南下，袁绍也有所行动，看来你已经处在十分危险的境地了！为你着想，不如主动把冀州让给袁绍，这样，既可以获得让贤的美名，又可以保住自家性命，实在是两全之策。"无能的韩馥竟然同意了。

韩馥的部下极力反对，劝他说："冀州有强兵百万，粮草充足；而袁绍不过是穷军孤客，依赖我们的鼻息而活着，就像吃奶的孩子，断了奶汁，立刻就会饿死。我们凭什么把冀州让给他呢？"但韩馥仍是不听，派自己的儿子将冀州牧的印绶送给了袁绍。

成语心得：如果一味地依赖别人，我们就不可能干出属于自己的事业。

衣冠禽兽

出自明代陈汝元的《金莲记》，用来比喻人徒有其表，行为如同禽兽。

明朝时，朝廷对官服做出明确规定，文官官服绣禽，武官官服绘兽。品级不同，所绣的禽和兽也不同，具体的规定是：

文官一品绣仙鹤，二品绣锦鸡，三品绣孔雀，四品绣云雁，五品绣白鹇，六品绣鹭鸶，七品绣鸳鸯，八品绣黄鹂，九品绣鹌鹑。

武官一品、二品绘狮子，三品绘虎，四品绘豹，五品绘熊，六品、七品绘彪，八品绘犀牛，九品绘海马。

到了明朝中晚期，宦官专权，政治腐败。"文死谏，武死战"的从政理念被贪官佞臣彻底颠覆。在当时的官场上，出现了"文官爱钱，武将怕死"的现象，老百姓视其为匪盗、瘟神，便将那些为非作歹、道德败坏的文武官员称为"衣冠禽兽"。

成语心得：有的人看似正气凛然，其实一肚子坏水，比起禽兽也好不到哪去。

鹦鹉学舌

出自北宋释道原的《景德传灯录》，用来比喻人家怎么说，他也跟着怎么说。

从前，有个贪官非常喜欢鸟类，于是就养了一只鹦鹉。这只鹦鹉十分乖巧，很讨贪官的喜爱，贪官每天都把鹦鹉抱在怀里，教他说话，渐渐地这只鹦鹉学会了说话。

一天，贪官上朝归来，回到家中数落皇上的不是，刚好被鹦鹉听了去。鹦鹉就把贪官说的话，一字不落地记住了。

不久后，皇上微服私访来到贪官家做客，鹦鹉一看是皇上，就把贪官说的所有坏话都讲了出来。皇上知道了贪官的私心，重罪把他关进大牢，并封赏了那只鹦鹉。

其实，皇上早就想收拾那个贪官了，只不过是没有证据，多亏了这只鹦鹉学舌。

成语心得：对于任何问题，我们都应该有自己的见解。

饮鸩止渴

出自南朝·宋·范晔的《后汉书·霍谞传》，用来比喻用错误的办法来解决眼前的困难而不顾严重后果。

东汉时有个叫霍谞的人，他有个在郡里当官的舅舅，叫宋光。宋光素来为人正直、秉公执法，因此一些权贵们联合诬告他篡改诏书，并把他关进了监狱。

这时，霍谞才15岁，他不相信舅舅会篡改诏书，于是决定给大将军梁商写信申冤。他在信中说，宋光出身官宦之家，仕途平顺，官居高位。而且他素来为人正直、秉公守法，这才得到了朝廷的重用。这样的一个人，即使对于诏书有所疑虑，也会采用稳当的方式来解决，怎么可能冒着死罪私下更改诏书？这好比一个人为了解渴，而去饮鸩鸟羽毛泡过的毒酒，怎么可能会有人这样做呢？

梁商读了这封信，觉得很有道理，于是重审此案。最终，宋光得以无罪释放。

成语心得：为了解决一时困扰，就牺牲更为长远的利益，这种做法怎么称得上明智呢？

指鹿为马

出自西汉司马迁的《史记·秦始皇本纪》，用来比喻故意颠倒是非，混淆黑白。

秦二世时，丞相赵高野心勃勃，日夜盘算着篡夺皇位。为了试探朝中大臣，他便想了一个办法。

一天上朝时，赵高让人牵来一只鹿，满脸堆笑地对秦二世说："陛下，我献给您一匹好马。"秦二世一看，说："这哪里是马，这分明是一只鹿嘛！"赵高面不改色心不跳地说："请陛下看清楚，这的确是一匹千里马。如果不信我的话，可以问问众大臣。"

大臣们看着赵高脸上露出的阴险笑容，顿时明白了他的用意，一些胆小又有正义感的人都低下头，不敢说话；有些正直的人，坚持这是鹿而不是马；还有一些奸佞之徒则全力支持赵高的说法，说："这确是一匹好马！"

事后，赵高就把那些不顺从自己的正直大臣，全都害死了。

成语心得：做人应该坚守是非底线，不能颠倒黑白。

凿壁偷光

出自《西京杂记》，用来形容家贫而读书刻苦的人。

西汉的匡衡勤奋好学，可他家里很穷，白天必须干活，只有晚上才能读书。由于买不起蜡烛，他便主动找到他的邻居，问："我晚上想读书，可买不起蜡烛，能不能借用你们家的一寸之地呢？"

邻居瞧不起他，就说："穷得买不起蜡烛，还读什么书呢！"匡衡听后非常气愤。回到家后，他就悄悄地在墙上凿了个小洞，借着透过来的微弱光线，如饥似渴地读起书来。

等到家中的书渐渐被读完后，匡衡又主动去拜见附近一户拥有许多藏书的人家，表示自己愿意给他白干活，只求能阅读他家的书籍。主人听后很感动，便答应了。

就这样，通过日复一日、年复一年的苦读，匡衡终于成为一位著名的学者。

成语心得：就算条件艰苦，也要克服困难，坚持不懈地学习。

专心致志

出自《孟子·告子上》，形容非常认真地做某件事。

从前，有一个下棋能手名叫秋，他的棋艺非常高超。

秋有两个学生，一起跟他学习下棋，但是态度大相径庭。其中一个学生非常专心，集中精力跟老师学习，老师讲的每一句话、下的每一步棋，他都要仔细琢磨；另一个却不这样，他认为学下棋很容易，用不着认真。当老师耐心讲解的时候，他虽然坐在那里，眼睛也好像看着棋子，可心里想着："要是现在到野外射下一只鸿雁，美餐一顿该多好！"因为他总是胡思乱想、心不在焉，老师的讲解一点也没听进去。

结果，他们二人虽然是接受同一位名师的指导，棋艺却悬殊。那个细心听讲的学生进步很快，成了棋艺高强的名手；那个胡思乱想的却没学到一点本事。

成语心得：学习时若不能集中精力、全神贯注，是不可能学到真本事的。

专横跋扈

出自南朝·宋·范晔的《后汉书·梁冀传》，用来形容人任意妄为，蛮不讲理。

东汉时期，大将军梁商的儿子梁冀阴险凶恶，性情十分残暴。他依靠父亲和当皇后的妹妹，先后担任了朝中要职。在河南尹任上，梁冀不仅为非作歹，欺压百姓，甚至将父亲的朋友吕放全家害死，只因吕放曾向梁商检举过自己。

梁商去世后，梁冀接任大将军，借此控制了朝中大权，越发肆无忌惮。

汉顺帝病死后，梁冀连自己的妹妹都不放在眼里，更加恣意妄为。一年后汉冲帝早夭，梁冀于是强立8岁的刘缵为帝，史称汉质帝。

汉质帝虽然年幼，但聪明俐伶，有一天在朝堂上当着众臣的面指着梁冀，说："这是个跋扈的将军！"梁冀听了怀恨在心，便在汉质帝的汤饼里下毒，把汉质帝毒死了。

成语心得：为人处世应该讲道理、明事理，不可胡作非为。

自惭形秽

出自南朝·宋·刘义庆的《世说新语·容止》，形容因自己不如别人而感到惭愧。

晋朝时候，有个将军名叫王济，他不仅相貌英俊，而且文武双全，在京城里颇有名望。

有一年，王济的外甥卫玠前来投靠王济。王济见卫玠眉清目秀、风度翩翩，不由得赞叹说："人家都说我相貌英俊，但与你一比，就像把石块与明珠放在一起，太难看了！"过了几天，王济带着卫玠去拜见亲朋好友，走到街上，看见卫玠的人都以为他是白玉雕成的，纷纷上前围观，几乎轰动了全城。

好不容易到了亲戚家，亲友们想了解一下卫玠的学问，便坚持要他讲解玄理。卫玠讲了不一会儿，听的人就纷纷称赞他讲得精深透彻。人们还调侃王济说："你们三王都抵不上卫家的一个儿郎啊！"王济也说："是啊，和我这外甥一起走，就像有明珠在我身旁，熠熠发光。"

成语心得：每个人的优秀程度都不同，见到比自己优秀的人，也不必过于羞愧。

之乎者也

出自北宋文莹的《湘山野录》，用来讥讽文人咬文嚼字，不讲实际。

宋朝的开国皇帝赵匡胤在当上皇帝以后，准备拓展外城。

有一天，赵匡胤来到朱雀门前视察，抬头看见门额上写着"朱雀之门"四个字，不禁觉得有些别扭。于是他就问身旁的大臣赵普："为什么不写'朱雀门'三个字，偏写'朱雀之门'四个字？多用一个'之'字有什么用呢？"赵普便解释说："这是把'之'字作为语助词用的。"

赵匡胤听后哈哈大笑，说："之乎者也这些本就是虚字，能助得什么事

255

情啊!"

后来,民间便流传一句谚语:"之乎者也已焉哉,用得成章好秀才。"

成语心得:说话或写文章要力求内容清楚,不能故作高深。

走马观花

出自唐代孟郊的《登科后》,原形容事情如意,心情愉快;后多指粗略地观察一下。

从前有个叫贵良的男子,身材人品都还可以,只是一条腿有些瘸;有个妙龄女子叫叶青,相貌体态也都不错,只是鼻子上有些缺陷。由于二人各有缺陷,他们到了婚嫁年龄依然没能成亲。

有位媒人灵机一动,决定张罗为这两人相亲,并想出了一个掩盖两人缺点的好方法:他让贵良骑在马上,从叶青身边经过;叶青则拿一朵鲜花挡住鼻子,做闻花的高雅姿态。相亲当天,贵良与叶青果然彼此一见钟情,为对方深深倾心。直到新婚之夜,夫妻两人这才得知对方的"秘密"。

成语心得:观察任何事物都要仔细,不可粗心大意。

自相矛盾

出自《韩非子·难一》,用来比喻语言、行动前后不一致或互相抵触。

楚国有一个卖兵器的人,到市场上去卖矛和盾。他举起他的盾,向大家夸口说:"我的盾是世界上最最坚固的,无论怎样锋利尖锐的东西也不能刺穿它!"

接着,这个卖兵器的人又拿起一支矛,大言不惭地夸起来:"我的矛是世界上最锋利的,无论怎样牢固坚实的东西,也挡不住它一戳。只要一碰上,嘿嘿,马上就会被它刺穿!"他十分得意,便又大声吆喝起来:"快来看呀,快来买呀,世界上最最坚固的盾和最最锋利的矛咯!"

这时,一个看客上前问道:"如果用这矛去戳这盾,会怎样呢?""这……"围观的人先都一愣,突然爆发出一阵大笑,便都散了。

那个卖兵器的人,只得灰溜溜地扛着矛和盾走了。

成语心得:说话做事要三思后行,不可过于片面、夸大。

朝三暮四

出自《庄子·齐物论》,用来形容说话、办事经常变卦,不负责任。

战国时，宋国有一个养猴子的老人，他在家中养了许多猴子。

这个老人每天早晚，都分别给每只猴子四颗栗子。几年之后，老人的积蓄越来越少，而猴子的数目却越来越多，他就想把每天的栗子由八颗改为七颗。于是他就和猴子们商量说："从今天开始，我每天早上给你们三颗栗子，晚上给你们四颗栗子，好不好？"

猴子们听了，一个个都开始吱吱大叫，而且到处跳来跳去，好像非常不愿意。

老人一看到这个情形，连忙改口说："那么我早上给你们四颗，晚上再给你们三颗，这样该可以了吧？"

猴子们听了，以为早上的栗子已经由三颗变成四颗，跟以前一样，就高兴地在地上翻滚起来。

成语心得：为人处世应当坚守原则，不可随意改变方向、方法。

只许州官放火，不许百姓点灯

出自南宋陆游的《老学庵笔记》，形容统治者为所欲为，却限制人民自由。

北宋时，有个太守名叫田登，不许州内百姓说任何一个与"登"同音的字，只能用某字来代替。谁要是犯了忌讳，便要受到他的处罚。

一天，一个仆人向田登汇报说："大人，今天早上我去厅前闭灯，结果被衙役蹬了一脚，差点被蹬下凳子。"田登一听大怒，当即命人把他拉下去打了五十大板。从此以后，府中再也没人敢直呼他的"名讳"了。

元宵佳节马上要到来了，按照惯例，州里要点三天花灯表示庆祝。负责贴告示的小官却不知道用什么字代替"灯"。最后他灵机一动，把"灯"字改成了"火"字。这样，告示上就写成了"本州依例放火三日"。

告示贴出后，百姓们都很惊慌，以为官府要放火三天，吓得纷纷收拾行李离开了当地。

成语心得：统治者不能将自己的喜恶凌驾于人民之上。

紫芝眉宇

出自北宋宋祁等的《新唐书·卓行传·元德秀》，用来形容人品行高洁。

唐代人元德秀当鲁山县令时，县里有个人因偷盗被捕。恰好那时当地有虎患，那人便请求杀虎以赎罪，元德秀答应了。下属说："那人只是想趁机逃走。"元德秀说："人应该讲信义。如果有什么差错，由我一人来承担好了。"第二天，那人背着死虎回来了，一县人都感叹不已。

由于元德秀平日里把自己的俸禄都接济了县里的孤遗，离任时，他只能坐着柴车而去，全部财产只有一匹绢。因为喜欢陆浑的山水，元德秀就去那里隐居，家里没有围墙，也不上锁，更没有仆人；遇到荒年，有时一天也吃不上饭。元德秀喜欢喝酒，常常弹琴来自娱。宰相房琯每看见他，都感叹说："见紫芝（元德秀的字）眉宇，使人名利之心都尽。"

成语心得：身居官位应当多想想如何为民谋利，而不是为自己谋财。

志在四方

出自《孔丛子》，用来形容人志向远大。

孔穿是孔子的第五世孙，在赵国期间，他和赵国平原君的门客邹文、季节两人结为朋友。后来孔穿要回鲁国了，邹、季两人上路相送，一直送了三天，陪着走了不少路，总是恋恋不舍。

临别的时候，邹文、季节竟难过得流下眼泪，而孔穿只躬身向他俩轻轻一揖，就转身而去。与孔穿同行的人不理解他为什么如此不近人情，孔穿说："起初我以为他们都是大丈夫，想不到却如此婆婆妈妈，'人生则有四方之志'，怎么能儿女情长，长期聚在一起呢？"

成语心得：人生聚散无常，与其为离别伤感，不如追求更高远的目标。

醉生梦死

出自南宋朱熹的《小学》，形容人每天浑浑噩噩，糊里糊涂过日子。

951年，后汉宗亲刘崇建立了北汉政权，与后周互相对抗。为了能够抵御后周，他不断地向契丹派出使者请求结盟。

同年，后周皇帝郭威也派使者前往契丹，表示想要和辽通好。刘崇得知消息后十分紧张，赶紧也派出使者郑珙前往辽，争取巩固联盟。但是，郑珙怎么也没想到，这趟差事竟使自己客死异乡。

原来，当时的辽朝君主耶律璟喜好饮酒，郑珙到了辽后，为了能够讨好耶律璟，也只得不停地陪着饮酒。就这样，他很快就喝得醉醺醺的。第二天人们才震惊地发现，郑珙竟因饮酒过度、肚肠腐烂而死，只好把他的遗体用车子送回了后汉。

成语心得：对生活要有明确的目标，不能每天混日子。

坐怀不乱

出自《诗经·小雅·巷伯》，用来形容男性在男女关系方面作风正派。

春秋时期，鲁国有位名士叫柳下惠，在鲁国担任掌管弄狱的官。齐国进攻鲁国时，他曾派人到齐国劝说齐王退兵，因此受到鲁僖公的称赞。在生活中，柳下惠也以遵守贵族礼节而著称，是个道德高尚的人。

有一次，柳下惠到外地办事，耽搁了出城时间。此时，客店也已住满了客人，他只好到城门下夜宿。不久，一位年轻貌美的女子也来到城门下夜宿。柳下惠见那女子衣服单薄，冻得瑟瑟发抖，他担心那女子会被冻死，就敞开自己身上的棉衣，把女子裹在怀里取暖。两人就这样从晚上一直紧挨着到天亮，柳下惠始终没有自恃力气欺侮女子，连一点失礼的举动都没有。

成语心得：对待男女关系应该慎重、守礼，不能放纵失德。

招兵买马

出自明代罗贯中的《三国演义》，用来比喻扩大组织或扩充人员。

五代时期，刘知远因父母双亡，流落到徐州沛县，侥幸娶到了李员外的三小姐为妻。可由于自己家贫，他的大舅子李洪对他十分不屑，经常对他进行欺压。

媒人李三叔得知情况后，便劝刘知远发奋图强，同时告诉他一个消息：太原并州岳节度使正在招兵买马、扩充军队，可以去应征混个前程。刘知远本就不甘心这样过一辈子，于是决定从戎应征。就这样，刘知远从最开始时的卑微更夫，逐渐得到上级提升，直做到九州安抚使，后来又称帝登基，建立了后汉政权。

成语心得：一个人的力量是有限的，想要做成大事，就要尽可能地招揽志同道合的人。

债台高筑

出自东汉班固的《汉书·诸侯王表序》，用来形容欠债很多，无力归还。

战国后期，秦国大举进攻韩国，很快就逼近周赧王所居的王城。周赧王为了自保，只得以周天子的名义，召集六国联合抗秦。

此时，周天子只剩下很小一块领土了，虽然反复动员，也只集合了六千人马。为筹集这批人马的军费，他只好向国内的富商借债，并答应灭秦后还清本钱和利息。

然而到了开战之日，除了楚、燕二国外，其余各国均毫无音信，军费也所剩无几。抗秦的计划就这样作罢，已集中的人马也各自散去。秦国得知周赧王的行动后，便发动大军讨伐，周赧王只得出城请降，被赶到新城一带。

众债主一齐赶到新城向赧王讨债，赧王只得躲进一处建在高台上的驿馆内，这处高台就被称为"逃债台""避债台"。

成语心得：向别人借债之前，一定要仔细考虑好其中利害，以免到最后成为沉重负担。

掌上明珠

出自晋代傅玄的《短歌行》，用来比喻父母疼爱的儿女，多指女儿。

傅玄是西晋时期的著名文学家、思想家，既是一位伟大的唯物主义者，也有着足以与《杨子》《墨子》《孟子》相媲美的文采。傅玄最突出的文学成就在诗歌方面，其中绝大部分是乐府诗。

傅玄曾写过一首《短歌行》，诗中以女子的口吻来怀念离她而去的情人，诗中有这么几句："昔君视我，如掌中珠。何意一朝，弃我沟渠。昔君与我，如影如形。何意一去，心如流星。昔君与我，两心相结。何意今日，忽然两绝。"从此，人们就用"掌上明珠"一词来指极其钟爱的人，后来又专用来指受父母疼爱儿子，如今则通常用来指女孩子。

成语心得：对于父母来说，世间没有什么比孩子更重要的。

锥处囊中

出自西汉司马迁的《史记·平原君虞卿列传》，比喻有才能的人不会永久埋没，一定能够崭露头角。

战国时，秦军包围了赵都邯郸，平原君决定挑选20位门客前往楚国求援。可他挑来挑去，却只挑出19人。

这时，一个叫毛遂的人走出来自我推荐。平原君问："先生来到我门下几年了?"毛遂说:"三年了。"平原君说:"贤能的人处在世界上,就好比锥子处在囊中,尖梢立即就要显现出来。如今您在我门下三年,我却没有听过您,说明您并没有什么才能。您还是留下吧!"毛遂说:"我直到今天才请求进到囊中。要是我早就处在囊中的话,整个锋芒都会露出来,不仅是尖梢而已。"平原君便带毛遂一道前往。

到了楚国后,楚王始终不肯发兵,其余门客均无可奈何。毛遂于是仗剑离席,对楚王痛陈利害,果然成功说服了楚王。

成语心得:有才的人即便一时失意,日后也会有展示不凡能力的机会。

掷地金声

出自唐代房玄龄等的《晋书·孙绰传》,用来比喻文辞优美,声调铿锵;或是说话坚定有力,意义崇高。

晋朝有个人名叫孙绰,十分博学,擅长写文章。他在浙江会稽一带住了十多年,游览遍了浙江的山山水水。

一次,孙绰写了一篇《游天台山赋》,描写浙江天台山的自然风光。他对自己的这篇佳作非常满意,就把它拿给朋友范启看,并得意地说:"你试着把它扔到地上,一定能发出钟磬那样响亮的声音来!"范启不以为然地说:"恐怕它即便能发出金石乐器般的声响,也不能切合乐律的声调吧?"抱着这样的心态,范启试着读了起来,读了之后却赞不绝口,连连称道:"写得太好了!太好了!"

成语心得:从优美的文辞或坚定的语气中,也能看出一个人的气质。

置之脑后

出自清代李宝嘉的《文明小史》,用来形容将某事彻底忘记。

"八王之乱"后,西晋王朝元气大伤,天下再次陷入分裂、动荡之中。后来,西晋宗亲司马睿在南方建立了政权,即东晋。

东晋建立后,统治阶级大多偏安一隅,从不曾想过励精图治、收复中原,只有"闻鸡起舞"的名将祖逖满怀壮志,想要收复河山。为此,他在朝廷只给粮(也少得可怜)不给兵的情势下,自行招兵买马、组织军队,并成功地收复了河南地区。

但此后,东晋统治阶层反而对他产生猜忌,处处阻挠他的行动;最终,祖逖在忧愤中病逝,河南也再次被石勒占领。此后,东晋统治阶层便彻底将统一天下一事抛在脑后，陷入内乱之中。

成语心得：对于各项工作任务要分清主次，不可将重要的事项抛下。

瞻前顾后

出自战国时期楚国屈原的《离骚》，用来形容顾虑太多，犹豫不决。

战国时期，楚国出现了一位伟大的诗人，他的名字叫屈原。屈原本出自楚国王室，对国家大事十分关心，可是偏偏怀才不遇，在官场上屡遭奸佞排斥。楚怀王听信谗言，不仅对他的提议置之不理，后来还将屈原罢官流放。

眼见君王如此昏聩、国家陷入危亡，屈原内心十分痛苦，但又无可奈何。他只有通过诗歌来宣泄自己，在《离骚》中他写道："夫惟圣哲以茂行兮，苟得用此下士。瞻前而顾后兮，相观民之计极。"

成语心得：做事之前考虑周密，行动时就不用那么犹豫了。

中流砥柱

出自《晏子春秋·内篇谏下》，用来比喻坚强独立的人能在动荡艰难的环境中，起支柱作用。

据说很久以前，一位老艄公率领几条货船驶往下游，船行到神门河口，突然天气骤变，狂风不止，大雨倾盆。刹那间，峡谷里白浪滔天，雾气腾腾，看不清水势，辨不明方向。

老艄公驾船穿越神门，眼看小船就要被风浪推向岩石，当即大喝一声："掌好舵，朝我来。"然后就跳进了波涛之中。船工们还没弄清是怎么回事，就听到前面有人高呼"朝我来"，一看原来是老艄公站在激流当中为船导航。船工们驶到跟前，正要拉他上船，突然一个浪头将船推向下游，离开险地。船工们在下游将船拴好，返回去找老艄公，却见他已经变成了一座石岛，昂头挺立在激流中，为过往船只指引航向。

成语心得：人要不断提升自己的能力，将自己锻炼成能够承担重任、力挽狂澜的重要人物。

折冲樽俎

出自西汉·刘向的《战国策·齐策五》，用来比喻在外交谈判上克敌制胜。

春秋时期，晋国谋划攻打齐国。为了探清形势，晋平公便派大夫范昭出使齐国，齐景公设宴款待范昭。

等到酒酣之际，范昭借着酒劲儿向齐景公说："大王，请您给我一杯酒喝吧。"齐景公对左右的人说："把酒倒在寡人的酒杯里拿去。"范昭接过一饮而尽。晏婴看到后，厉声命令侍臣："快扔掉这个酒杯，给大王再换一个。"依照当时的礼节，在酒席上，君臣各用各的酒杯。范昭故意违反礼节，就是要试探齐国君臣的反应，但被晏婴识破了。

范昭回国后向晋平公报告："现在还不是攻打齐国的最佳时机，我试探了齐国君臣的反应，结果让晏婴识破了。"范昭认为齐国有这样的贤臣，绝对没有必胜的把握，于是劝平公打消了念头。

成语心得：谈判高手总是能在谈判中制敌取胜。

栉风沐雨

出自《庄子·天下》，形容人经常在外面不顾风雨地辛苦奔波。

上古时代，黄河之水多次泛滥，给百姓带来重大灾害。大禹奉舜帝之命，采取"堵不如疏"的治水方略，历经多年艰辛，终于彻底解决了水患。后来，大禹又从舜那里继承了天子之位。

春秋时期，墨家学派的创始人墨子对大禹十分推崇，称赞他说："从前大禹治水时堵塞洪道，疏通长江、黄河并使四夷九州沟通起来，整治的大河三百条，分支河道三千条，水渠溪流不可计数。大禹亲自抬筐挥铲，终于汇聚地面的水而使其归入大江河。劳苦奔波累得腿肚子消瘦，小腿上无毛，淋着暴雨，冒着狂风，安顿了万家城邑。禹是大圣贤，仍亲自为天下事务如此操劳，实在是太伟大了啊！"

成语心得：为了完成自己心中的大业，即便吃再多的苦也在所不惜。

坠茵落溷

出自《梁书·儒林传·范缜传》，用来比喻境遇的不同，取决于偶然的机遇。

南北朝时，南梁统治者笃信佛教，在他们的大力倡导下，佛教兴盛一时。但在当时也有一些名士抱持无神论的观点，对因果轮回的说法不屑一顾。

某天，以竟陵王萧子良为首的佛门信徒，与著名无神论人士范缜展开了一场大论战。萧子良问范缜说："你不信因果报应说，那么为什么人会有富贵贫贱之分？"范缜答道："人生如同树上的花同时开放，随风飘落，有的花瓣由于风拂帘帷而飘落在厅屋内，留在茵席上；有的花瓣则因篱笆的遮挡而掉进粪坑中。殿下就犹如留在茵席上的花瓣，下官就是落于粪坑中的花瓣。贵贱虽然不同，但哪有什么因果报应呢？"萧子良不以为然，但驳不倒范缜这番有理有据的答辩，无言以对。

成语心得：人生的某些境遇是因偶然因素引起，并没有什么必然原因。

纸上谈兵

出自西汉司马迁的《史记·廉颇蔺相如列传》，用来比喻空谈理论，不能解决实际问题。

战国时期，赵国大将赵奢有一个儿子叫赵括，从小熟读兵书，爱谈军事，别人往往说不过他。因此赵括十分骄傲，自以为天下无敌。

然而赵奢认为他不过是纸上谈兵，并说："将来赵国如果用他为将，一定会遭受失败。"果然，公元前259年，秦军又来犯，赵军在长平坚持抗敌。那时赵奢已经去世，由著名的老将廉颇负责指挥全军，秦军一时无法取胜。秦国知道拖下去于己不利，就派人到赵国散布"秦军最害怕赵奢的儿子赵括将军"的话。赵王上当受骗，派赵括替代了廉颇。赵括自认为很会打仗，死搬兵书上的条文，到长平后完全改变了廉颇的作战方案，结果导致四十多万赵军尽被歼灭，他自己也在战场上身亡。

成语心得：理论与实际是两回事，不可混为一谈。

趾高气扬

出自春秋时期鲁国左丘明的《左传·桓公十三年》，用来形容骄傲自满，傲视别人。

春秋时，楚国有个叫屈瑕的将军，为人十分骄傲、自满。有一次，他打败了绞国，胜利而归，从此更加骄傲自得，不把其他朝臣放在眼中。

第二年，屈瑕又奉命攻打罗国，令尹斗伯比前往送行。斗伯比回来后，忧心忡忡地说："屈瑕走路的时候，脚步一昂一翘的，很明显心思并没有真正放在作战上，只是去吓唬敌人，这样怎么能打胜仗呢？"说完，他就进宫劝说楚王派兵接应。

楚王不信，回到后宫随口将这件事告诉了宠妃邓曼，邓曼认为斗伯比的见解很对，应该派兵救援。楚王听了，立即派大军前去，却已来不及了。屈瑕因为轻敌而被罗国和卢国两面夹攻，一败涂地，只好自杀谢罪。

成语心得：切不可因小事而骄傲自大。

尊师重道

出自南朝·宋·范晔的《后汉书·孔僖传》，指尊敬师长，重视自己的教育事业。

东汉时，有一位名叫魏昭的人，当他还在童年求学的时候，看到郭林宗，心想这是一位难得的好老师，便说："教念经书的老师是很容易请到的，但是要请到一位能教人成为老师的人，就不容易找到了。"于是他就拜郭林宗为老师，而且派奴婢侍奉老师。

郭林宗体弱多病，有一次他要魏昭煮粥给他吃。当魏昭端着煮好的粥进来的时候，郭林宗便呵责他煮得不好，而魏昭就再煮一次。这样一连三次，到了第四次，当魏昭再端粥来而又没有不好的脸色时，郭林宗才笑着说："我以前只看到你的外表，今天终于看到你的真心啦！"于是大喜，将毕生所学的都全部教给了魏昭，而魏昭也终成大器。

成语心得：对于教诲自己知识道理的老师长辈，应当尊重。

著作等身

出自元代脱脱的《宋史·贾黄中传》，用来形容著作极多，叠起来能跟作者的身高相等。

宋朝有个著名的神童名叫贾黄中。贾黄中之父贾玼是进士出身，从政之后历任刑部郎中、终水部员外郎、知浚仪县，直至70岁病逝。贾玼生性严格、坚毅，善于教子，士大夫子弟来拜见，他都谆谆教诲，引导他们。

贾玼对别人家的孩子都如此上心，对自己的儿子就更是不必说。他对儿子贾黄中要求很严，规定他每天要读一定数量的书籍。这个数量该怎么确定呢？贾玼的办法是，将要读的文章篇幅展开，用它来量黄中的身高，贾黄中身高多少，就得读完多长的文章。所幸的是，黄中的记忆力相当惊人，居然读完就可背诵，在这样日复一日的苦读下，他在15岁时就考中了进士。

成语心得：只要勤学、勤写，我们的学问一定会越来越大。

枕戈待旦

出自唐代房玄龄等的《晋书·刘琨传》，用来形容杀敌报国心切。

西晋人祖逖和刘琨，都是性格开朗、仗义好侠的志士。年轻时不但文章写得好，而且都喜欢练武健身，决心报效祖国。当时，晋朝表面上还管辖着中原大地，但实际上已是内忧外患、风雨飘摇了。祖逖和刘琨一谈起国家局势，总是慷慨万分，常常聊到深夜。

一天，祖逖又和刘琨谈得十分兴奋，刘琨不知什么时候睡着了，祖逖却久久沉浸在兴奋之中。突然，他听到一阵鸡鸣，赶紧踢醒了刘琨，开始了每天闻鸡起舞的日子。

刘琨被祖逖的爱国热情深深感动，决心献身于祖国。一次，他在给家人的信中写道："在国家危难时刻，我经常枕着兵器睡觉等待天明，习武健身，立志报国，常担心落在祖逖后边，不想让他抢在我前面！"

成语心得：生活当中随时可能遇到苦难，因此我们要随时做好一切准备。

再作冯妇

出自《孟子·尽心章句下》，比喻重操旧业、再干旧行业。

有一年，齐国遭了饥荒，孟子的学生陈臻对孟子说："国内的人们都以为，老师会再次劝齐王打开棠地的粮仓来赈济灾民。但根据目前的情况，您大概不会再这样做了吧？"

当时孟子已经明确表示要离开齐国，于是说："再这样做就成了冯妇了。晋国有个人叫冯妇，善于打虎，后来成了善士，不再打虎了。有一天，他到野外去，看到有很多人正在追逐一只老虎。那老虎背靠着山势险阻的地方，没有人敢迫近它。大家远远望见冯妇来了，连忙跑过去迎接他。冯妇挽袖伸臂地走下车来，众人都很高兴，可士人们却讥笑他。"

成语心得：做人要审时度势，知道自己究竟该做什么。

志大才疏

出自南朝·宋·范晔的《后汉书·孔融传》，指人志向大而才能不够。

孔融是孔子的二十世孙，能诗善文，曾任北海相，时称孔北海。汉献帝时，曹操让孔融到朝廷任官。

在政治上，孔融竭力维护汉献帝的利益，因而他对曹操的许多政策持讽刺、反对的态度。200年，曹操同袁绍官渡大战前夕，为了稳定后方，曾下了一道命令：在汉献帝建安五年以前的诽谤言论，从宽不予追究，以后再有诽谤的，一律问罪。孔融自恃其才，对曹操的命令不理不睬。曹操为了节约粮食曾下令禁酒，孔融反对，并专门写了一篇论饮酒好的文章。208年，孔融又当着孙权使者的面批评曹操。曹操盛怒之下，便找个借口把他杀了。因此后人说孔融是"志在靖难，而才疏意广"。

成语心得：仅仅心怀理想不足以成事，还要不断提升自己的实力。

终南捷径

出自北宋宋祁等的《新唐书·卢藏用传》，用来比喻达到目的的便捷途径。

唐朝时，书生卢藏用因为没有考取进士，便隐居在终南山。

古代人隐居，有的是不愿同流合污；有的是官场失利；还有一种则是想以此抬高身价，谋求官职。朝廷为了表示自己重视人才，也会任用那些假隐居的人。卢藏用通过隐居取得了贤名，后来果然被请入朝中做官，时人称其为"随驾隐士"。

有一天，司马承祯奉命前往长安，临别之际，卢藏用给他送行。司马承祯向其表明了自己想退隐天台山的意愿，卢藏用建议他隐居终南山，并说："这座山里有很多好地方，你何必远走他乡呢？"司马承祯当即正色说道："在我看来，终南山只不过是通向官场的一条便捷之道罢了。"卢藏用闻言，顿时十分羞愧。

成语心得：成功的方法有很多，但那种自我标榜的做法则不可取。

斩草除根

出自春秋时期鲁国左丘明的《左传·隐公六年》，用来比喻除去祸根，以免后患。

春秋时期，郑庄公请求与陈国讲和，陈桓公不答应。五父劝谏说："亲近仁义而和邻国友好，这是国家的正确对外政策，您还是答应吧！"陈侯说："宋国和卫国才是真正的祸患，郑国能做什么？"于是就没有答应。第二年，郑伯率领大军进攻陈国，结果大胜。

有人议论说："善不可丢，恶不可长，这说的就是陈桓公吧！滋长了恶而不悔改，马上就得自取祸害。纵使挽救，何能办得到！《商书》上说：'恶的蔓延，如同遍地大火，不可以靠拢，难道还能扑灭？'周任有话说：'治理国和家的人，见到恶，就要像农夫急于除杂草一样，锄掉它聚积起来肥田，挖掉它的老根，不要使它再生长，那么善的事物就能发展了。'"

成语心得：对于祸患要从根本上去除。

珠还合浦

出自南朝·宋·范晔的《后汉书·循吏传·孟尝》，比喻东西失而复得或人去而复回。

东汉时期，合浦郡盛产珍珠，在海外也享有很高的声誉。当地老百姓靠水吃水，祖祖辈辈都以采珠为生，日子过得还算美满。

然而，当地的贪官污吏得知后，利用职权趁机盘剥珠民，迫使他们大肆捕捞，致使珠蚌产量越来越低。久而久之，贪官污吏的贪欲有增无减，以致当地竟然饿死不少人。汉顺帝刘保得知情况后，便派孟尝当合浦太守，负责整治当地情况。

孟尝到任后，大力革除弊端，提出的第一条政策就是不准珠民滥捕。结果，不到一年，合浦又盛产珍珠了。

成语心得：只要方法得当，因过去的错误而造成的损失能得到弥补。

罪不当罚

出自《荀子·正论》，用来比喻处罚和罪行不相当。

战国后期，赵国出了一位著名的思想家，名叫荀况。

荀况主张刑罚要严明，犯罪的应根据罪行的大小，给予相应的处罚。如果杀人的不偿命，伤人的不判刑，那就会纵容犯罪，扰乱社会。他认为，从宽赦免的办法在昏乱的现代是行不通的，如果继续这样做，犯罪的人得不到应有的惩罚，犯罪行为将越来越多。

因此，荀况提出了自己的主张：一个人的地位要和品德相称，官职要和才能相称，赏赐要和功劳相称。如果不是这样，弄得地位和品德不相称，官职和才能不相称，赏赐和功劳不相称，处罚和罪行不相称，那就会带来极大的不幸和严重的后果。

成语心得：对罪恶网开一面，就等于纵容犯罪分子继续犯罪。

芝兰玉树

出自南朝·宋·刘义庆的《世说新语·言语》，用来比喻德才兼备、有出息的子弟。

东晋时期，朝臣多由王、谢两大豪阀家族成员担任。谢家的谢安是当时晋朝执掌朝政的宰相，很注意培养后代。

有一天，谢安突然当着诸多子侄的面感叹说："其实你们又何尝需要过问政事，为什么一定要将你们都培养成为优秀子弟呢？"大家面面相觑，不知如何答话。这时，谢安的侄儿、车骑将军谢玄回答说："这就好比芝兰玉树，总想使它们生长在自家庭院里啊！"谢安听后，心里为之一动，从此对他另眼相看。后来，谢玄果然在淝水之战中大败前秦苻坚，从此扬名朝野。

成语心得：一个家族只有不断培养、涌现出人才，才能变得兴旺繁盛。